中国特色社会主义经济理论丛书

M

RESEARCH ON THE EVOLUTION OF STATE FUNCTIONS FROM THE PERSPECTIVE OF MARXIST ECONOMICS

马克思主义经济学视角下的

国家职能演变研究

钢 花◎著

本书是在2013年国家社会科学基金项目“马克思主义经济学框架下的国家职能演变研究”（13XJL001）研究成果的基础上撰写完成

经济管理出版社
ECONOMY & MANAGEMENT PUBLISHING HOUSE

图书在版编目（CIP）数据

马克思主义经济学视角下的国家职能演变研究/钢花著.—北京：经济管理出版社，2022.10

ISBN 978-7-5096-8646-1

Ⅰ.①马… Ⅱ.①钢… Ⅲ.①政府职能—职能转变—研究—中国 Ⅳ.①D630.1

中国版本图书馆 CIP 数据核字(2022)第 133341 号

组稿编辑：王光艳
责任编辑：魏晨红
责任印制：黄章平
责任校对：曹 魏

出版发行：经济管理出版社
（北京市海淀区北蜂窝 8 号中雅大厦 A 座 11 层 100038）
网 址：www.E-mp.com.cn
电 话：（010）51915602
印 刷：北京市海淀区唐家岭福利印刷厂
经 销：新华书店
开 本：720mm×1000mm/16
印 张：12.75
字 数：231 千字
版 次：2022 年 10 月第 1 版 2022 年 10 月第 1 次印刷
书 号：ISBN 978-7-5096-8646-1
定 价：68.00 元

前 言

马克思主义经济学是人类最伟大的经济思想，它以宽阔的视野、广博的知识、科学的方法、严密的逻辑，对资本主义生产方式进行了深入而细致的剖析，既展现了一个全面、生动、具体的资本主义社会经济形态，又深刻揭示了其内在的本质及运动规律，指明了人类社会未来的发展方向与趋势。

马克思主义国家职能理论是马克思主义政治经济学理论体系的重要组成部分，它以辩证唯物主义和历史唯物主义为方法论基础，深刻论证了国家本质与国家职能的关系，揭示了国家职能的二重属性，即政治统治职能和社会管理职能，随着社会发展程度的提高，国家的社会管理职能呈现逐步扩大的趋势。随着世界经济的发展，特别是随着一轮又一轮新科技革命的兴起，社会生产力迅猛发展，社会经济结构出现了许多新的变化，国际经济格局也发生了重大转变。在这一背景下，随着生产社会化程度的提高和经济全球化的发展，国家作为上层建筑对经济基础的反作用越来越明显，国家职能渗透到社会经济生活的各个领域，对社会经济运行过程发挥着越来越重要的推动作用。因此，本书基于马克思主义经济学，对国家职能进行研究，运用“一般—特殊—个别”的叙述方法，对资本主义国家和社会主义国家的经济发展历程进行分析，探讨不同社会制度下国家职能演变的特征、规律与趋势。

对于西方资本主义国家的发展，很多人将其归功于自由市场经济，片面夸大了市场竞争的作用，但从资本主义国家实际的历史发展过程来看，国家作为一种“经济力”，其作用贯穿于资本主义发展的始终。从资本主义制度建立开始，国家与资本之间、政府与市场之间，就存在着天然的密切联系。之后，资本主义经历了从自由竞争到垄断的转变。这一过程的演进，以历次科技革命为转折，体现了社会生产力的巨大进步，但同时，资本主义发展一直都伴随着危机的爆发，迫使资本主义国家职能不断调整，以适应现实经济基础的变化。在自由竞争阶段，资本主义国家利用法律、制度、政策等一系列手段，为自由市场的发展开辟了道路。进入垄断阶段后，国家为维护自由市场的竞争秩序，对市场垄断进行了适度管制。“二战”后，受凯恩斯主义的影响，各主要国家都转向对经济过程的普遍干预，但资本主义制度固有的弊端仍然无法从根本上消除。在国际垄断资本主义阶段，为摆脱“滞胀”危机，资本主义国家转向了新自由主义，在资本全球扩张的过程中，金融垄断资本的国际化程度迅速提高，虚拟资本规模无序增长，最终导致了 2008 年全球性金融危机的爆发。面对危机，资本主义国家不得不用“看得见的手”来干预经济，并进行相应的体制改革，但这些措施只是改良性的，不可能消除资本主义制度的基本矛盾，也不可能突破资本主义基本制度和生产关系，只能在资本主义基本制度的框架内进行必要的调整。

我国作为目前世界上最大的社会主义国家，从 1949 年中华人民共和国成立到现在走过了 70 多年的历程。在这一过程中，随着经济建设与改革发展的推进，国家职能也发生了重大变化，经历了从政治导向型向经济导向型的转变，国家治理能力不断提升。中国特色社会主义的发展历程，是国家根据经济基础的现实变化，主动调整转变社会管理职能的过程。进入 21 世纪，特别是党的十八大以来，中国的经济建设取得了重大成就，国家的发展理念也不断提升。社会经济发展不再以 GDP 数量的增长为目标，而把调整经济结构、改善经济质量、提高经济效能、增强创新能力作为努力的方向。随着新发展理念的提出和供给侧结构性改革的纵深推进，我国的经济发展呈现更为健康、稳定的发展态势，将更好地满足人民对美好生活的需要。我国之所以能在改革与发展中取得重大成就，不仅是因为市场化改革激发了经济活力，更重要的是因为我国中央领导集体能够坚持以马克思主义理论为指导，科学认识社会经济运行规律，明晰国家与市场、国家与社会的关系，深刻把握社会主义大国未来改革与发展的方向。

综观主要国家的经济发展过程，不论是以欧美为代表的西方发达资本主义国家，还是以中国为代表的社会主义国家，大多选择了市场经济模式，将市场机制作为调节社会经济运行的基础性手段，发挥资源优化配置的作用。但各国的市场经济，绝不是纯粹意义上的市场调节，纯粹的市场仅仅是理论上的抽象。从实际情况来看，各国经济发展的普遍趋势，是国家与市场之间相互影响、相辅相成，共同发挥对经济过程的调节作用。不同的国家，由于政府与市场相结合的目标、领域、方式、程度不同，形成了不同特征的市场经济模式，国家职能的具体内容也有所不同。在中西方国家之间，国家职能不仅具体内容不同，而且制度基础也有根本差别。资本主义国家职能是以“总资本家”利益为基础的，对经济运行的调节必然受到垄断资本集团的操纵或控制，从根本上说，是为资产阶级利益服务的；社会主义国家职能是以广大劳动者利益为基础的，对经济过程的调控服务于社会的全面发展和人民生活水平的提高，从根本上说，是为人民群众整体利益服务的。

当前，在世界经济以资本主义为主导的国际环境中，我国作为社会主义国家的代表，坚持以马克思主义理论为指导，走中国特色社会主义道路，更应重视对马克思主义政治经济学，特别是对马克思主义国家职能理论的研究。我国通过改革开放40多年的建设与发展，综合国力明显提升，这是以国家为主导的渐进式改革的成果。我国政府通过改革经济体制调整经济关系，引入市场竞争机制，一方面促进了社会经济发展的动力，另一方面也保持了公有制经济在国民经济中的主体地位，顺应了生产社会化的发展趋势，创造了多项杰出成就，充分体现了社会主义协作的优越性，彰显了我国作为社会主义国家的制度优势。但改革中还存在一些矛盾和问题，社会主义市场经济理论也有待于进一步完善，需要在改革与建设的实践中，不断积累经验，总结教训，既要借鉴西方发达资本主义国家市场经济模式中的有益成果，又要深刻认识其制度缺陷，积极探讨市场经济的一般性规律，更要立足于本国国情，努力探索符合中国实际的经济发展理论与路径，建立起成熟的社会主义市场经济模式。党的十八届三中全会正式提出“国家治理体系和治理能力现代化”的重要命题，这是对马克思主义国家理论的发展与创新，中国特色社会主义国家职能将在国家治理理论的探索与社会主义的改革实践中得到不断完善。

目 录

第一章

马克思主义国家职能理论

马克思、恩格斯曾对国家职能的起源、国家职能的性质、国家职能的消亡等进行过科学、深入的探讨，虽然马克思主义经济理论中没有完整、系统的国家职能学说，但是从马克思、恩格斯为后人留下的大量文献资料中，我们可以归纳出他们对国家职能问题的见解与认识，提炼出有关国家职能的思想与观点。在研究中，马克思、恩格斯将国家的阶级性和公共性统一起来，认为国家具有政治统治和社会管理的双重职能，这一思想具有重要的现实意义。

第一节　马克思主义国家职能理论产生的历史条件

一切伟大的思想都是时代的产物，都是时代精神的反映。马克思主义政治经济学的创立是人类经济思想史上的伟大革命，它是在 19 世纪西欧资本主义国家经历产业革命后，资本主义经济迅速发展，社会阶级矛盾不断激化的时代背景下，代表无产阶级利益的经济学说。在这一时期，资本主义生产方式取代封建主义生产方式占据社会的统治地位，以资本雇佣劳动制度为基础的机器大工业迅速发展起来，与此同时，经济危机开始呈现出周期性爆发的趋势，资本主义固有的各种矛盾充分暴露并日益尖锐化，无产阶级与资产阶级的矛盾成为当时社会的主要矛盾。在反对资产阶级的斗争中，无产阶级迫切需要用代表自身利益和要求的经济理论来武装自己，以指导斗争实践。在这样的历史条件下，马克思主义经济学应运而生，并且在深入剖析资本主义经济制度及社会关系的基础上，深刻地揭示了国家的本质和职能。

一、经济条件：西欧国家资本主义的发展

资本主义制度起源于欧洲，早在14世纪和15世纪，地中海沿岸城市就出现了资本主义生产关系的萌芽，城市商品经济的发展促进了封建社会自然经济的解体，同时资本的原始积累过程极大地加速了资本主义生产方式在西欧国家的确立。资本的原始积累是国家通过暴力手段强制劳动者同生产资料分离，大量农民和手工业者破产，形成了大批的自由无产者，同时大量货币财富集中到少数人手中并转化为资本。“资产阶级日甚一日地消灭生产资料、财产和人口的分散状态。它使人口密集起来，使生产资料集中起来，使财产聚集在少数人的手里。由此必然产生的结果就是政治的集中。”① 这一过程在不同的国家具有不同的特点，大致从15世纪末开始一直延续到19世纪初。随着资本主义的发展，各国新兴资产阶级的力量不断壮大，为了扫除资本主义发展的障碍，各国进行了资产阶级革命，1688年英国资产阶级革命取得胜利，之后，法国、德国、美国也取得了资产阶级革命的胜利，为资本主义经济的发展开辟了道路。

18世纪60年代，第一次工业革命在英国爆发，利用工业优势，英国逐渐取得了资本主义发展的领先地位，成为19世纪世界上最强大的国家。它拥有当时世界上最先进的工业技术、最大规模的制造工厂和商船舰队。19世纪中叶，英国的重工业进一步发展，机器的应用更加广泛，在各主要工业领域，机器工厂生产已经基本上取代了手工工场生产。法国在1789年爆发资产阶级革命后，工业革命也全面展开，到19世纪上半叶，法国整体的经济水平已仅次于英国。德国的资本主义发展水平落后于英国和法国，18世纪末的德意志仍是一个封建色彩浓厚的国家，各城邦之间关卡林立，存在着严重的封建割据，但到19世纪后其资本主义发展趋势明显，1834年普鲁士等18个德意志邦国建立了关税同盟，促进了统一的国内市场的形成，为资本主义的发展消除了障碍，德国资本主义也进入了快速发展的轨道。

---

① 马克思，恩格斯．马克思恩格斯文集：第2卷［M］．北京：人民出版社，2009：36.

总之，资本原始积累为资本主义生产关系的形成和资本主义国家的建立提供了历史条件，马克思在其文献中对资本原始积累的过程与实质进行了深入的分析，深刻指出了国家在资本原始积累中“集中的有组织的社会暴力”的职能。第一次工业革命的爆发使资本主义生产方式逐步成为占统治地位的社会生产方式，主要资本主义国家进入工业资本主义时期，开辟了资本主义国家的新时代。以英国、法国和德国为代表的西欧主要资本主义国家在18~19世纪获得了快速发展，“资产阶级在它的不到一百年的阶级统治中所创造的生产力，比过去一切世代创造的全部生产力还要多，还要大”①。资本主义经济制度在西欧国家的建立与发展为马克思主义国家职能理论的建立创造了客观历史条件。

二、实践基础：工人阶级斗争的兴起

西欧主要国家资产阶级革命的胜利，使资产阶级最终在政治上占据了统治地位，确立了资本主义的国家政权，为资本主义经济的发展奠定了制度基础。但是，资本主义生产方式仍然建立在私有制的基础上，用一种新的剥削制度代替了旧的剥削制度，“它用公开的、无耻的、直接的、露骨的剥削代替了由宗教幻想和政治幻想掩盖着的剥削”②。资本主义经济制度的建立不仅没有实现人与人的平等，相反，却形成了两大对抗的阶级，造成了更严重的阶级冲突。

随着资本主义经济的发展，资本主义制度固有的内在矛盾，即资本主义生产资料私有制与生产社会化之间的矛盾逐步暴露，到19世纪上半叶资本主义的经济、政治矛盾达到了空前尖锐的程度。经济危机的爆发是资本主义基本矛盾尖锐化的突出表现，1825年资本主义历史上第一次生产过剩的危机在英国爆发，之后大约每隔十年就爆发一次，资本主义经济陷入“危机—萧条—复苏—繁荣”的周期性循环中。资本主义的经济危机深刻说明，“生产力已经强大到这种关系所不能适应的地步，它已经受到这种关系的阻碍；而它一着手克服这种障碍，就使整个资产阶级社会陷入混乱，就使资产阶级所有制的存在受到威胁。资产阶级的关系已经太狭窄了，再容纳不了它本身所造成的财富了”③。至今，资本主义国家仍然受到经济危机的困扰。

---

① 马克思，恩格斯．马克思恩格斯文集：第2卷［M］．北京：人民出版社，2009：36.

② 马克思，恩格斯．马克思恩格斯文集：第2卷［M］．北京：人民出版社，2009：34.

③ 马克思，恩格斯．马克思恩格斯文集：第2卷［M］．北京：人民出版社，2009：37.

资本主义基本矛盾尖锐化在政治方面的突出表现就是，工人阶级的形成和工人运动的兴起。伴随着资本家对工人剥削程度的加深，劳资冲突不断加剧，引起了工人阶级的强烈反抗。工人阶级斗争的兴起最初是自发性的，阶级力量分散，没有明确的斗争纲领，不具有政治性质，但到 19 世纪三四十年代，西欧主要国家的工人阶级反对资本家的斗争逐渐发展成为政治运动，演变成为真正的阶级斗争，以法国里昂工人两次起义（1831 年、1834 年）、英国以工人为主体的宪章运动（1836~1848 年）和德国西里西亚纺织工人起义（1844 年）为标志。工人阶级斗争的蓬勃兴起与发展，不仅充分地暴露了资本主义国家经济制度的内在矛盾，而且威胁到资产阶级的政治统治。无产阶级革命运动的发展需要科学理论的指导，而科学理论的发展也以客观实践为基础，马克思主义经济思想顺应了时代发展的需要而产生。马克思对资本主义生产关系的分析、对资本主义基本矛盾的揭示、对国家性质与职能理论的认识、关于无产阶级专政思想的形成，都成为工人阶级斗争的思想武器。

第二节　马克思主义国家职能理论的思想渊源

马克思主义国家职能理论是在批判与借鉴西方早期思想家有关国家问题的理论成果的基础上形成的。马克思以辩证唯物主义和历史唯物主义为指导，通过对黑格尔理性国家观、空想社会主义思想、古典自由主义国家观的认识与扬弃，形成了马克思主义的国家观。

一、对黑格尔理性国家观的怀疑与颠覆

黑格尔在《法哲学原理》一书中，对市民社会与国家的关系做了系统论证，认为“国家代表了一种普遍性，反映普遍的利益和意识”①，是建立在公众理性意志基础上的组织，而市民社会代表特殊利益，其权利只有在国家的普遍利益中才能更好地实现，其矛盾也只有在国家这一最高公共机构中才能消除，市民社会

① ［德］黑格尔．法哲学原理［M］．范扬，张企泰，译．北京：商务印书馆，1961：285.

与国家之间是相互依存的关系。但国家是高于市民社会的，国家决定市民社会的法律和利益。马克思对黑格尔法哲学的批判是其国家职能理论的直接渊源。

马克思在柏林大学求学期间，深受黑格尔哲学思想的影响，信奉黑格尔的理性国家观。但其在担任《莱茵报》主编期间，接触到了大量“理性国家”与现实社会之间的矛盾问题，这使其对黑格尔的理性国家观产生了怀疑。随着思考与研究的不断深入，马克思在《黑格尔法哲学批判》和《黑格尔法哲学批判导言》中，彻底批判了黑格尔的理性国家观，对市民社会与国家的关系进行了重新阐述：“决不是国家制约和决定市民社会，而是市民社会制约和决定国家。”① 这一思想的提出，为马克思主义国家职能理论的形成奠定了基础。马克思指出，在黑格尔的理论中，“（国家）理念变成了独立的主体，而家庭和市民社会对国家的现实关系变成了理念所具有的想象的内部活动。实际上，家庭和市民社会是国家的前提，它们才是真正的活动者；而思辨的思维却把这一切头足倒置”②。马克思通过对黑格尔的理性国家观的批判，实现了从理性主义国家观向唯物主义国家观的转变，理顺了市民社会与国家之间的关系，为马克思主义国家职能理论的进一步发展铺平了道路。

二、对空想社会主义思想的辩证借鉴

19 世纪初期，西欧的空想社会主义思想也是马克思国家职能理论的重要思想来源。以圣西门、傅立叶、欧文为代表的空想社会主义学者对资本主义制度展开全面批判，揭露了资本主义社会是一个“黑白颠倒的世界”③，是一个私人利益和公共利益严重冲突的社会。资本主义以私有制为基础，它维护的是资本家的利益，而作为价值的创造者，工人阶级备受压迫和剥削。资产阶级所标榜的“自由、平等、民主、博爱”充满了虚伪性和欺骗性，没有一项措施能真正维护广大群众的切身利益。空想社会主义学者深刻揭示出私有制是资本主义社会的罪恶之源，他们在对资本主义制度进行批判的基础上，指出了资本主义社会制度为新的社会制度所取代的必然性，并对未来理想的社会形态做出了天才设想。空想社会主义学者对资本主义社会的强烈批判，对资本主义制度的深层次剖析，对未来社

① 马克思，恩格斯．马克思恩格斯选集：第 4 卷［M］．北京：人民出版社，1995：196.

② 马克思，恩格斯．马克思恩格斯全集：第 1 卷［M］．北京：人民出版社，1956：250-251.

③［法］圣西门．圣西门选集：上册［M］．何清新，译．北京：商务印书馆，1962：275.

会的大胆构想，都为马克思国家职能理论的形成提供了有益的借鉴。

空想社会主义学者在深刻批判资本主义制度的基础上，最早提出了建立“和谐社会”的观点，马克思对这些思想给予了充分的肯定，在《共产党宣言》中指出，提倡和谐社会是空想社会主义者关于未来社会的积极主张。但是，空想社会主义学者提出的和谐社会思想是建立在抽象理性基础上的，认为资本主义的根本问题在于理性的迷误，偏离了正义的轨道，认为一个国家的政治制度、法律决定经济状况，而政治制度、法律性质又依赖于人的理性，只有进行完善的道德教育，改善人的理性，才能保证有好的政治制度和法律，才能最终实现和谐社会。空想社会主义学者虽然揭示了社会不和谐在于阶级对立，但是他们没有提出消除阶级对立的方法。空想社会主义学者对资本主义社会弊端的揭示和对未来社会的设想，都是建立在人类理性和正义等普遍原则上，他们不了解社会发展的客观规律和资本主义的本质，因此，马克思认为“这些主张本身还带有纯粹空想的性质”①。马克思、恩格斯对空想社会主义思想进行了辩证分析，从经济现实出发，深入分析资本主义社会矛盾的根源，提出了消除不和谐的内在机制，从而使社会和谐理论科学化。

三、对古典自由主义国家观的批判分析

古典自由主义国家观是在反对西方封建专制王权的基础上建立起来的国家思想，旨在对个人自由、权利进行论证，认为国家是维护个人权利的工具，其政治哲学的代表是约翰·洛克，经济学理论的代表是亚当·斯密。约翰·洛克在《政府论》中否定了“君权神授”的思想，以自然法学说和社会契约论为基础，论证了国家的起源和本质，认为在国家产生之前，自然法起支配作用，人是处于一种“完备无缺的自由状态”和“平等状态”②，人平等地享有生命、自由、财产等自然权利，但在这种状态下，由于缺乏公共的裁判者和公认的法律，就可能出现侵犯他人权利的情况。因此，“政治社会都起源于自愿的结合和人们自由地选择他们的统治者和政府形式的相互协议”③，人们通过订立契约的方式，让渡一些权利共同联合起来组建国家，并接受政府的管理和法律的执行，从而达到保护

① 马克思，恩格斯．马克思恩格斯选集：第1卷［M］．北京：人民出版社，1995：304.
② ［英］约翰·洛克．政府论［M］．叶启芳，瞿菊农，译．北京：商务印书馆，1964：3.
③ ［英］约翰·洛克．政府论［M］．叶启芳，瞿菊农，译．北京：商务印书馆，1964：63.

生命和财产的目的。亚当·斯密作为古典经济学的代表，他以“经济人”假设为理论前提，认为每个人在追求个人利益的过程中，“被一只看不见的手引导着，去达到一个他无意追求的目的”[①]，即促进公共利益的增加。因此，亚当·斯密主张实行自由竞争的经济，反对国家对经济的干预，认为政府仅应履行国防、司法和维持公共工程的职能。古典自由主义国家观为个人拥有私有财产等权利提供了理论支撑，但从本质上说，它维护的都是当时新兴资产阶级的利益，具有一定的历史和阶级局限性。

马克思对古典自由主义国家观持批判态度，通过对资本主义制度的经济基础进行深入剖析，深刻分析其政治制度的本质。在《资本论》中，马克思通过对资本主义经济运行过程的分析，深刻揭示了其剩余价值生产的本质，揭露了“自由、平等”的契约形式掩盖的是资本占有劳动的“不自由、不平等”的事实，资产阶级的统治是建立在对大量社会生产资料占有和控制的基础上。国家并不是各个阶级实现其普遍利益的场所，而是一个阶级对另一个阶级实行统治、压迫和剥削的工具。从本质上看，资产阶级的市民社会是一个阶级社会，在这个基础上形成的国家是一个以私有制关系为基础、以私人利益为核心、以自由平等为原则的社会共同体，但在这一共同体内部，充满了利益的对立和矛盾。马克思从根本上批判了古典自由主义的国家观，认为国家是阶级统治的工具，国家具有阶级压迫的职能，新的政治革命要消灭私有制，消除阶级差别，实现全人类的解放和人的自由全面发展。国家通过社会主义阶段的过渡，逐渐失去其政治属性，直至最后消亡，国家职能回归社会公共职能，最终实现共产主义。

第三节 马克思主义国家职能理论的形成与发展

马克思、恩格斯通过对黑格尔理性国家观、古典自由主义国家观进行批判性认识，对空想社会主义思想进行扬弃，逐步形成了以辩证唯物主义和历史唯物主义为基础的科学的国家理论。同时，这种思想认识也是在对社会经济过程进行深

① ［英］亚当·斯密．国民财富的性质和原因的研究：下卷［M］．郭大力，王亚南，译．北京：商务印书馆，1974：27.

入、科学考察的基础上建立起来的，并与工人阶级的革命运动相结合，在实践中不断得到发展与完善。

一、马克思主义国家职能理论的初步形成

国家职能理论是马克思主义政治经济学体系的重要组成部分，而辩证唯物主义和历史唯物主义是马克思主义政治经济学建立的方法论基础，因此，马克思主义国家职能理论也是建立于这一方法论基础上的。

在马克思的理论研究进程中，唯物史观的确立经历过一个深刻的思想转变过程。马克思在大学期间所修的专业是法律，但他对哲学产生了浓厚的兴趣，特别是黑格尔哲学对他产生了深刻的影响，使马克思投入了大量精力从事哲学方面的研究。最初，马克思对黑格尔的理性国家观是持认同态度的，还经常将其作为论据批判现实社会。但19世纪40年代马克思在担任《莱茵报》主编期间，接触到大量现实经济生活中的矛盾，“遇到要对所谓物质利益发表意见的难事”①，这些“难事”促使马克思对现实的经济运行过程展开深入思考，逐渐将研究方向转向对政治经济学的研究。与此同时，他也对黑格尔的理性国家观产生了怀疑。在《莱茵报》工作期间，马克思先后发表了《评普鲁士最近的书报检查令》《关于林木盗窃法的辩论》《摩泽尔记者的辩护》等一系列文章，接触到了很多“理性国家”与现实社会之间的矛盾，逐渐认识到了社会经济关系是国家制度的客观基础，促使其不得不对黑格尔的理性国家观重新进行认识。

随着研究的深入，马克思在《黑格尔法哲学批判》中对黑格尔的理性国家观进行了批判性分析。马克思并没有完全否定黑格尔的思想，而是吸收了其辩证法中的合理内核，认为“黑格尔觉得市民社会和政治社会的分离是一种矛盾，这是他的著作中比较深刻的地方”②，赞同黑格尔对市民社会与国家所做的理论划分；与此同时，马克思彻底颠覆了黑格尔的理性国家观，明确了市民社会与国家的关系，认为市民社会是国家产生的基础，“法的关系正像国家的形式一样，既不能从它们本身来理解，也不能从所谓人类精神的一般发展来理解，相反，它们根源于物质的生活关系，这种物质的生活关系的总和，黑格尔按照18世纪英国人和法国人的先例，称之为‘市民社会’，而对市民社会的解剖应该到政治经济

① 马克思，恩格斯．马克思恩格斯文集：第2卷［M］．北京：人民出版社，2009：588.
② 马克思，恩格斯．马克思恩格斯全集：第3卷［M］．北京：人民出版社，2002：94.

学中去寻求”[①]。马克思深刻地认识到，应该将社会经济过程中的物质利益关系作为政治经济学的研究对象，应该通过对市民社会的研究来理解这种关系，从而才能认识包括国家和法的关系在内的整个资本主义社会结构。

马克思于1844年计划写作一部有关现代国家的著作，制订了初步的写作框架，包含“现代国家起源的历史或者法国革命”“国家和市民社会”“国家管理和公共管理”“选举权”等内容。[②] 1845年，马克思、恩格斯合作对国家形成的现实条件、国家的形式、国家的职能等问题做了大量研究，并对国家职能与经济基础之间的关系进行了深入分析，共同写作了《德意志意识形态》。1848年，马克思与恩格斯在《共产党宣言》中对资产阶级国家职能的本质进行了概括：“现代的国家政权不过是管理整个资产阶级的共同事务的委员会罢了。”[③] 通过分析资本主义经济运动过程，他们深刻地指出了资本主义国家的基本矛盾，并对资本主义社会未来的发展方向进行了探讨，认为随着资本主义基本矛盾的不断积累、阶级对立的逐步深化，最先进的无产阶级将会通过革命获得统治地位，建立无产阶级专政，从而实现人的自由、解放和全面发展，国家职能的内容也将随之而发生本质性的变化，由政治统治转变为社会管理，国家将成为真正的“自由人联合体”。19世纪40年代，马克思的辩证唯物主义和历史唯物主义方法论逐步形成，对经济学理论体系以及国家职能理论的分析框架也初步形成。除上述著作以外，马克思还写作了《克罗茨纳赫笔记》（1843年）、《1844年经济学哲学手稿》（1844年）、《雇佣劳动与资本》（1847年）等论著，其中包含了丰富的关于国家职能理论的思想。

二、马克思主义国家职能理论的研究构想

19世纪50年代，是马克思主义国家职能理论发展的一个重要阶段。在《1857—1858年经济学手稿》中，马克思拟定了“五篇计划”[④] ——政治经济学理论体系的框架：

第一篇，研究关于劳动、分工、货币、价值等“一般的抽象的规定”。

① 马克思，恩格斯．马克思恩格斯全集：第13卷［M］．北京：人民出版社，1962：8.
② 马克思，恩格斯．马克思恩格斯全集：第42卷［M］．北京：人民出版社，1979：238.
③ 马克思，恩格斯．马克思恩格斯文集：第2卷［M］．北京：人民出版社，2009：33.
④ 马克思，恩格斯．马克思恩格斯文集：第8卷［M］．北京：人民出版社，2009：32-33.

第二篇，分析资本、雇佣劳动、土地所有制等“形成资产阶级内部结构并且成为基本阶级的依据的范畴”。

第三篇，研究“资产阶级社会在国家形式上的概括”，即国家的主要内容包括“‘非生产’阶级、税、国债、公共信用、人口、殖民地、向国外移民”。

第四篇，探讨“生产的国际关系、国际分工、国际交换、输出和输入、汇率”。

第五篇，分析“世界市场和危机”。

这个研究构想最早明确了在马克思经济学体系中，国家职能理论的重要地位。在《〈政治经济学批判〉序言》中，马克思对上层建筑与经济基础之间的关系进行了经典阐述，认为物质资料的生产是人类社会存在与发展的基础，在人类社会发展的每一阶段，在一定的生产力条件下，人与人之间在物质资料的生产活动中必然会形成一定的经济关系，“这些生产关系的总和构成社会的经济结构，即有法律的和政治的上层建筑竖立其上并有一定的社会意识形式与之相适应的现实基础”①。社会生产力的发展会促使生产关系也发生转变，“随着经济基础的变更，全部庞大的上层建筑也或慢或快地发生变革”②，这些深刻思想构成了马克思国家职能理论的基础。

马克思在“五篇计划”的基础上，又制定了经济学著作《政治经济学批判》的“六册计划”，在《〈政治经济学批判〉序言》中有明确的说明：“我考察资产阶级经济制度是按照以下的顺序：资本、土地所有制、雇佣劳动；国家、对外贸易、世界市场。在前三项下，我研究现代资产阶级社会分成的三大阶级的经济生活条件；其他三项的相互联系是一目了然的。”③ 从这一研究计划的结构和内容来看，国家理论在整个理论体系中占有重要地位。前三册主要研究的是一国范围内的经济运动过程，而后三册研究的是世界范围内的资本运动过程和相关的国际经济问题。国家册是前三册向后三册过渡的桥梁，它是前三册内容在国家层面上的概括和总结，同时又引向对国际经济问题的分析。之后，虽然马克思调整了研究框架，将前三册的内容以《资本论：政治经济学批判》（简称《资本论》）独立出版，但是他并没有放弃后三册的研究，关于这一点，《资本论》中有很多相关

① 马克思，恩格斯．马克思恩格斯文集：第2卷［M］．北京：人民出版社，2009：591.

② 马克思，恩格斯．马克思恩格斯文集：第2卷［M］．北京：人民出版社，2009：592.

③ 马克思，恩格斯．马克思恩格斯文集：第2卷［M］．北京：人民出版社，2009：588.

提示，而且在马克思、恩格斯留给后人的大量文献中，有大量关于国家职能理论的论述。

此后，马克思又写作了《1848年至1850年的法兰西阶级斗争》，运用历史唯物主义的方法论，深入分析了1848年法国资产阶级革命，第一次提出了无产阶级专政思想。在《路易·波拿巴的雾月十八日》中，马克思深刻批判了资本主义国家职能的本质、特点与表现形式，主张通过无产阶级联合起来的力量，打碎资产阶级国家机器。在《法兰西内战》中，马克思对法国巴黎公社的伟大实践进行了经验总结，认为法国由中央集权的国家“变成了阶级专制的机器”，“工人阶级不能简单地掌握现成的国家机器，并运用它来达到自己的目的”①。马克思、恩格斯在之后写作的一系列著作中，进一步充实和完善了马克思主义国家职能理论，包括《哥达纲领批判》《反杜林论》《社会主义从空想到科学的发展》《家庭、私有制和国家的起源》等，这些文献广泛而深入地探讨了国家职能形成的制度基础、国家在稳定社会秩序中的作用等内容。

三、马克思主义国家职能理论的继承发展

作为马克思主义理论的继承人，俄国思想家列宁在《国家与革命》《论国家》《无产阶级专政时代的经济和政治》等一系列著作中，阐述了对国家职能的认识，进一步强化了国家的阶级职能，指出“一切革命的根本问题是国家政权问题”②，认为国家是阶级统治的工具，是阶级斗争不可调和的产物，主张只有通过无产阶级革命才能废除资产阶级国家。在列宁和布尔什维克党的领导下，俄国无产阶级在1917年取得了社会主义革命的胜利，建立了第一个无产阶级专政的国家，这为马克思开创的社会主义事业的发展积累了宝贵经验。结合革命实践，列宁对无产阶级专政的实质、内容、形式、任务等问题进行了深入的探讨，进一步发展了马克思主义国家职能理论，也为其他国家建立无产阶级专政提供了理论借鉴。

列宁指出，从无产阶级取得革命胜利到社会主义制度的建立之间，有一个过渡时期，“这个过渡时期不能不是衰亡着的资本主义与生长着的共产主义彼此斗争的时期，换句话说，就是已被打败但还未被消灭的资本主义和已经诞生但还非

---

① 马克思，恩格斯．马克思恩格斯文集：第3卷［M］．北京：人民出版社，2009：151.

② 列宁．列宁选集：第3卷［M］．北京：人民出版社，1995：19.

常脆弱的共产主义彼此斗争的时期"[①]。这一阶段社会的经济结构由资本主义私有制、小商品生产、社会主义公有制组成，相应地形成了社会的阶级结构，即资产阶级、小资产阶级（主要是农民）和无产阶级，各阶级的社会经济地位不同，从而导致他们的政治态度也有所不同。虽然资产阶级政权已被推翻，但是他们绝不甘心失败，而会向无产阶级发起最激烈的反抗。无产阶级要进一步巩固执政地位，清除资产阶级的反对势力，就必须和中间阶级结成联盟。"工农联盟——这是苏维埃政权给我们的东西，也是苏维埃政权的力量所在。这是我们取得成就、取得最后胜利的保证。"[②] 列宁"工农联盟"思想的提出，进一步充实了无产阶级专政理论，为苏维埃政权的建立与巩固奠定了基础。

新生的苏维埃国家政权遭到了资产阶级的强烈反抗，面临这种境况，列宁特别强调了社会主义国家政权的阶级职能，认为"国家是维护一个阶级对另一个阶级的统治的机器"[③]，指出无产阶级专政要采取最坚决的暴力手段来镇压剥削阶级反抗。列宁对国家阶级职能的强调，曾成为当时机会主义者的攻击对象，他们曲解列宁对国家职能的认识，认为列宁所讲的无产阶级专政和苏维埃政权只是暴力。对此，列宁做出了正面回应，"无产阶级专政不只是对剥削者使用的暴力，甚至主要的不是暴力"[④]，无产阶级专政还要向人民群众实行最广泛的民主，社会主义革命的目的是在打退资产阶级的反抗之后，稳定国家政治经济秩序，进一步发展经济，建立起社会主义经济制度，苏维埃政权具有镇压资产阶级反抗和建设社会主义经济的双重职能。

第四节　马克思主义国家职能理论的主要内容

马克思、恩格斯对国家职能的来源与本质、国家职能的二重属性、国家职能的演变等问题都做了科学而系统的阐述。作为马克思主义政治经济学体系的重要

① 列宁．列宁选集：第4卷［M］．北京：人民出版社，1972：84.
② 列宁．列宁全集：第33卷［M］．北京：人民出版社，1957：218.
③ 列宁．列宁选集：第4卷［M］．北京：人民出版社，1972：48.
④ 列宁．列宁选集：第4卷［M］．北京：人民出版社，2012：9.

组成部分，国家职能理论是马克思历史唯物主义原理的具体体现。

一、国家职能的内涵与划分

虽然马克思、恩格斯没有明确给出国家职能的定义，但是我们可以根据他们在文献著作中对国家理论的论述，概括出国家职能的基本内涵，即国家职能是指国家在社会管理中所具有的职责和功能，由国家的阶级本质决定。国家作为建立在社会占统治地位的生产关系这一经济基础之上的上层建筑，体现了统治阶级的利益和意志，是为巩固和发展其经济基础服务的。行使国家职能的主体是国家政府及其相关组织机构，不同阶级的国家，其性质不同，职能也不同。资本主义国家职能是以维护资本主义私有制及以之为基础的资本雇佣劳动制度为本质内容的，是为实现资产阶级利益服务的。而社会主义国家职能是以维护社会主义公有制，维护全体人民的共同利益为本质内容的，实行的是人民民主专政制度。

国家职能的具体内容，可以根据空间范围划分为对内职能和对外职能。国家的对内职能包括政治统治职能和社会管理职能（关于两者的内涵及其相互关系将在第三章详细阐述）。国家的对外职能包括维护国家安全职能和国际交往职能。维护国家安全职能是指保卫国家主权与领土完整，防范他国入侵，“社会创立一个机关来保护自己的共同利益，免遭内部和外部的侵犯。这种机关就是国家政权”①。国际交往职能指国家机关负责组织本国对外的政治、经济、文化交流，协调本国与他国的利益关系。总之，对内职能是对外职能的基础，对外职能是对内职能的延伸。从根本上来讲，国家的社会管理职能、维护国家安全职能和国际交往职能，都是为维护统治阶级的政治统治及其根本利益服务的。

二、国家职能的来源与本质

对于国家职能来源的考察，是以对国家起源问题的探讨为基础的。关于国家起源的研究，马克思在论述市民社会决定国家的观点时就已触及。在《德意志意识形态》《摩尔根〈古代社会〉一书摘要》等文献中，马克思将历史唯物主义作为理论前提，将研究建立于人类社会物质生产的基础上，从两个角度对国家起源的问题进行了分析。一是从人与自然的关系，探讨了社会生产力发展，形成了社

① 马克思，恩格斯．马克思恩格斯文集：第4卷［M］．北京：人民出版社，2009：307-308.

会分工理论；二是从人与人的关系即社会关系的角度，考察了社会生产关系的演变，表现为所有制理论。马克思认为，人类社会初期是处于原始公有制的经济形态，社会生产力水平非常低下，不存在阶级和剥削，人们必须通过集体劳动，才能生产出生活所必需的物质资料。而随着生产工具的改进、社会生产力的发展，社会分工开始出现，并且产生了剩余产品，从而为剥削提供了前提。马克思认为，氏族或部落是原始社会基础的社会组织，伴随着三次社会分工的发展，不同的经济主体之间形成了独立的经济利益，即私有制产生，同时社会结构逐渐分化，财产的不平等促使了阶级的出现，而国家是社会分化为阶级之后的产物。私有制发展“产生了单个人的利益或单个家庭的利益与所有互相交往的个人的共同利益之间的矛盾”，从而“共同利益才采取国家这种与实际的单个利益和全体利益相脱离的独立形式，同时采取虚幻的共同体的形式”①。这种“共同利益”本质上就是统治阶级的利益，而“对于被统治的阶级来说，它不仅是完全虚幻的共同体，而且是新的桎梏”②，国家就成了维护统治阶级利益的工具，马克思对国家起源的分析，深刻揭示了其利益根源与阶级本质。由此可知，国家职能主要维护统治阶级的政治统治及其利益。

恩格斯在继承马克思历史唯物主义的基础上，进一步探讨了国家的起源和本质，核心思想集中在其著作《家庭、私有制和国家的起源》中。恩格斯认为，社会分工的发展和剩余产品的出现，导致了氏族之间或内部的财产占有上的不平等，不平等程度的加剧最终导致两个互相对立的阶级即奴隶主阶级和奴隶阶级的产生。奴隶主阶级为了维护自身特权，镇压奴隶反抗，就建立起一种维护社会秩序的暴力组织，即国家，并将这种剥削与被剥削关系合法化。恩格斯还具体分析了国家起源的三种形式：雅典式，国家在氏族社会内部的阶级对抗中产生；罗马式，国家在本氏族内部的阶级斗争，以及外族居民反抗罗马氏族的斗争中产生；德意志式，国家在靠武力征服外国广大领土的基础上产生。恩格斯认为，尽管国家产生的具体路径不同，但都是阶级对立的产物。恩格斯在对国家起源进行历史性分析的基础上，对国家本质做出了经典概括：“国家决不是从外部强加于社会的一种力量。国家也不像黑格尔所断言的是‘伦理观念的现实’，‘理性的形象和现实’。确切地说，国家是社会在一定发展阶段上的产物；国家是承认：这个

① 马克思，恩格斯．马克思恩格斯全集：第3卷［M］．北京：人民出版社，1960：38.

② 马克思，恩格斯．马克思恩格斯选集：第1卷［M］．北京：人民出版社，1995：119.

社会陷入了不可解决的自我矛盾，分裂为不可调和的对立面而又无力摆脱这些对立面。而为了使这些对立面，这些经济利益互相冲突的阶级，不致在无谓的斗争中把自己和社会消灭，就需要有一种表面上凌驾于社会之上的力量，这种力量应当缓和冲突，把冲突保持在'秩序'的范围以内。这种从社会中产生但又自居于社会之上并且日益同社会相异化的力量，就是国家。"① 可见，国家是阶级对立的产物，国家的产生是维护社会秩序的需要。由此，国家职能的来源可以概括为两个方面：一方面是维护统治阶级的统治地位；另一方面是进行社会管理，维护社会正常秩序。

通过对国家职能来源的分析，可以揭示出国家职能的本质，国家是阶级分化和阶级对立的结果。国家是一个历史性范畴，它不是从来就有的，而是人类社会发展到一定历史阶段的产物。国家职能是统治阶级维护其利益的手段和工具。马克思认为，国家"政权正是市民社会内部阶级对抗的正式表现"②，"是一个阶级用以压迫另一个阶级的有组织的暴力"③。恩格斯指出，国家是"一个剥削阶级的组织，以便维护这个社会的外部生产条件"④，"这个阶级借助于国家而在政治上也成为占统治地位的阶级，因而获得了镇压和剥削被压迫阶级的新手段。因此，古希腊罗马时代的国家首先是奴隶主用来镇压奴隶的国家，封建国家是贵族用来镇压农奴和依附农奴的机关，现代的代议制的国家是资本剥削雇佣劳动的工具"⑤。

国家职能具有阶级性的本质属性，从根本上说是由社会的经济基础决定的。"国家的意志总的说来是由市民社会的不断变化的需要，是由某个阶级的优势地位，归根结底，是由生产力和交换关系的发展决定的。"⑥ 因此，"国家总的说来还只是以集中的形式反映了支配着生产的阶级的经济需要"⑦。国家作为上层建筑，取决于社会经济条件，根源于物质生活关系。一定的生产方式以及与它相适应的生产关系即"社会的经济结构"，构成国家等上层建筑的经济基础，"物质生活的生产方式制约着整个社会生活、政治生活和精神生活的过程"⑧。随着机

---

① 马克思，恩格斯．马克思恩格斯文集：第 4 卷［M］．北京：人民出版社，2009：189.
② 马克思，恩格斯．马克思恩格斯选集：第 1 卷［M］．北京：人民出版社，2012：275.
③ 马克思，恩格斯．马克思恩格斯选集：第 1 卷［M］．北京：人民出版社，2012：422.
④ 马克思，恩格斯．马克思恩格斯选集：第 3 卷［M］．北京：人民出版社，2012：668.
⑤ 马克思，恩格斯．马克思恩格斯选集：第 4 卷［M］．北京：人民出版社，1995：172.
⑥⑦ 马克思，恩格斯．马克思恩格斯文集：第 4 卷［M］．北京：人民出版社，2009：306.
⑧ 马克思，恩格斯．马克思恩格斯文集：第 2 卷［M］．北京：人民出版社，2009：591.

器大工业的发展和资产阶级政权的建立、发展，国家采取了一种“虚幻的共同体的形式”，似乎成了具有公共管理职能的组织，但事实上“现代国家只是资产阶级社会为了维护资本主义生产方式的一般外部条件使之不受工人和个别资本家的侵犯而建立的组织。现代国家，不管它的形式如何，本质上都是资本主义的机器，资本家的国家，理想的总资本家”。①

在对国家职能本质问题的探讨中，马克思、恩格斯一方面指明了国家职能的阶级性，另一方面也强调了国家职能的公共性，阶级性与公共性共同构成国家职能的基本属性，并且两者并不矛盾。其中，国家的阶级性是本质属性，国家的阶级性决定国家的公共性；国家的公共性又是国家阶级性的具体体现。国家职能从根本上说是阶级统治的工具，但它也具有缓和社会矛盾、维持社会秩序、平衡社会各阶级利益的作用。恩格斯指出，人类社会发展中有“这样的时期，那时互相斗争的各阶级达到了这样势均力敌的地步，以致国家权力作为表面上的调停人而暂时得到了对于两个阶级的某种独立性”②。由此，国家也是一个具有相对独立性的公共组织，它成为管理社会公共事务，为社会全体成员提供公共服务的组织。国家职能的阶级性本质决定了国家是以在整体上维护社会秩序的方式来维护统治阶级利益的。国家不仅调节统治阶级内部的矛盾，而且还对被统治阶级实行暴力统治。作为社会管理机构，国家所进行的社会管理活动也是由其阶级性来决定的。因此，国家是阶级统治的工具，同时也具有社会管理的职能。

现代资本主义国家以“普遍人权”为基本特征，它表面上赋予了社会公民平等参与政治共同体的权利，消除了特权阶级和等级制度，体现为一种“公共权力”。但实际上，这种“公共权力”所体现出的相对独立性，恰恰就对国家职能的本质属性——阶级性起到一种掩饰的作用。如恩格斯所言：“国家作为第一个支配人的意识形态力量出现在我们面前。社会创立一个机关来保护自己的共同利益，免遭内部和外部的侵犯。这种机关就是国家政权。它刚一产生，对社会来说就是独立的，而且它越是成为某个阶级的机关，越是直接地实现这一阶级的统治，它就越独立。”③ 国家职能的这种相对独立性，可以淡化意识形态、阶级斗争，以及其与经济基础之间的联系，从而掩盖国家职能的阶级本质。当代资本主

① 马克思，恩格斯．马克思恩格斯选集：第3卷［M］. 北京：人民出版社，2012：801.
② 马克思，恩格斯．马克思恩格斯选集：第4卷［M］. 北京：人民出版社，2012：189.
③ 马克思，恩格斯．马克思恩格斯选集：第4卷［M］. 北京：人民出版社，2012：259.

义国家发生了一些新变化，它更加注重维护资产阶级的整体利益和长远利益，在不触及资产阶级统治地位和资本主义私有制的前提下，对资本主义的劳资关系和剥削形式进行了局部的调整，一定程度上避免了大规模罢工和冲突对社会稳定造成的不良影响，有些情况下还会以损失少数资本所有者的利益来保证资产阶级的整体利益。但实际上，这种变化并不可能改变国家职能的阶级本质，仅仅说明在资本主义发展的和平时期，资产阶级的剥削手段变得更为隐蔽和巧妙，其最终仍是为资产阶级的经济利益和政治利益服务的。

三、国家职能的二重属性

国家职能是由国家本质所决定的，马克思、恩格斯对国家理论的研究，不仅深刻揭示了国家的阶级属性，而且也没有忽视对国家公共职能的认识。事实上，在对国家起源的分析中，他们就已经注意到了公共权力的重要作用，即国家所具有的社会管理职能。但我国长期的政治经济学研究，大多片面强调国家作为阶级统治工具的政治统治职能，而忽视了包括经济职能在内的国家社会管理职能。在马克思的理论中，国家作为“公共权力”所具有的相对独立性，是以社会管理职能的形式内在地包含于国家的政治统治职能中的。他认为，国家职能具有二重属性，它源于管理本身所具有的二重性质：一方面，国家发挥阶级统治的作用，执行着“由政府同人民大众相对立而产生的各种特有的职能”[①]，即作为阶级统治的工具；另一方面，国家承担“由一切社会的性质产生的各种公共事务”[②] 的职能，即社会管理职能。

国家所具有的社会管理职能，是社会生存发展的必要条件，任何国家都具有管理职能，这是由人类存在的社会性所决定的。人类社会是一个有组织性的群体，其存在与发展是建立在物质资料生产的基础上的，在物质资料生产的过程中形成人与人的关系，并且这种生产的过程是以组织、管理为条件的。这种一般性的管理职能，是任何社会都不可或缺的，而国家正是这种社会管理职能的载体。在原始社会，对社会进行管理的职能由家庭、氏族、公社等“原始共同体”来承担，其间的交往在初期主要表现为战争和贸易。[③] 随着技术的进步和社会生产

① 马克思．资本论：第3卷［M］．北京：人民出版社，1975：431-432.

② 马克思．资本论：第3卷［M］．北京：人民出版社，1975：432.

③ 马克思，恩格斯．马克思恩格斯全集：第3卷［M］．北京：人民出版社，1972：25.

率的提高，出现了剩余产品，产生了私有制、阶级、国家，随之产生了国家的社会管理职能。

恩格斯也从社会公共需要的角度论证了国家职能。“在社会发展的某个很早的阶段，产生了这样一种需要：把每天重复着的产品生产、分配和交换用一个共同规则约束起来，借以使个人服从生产和交换的共同条件。这个规则首先表现为习惯，不久便成了法律。随着法律的产生，就必然产生出以维护法律为职责的机关——公共权力，即国家。”① 恩格斯明确了作为阶级统治工具的国家所具有的是社会管理职能。

对于国家的社会管理职能，马克思在《不列颠在印度的统治》中分析印度政府的职能时有相关论述，受土地条件和自然气候等因素的影响，人工灌溉设施成为东方农业发展的基础，“农业上人工灌溉具有极端重要性，修建和管理公共水利工程、交通道路的任务”，都应由中央集权政府所承担。“在亚洲，从远古的时候起一般说来就只有三个政府部门：财政部门，或者说，对内进行掠夺的部门；战争部门，或者说，对外进行掠夺的部门；最后是公共工程部门。”② 从而可以认识到，国家不仅是维护阶级统治的工具，也是实现社会管理职能的需要。

当社会发展到资本主义阶段，随着阶级矛盾的尖锐化和无产阶级革命运动的进行，马克思对国家社会管理职能的认识进一步深化。在《法兰西内战》中，他指出“无产阶级不能像统治阶级及其互相倾轧的各党各派在历次胜利的时刻所做的那样，简单地掌握现成的国家机器，并运用它来达到自己的目的。掌握政权的第一个条件是改造传统的国家机器，把它作为阶级统治的工具加以摧毁”③。另外，不是要铲除国家本身，而是要将“旧政权的纯属压迫性质的机关予以铲除，而旧政权的合理职能则从僭越和凌驾于社会之上的当局那里夺取过来，归还给社会的承担责任的勤务员”④。其中，“旧政权的合理职能”就是指社会管理职能，它是国家管理职能的一般属性。随着社会的发展，国家的社会管理职能还将逐步扩大，但国家的本质属性是阶级性，这一性质也正是通过它的社会管理职能体现出来。在阶级社会中，国家的社会管理职能绝不是超阶级的，从根本上说，

① 马克思，恩格斯．马克思恩格斯选集：第3卷［M］．北京：人民出版社，2012：260.
② 马克思，恩格斯．马克思恩格斯选集：第1卷［M］．北京：人民出版社，2012：850.
③ 马克思，恩格斯．马克思恩格斯选集：第3卷［M］．北京：人民出版社，2012：163.
④ 马克思，恩格斯．马克思恩格斯选集：第3卷［M］．北京：人民出版社，2012：100.

国家是为统治阶级服务的，是与阶级统治职能紧密联系在一起的。社会公共事务管理的方式、途径、范围，最终是由国家的阶级本质属性决定的，国家的社会管理机构从性质上讲，仍然是统治阶级利益的维护者。在《资本论》第3卷中，马克思多处论述了现代国家的经济职能，如国家通过各种经济立法（工厂立法、银行法、土地法、公共工程法、移民法、济贫法等），对社会经济运动过程进行调节和监督。现代资产阶级国家正是运用这些法规体系，对社会经济运行进行有效调节和规范。但国家职能从根本上说，仍然是为维护资产阶级的统治地位服务的。

因此，在国家形成与发展的过程中，国家职能具有二重属性：一是作为其本质属性的阶级性，国家履行各项社会管理职能，从根本上说都是为统治阶级的利益服务的。现代资产阶级国家，披着“公共权力”的外衣，但并不是整个社会的代表，而只是占统治地位的阶级利益的化身。二是具有社会管理的公共性，国家作为社会生存与发展的组织，要对社会公共事务进行管理，如现代国家要对作为人类社会生存基本条件的自然资源进行管理，要对与人类社会发展息息相关的生态环境、医疗卫生、基础设施、通信技术、教科文卫事业等进行管理。国家只有不断完善社会管理职能，才能更充分地实现统治阶级的利益，才能更有利于社会的稳定发展。同时，履行国家职能的方法、范围，都是随着社会经济的发展而不断变化的。同一国家的职能在其发展的不同阶段会呈现出不一样的特征，不同类型的国家，其职能也会具有不同的特点。国家职能演变的根本动力，就是马克思所揭示的生产力与生产关系、经济基础与上层建筑之间的矛盾运动。在阶级社会中，阶级斗争是社会进步和国家职能演变的直接推动力，当然，在阶级矛盾较为缓和、社会发展相对稳定的时期，阶级斗争的形式并不是暴力的，它表现出多样化、多渠道的特点。

四、国家消亡与国家职能的转变

马克思、恩格斯认为，国家是具有历史性的，它并不是从来就有的，而是随着阶级的产生而产生的，它最终也必将随着阶级的消亡而消亡，“确切地说，国家是社会在一定发展阶段上的产物”①。这是基于马克思主义唯物辩证法的认识，

① 马克思，恩格斯．马克思恩格斯选集：第4卷［M］．北京：人民出版社，2012：186.

作为革命的批判性的理论，唯物辩证法“对现存事物的肯定的理解中同时包含对现存事物的否定的理解，即对现存事物的必然灭亡的理解；辩证法对每一个既成的形式都是从不断的运动中，因而也是从它的暂时性方面去理解”①。在《黑格尔法哲学批判》中，马克思打破了黑格尔关于国家永恒的神话，认为国家有其产生、发展的历程，也有走向衰落、消亡的趋势。国家只是人类社会形态发展的一个阶段，国家将随着“真正的”社会民主的发展而消亡，“在真正的民主制中政治国家就消失了”②。马克思对国家发展规律的认识，随着他对政治经济学研究的深化被不断肯定。马克思在《共产党宣言》中指出，“当阶级差别在发展进程中已经消失而全部生产集中在联合起来的个人的手里的时候，公共权力就失去了政治性质”③，在资产阶级社会结束后“再不会有任何原来意义的政权了”④，即国家就会消亡。恩格斯也指出：“阶级不可避免地要消失，正如它们从前不可避免地产生一样。随着阶级的消失，国家也不可避免地要消失。在生产者自由平等的联合体的基础上按新方式来组织生产的社会，将把全部国家机器放到它应该去的地方，即放到古物陈列馆去，同纺车和青铜斧陈列在一起。”⑤ 国家的消亡不是指作为管理社会公共事务的组织的消亡，而是指国家作为阶级统治的工具或暴力机构的消亡。国家的产生是公共权力与社会分离独立化的结果，而当公共权力从少数人手中，转移到多数人乃至社会全体成员的手中并被自觉运用时，国家政权就失去了存在的意义，国家就会自行消亡。

国家消亡具有历史必然性，但这一过程却是一个复杂、漫长、曲折的发展过程。在这个过程中，国家作为阶级统治工具的性质慢慢退化，而作为社会组织的管理职能则逐渐强化。国家的消亡是需要具备一定条件的，首先，共产主义经济的高度发展是国家消亡的经济基础。“在共产主义社会高级阶段，在迫使个人奴隶般地服从分工的情形已经消失，从而脑力劳动和体力劳动的对立也随之消失之后；在劳动已经不仅仅是谋生的手段，而且本身成了生活的第一需要之后；在随着个人的全面发展，他们的生产力也增长起来，而集体财富的一切源泉都充分涌流之后——只有在那个时候，才能完全超出资产阶级权利的狭隘眼界，社会才能

① 马克思，恩格斯．马克思恩格斯选集：第2卷［M］．北京：人民出版社，2012：94.
② 马克思．黑格尔法哲学批判［M］．北京：人民出版社，1963：51.
③ 马克思，恩格斯．马克思恩格斯选集：第1卷［M］．北京：人民出版社，1995：294.
④ 马克思，恩格斯．马克思恩格斯选集：第1卷［M］．北京：人民出版社，1995：194.
⑤ 马克思，恩格斯．马克思恩格斯选集：第4卷［M］．北京：人民出版社，2012：190.

在自己的旗帜上写上：各尽所能，按需分配！”[①] 只有发展到高度发展的共产主义社会，社会生产力极大提高，物质产品极为丰富，消除了“三大差别”，国家的阶级职能才会随之而消失。其次，无产阶级专政和共产主义民主高度发展是国家消亡的政治前提。只有实行无产阶级专政的国家，民主才可能得到更高程度的发展，少数人的民主绝不是真正的民主，大多数人的民主才是真正的民主，当全体人民都享有民主即实现共产主义民主时，国家才具备消亡的条件。最后，共产主义精神文明的高度发展是国家消亡的思想基础。国家消亡不仅需要具备实现高度物质文明的条件，而且要求全体人民的共产主义思想和道德素养达到极高的水平。如果没有高度的精神文明，即使具备发达的生产力水平，有了“按需分配”的物质条件，也不可能实现共产主义。在共产主义的思想道德体系下，人民的意志已经超越了资产阶级狭隘的思想观念，每个社会成员都习惯地遵守社会公共准则，自觉地维护社会公共秩序。那时，对人的阶级统治和管理就被对物及物质运动过程的管理所取代，国家的政治性质就会消失，它将被共产主义的社会管理组织所代替。

关于资本主义社会如何转变为共产主义社会的过程，马克思提出了“过渡时期”理论。“在资本主义社会和共产主义社会之间，有一个从前者变为后者的革命转变时期。同这个时期相适应的也有一个政治上的过渡时期，这个时期的国家只能是无产阶级的革命专政。”[②] 这一阶段，无产阶级既要通过暴力革命，夺取资产阶级国家政权，又要在社会生产力进一步发展的基础上，不断加强社会管理职能。在《反杜林论》中，恩格斯提出“无产阶级将取得国家政权，并且首先把生产资料变为国家财产”，尽快发展生产力，“当国家终于真正成为整个社会的代表时，它就使自己成为多余的了”，从而“国家不是‘被废除’的，它是自行消亡的”[③]。当社会达到这样的状态，人类社会才能实现彻底的自由、解放和全面发展。马克思在《哥达纲领批判》中还对人类社会未来的发展阶段提出了设想，认为共产主义社会的实现要经历两个发展阶段：在共产主义社会的低级阶段，旧的社会分工依旧存在，虽然社会生产力极大发展，但是未达到物质产品极大丰富的程度，个人消费品必须按劳分配，个人未能获得真正的全面、自由发

① 马克思，恩格斯．马克思恩格斯选集：第3卷［M］．北京：人民出版社，2012：364-365.
② 马克思，恩格斯．马克思恩格斯选集：第3卷［M］．北京：人民出版社，2012：373.
③ 马克思，恩格斯．马克思恩格斯选集：第3卷［M］．北京：人民出版社，2012：668.

展；发展到共产主义社会的高级阶段，技术和生产力高度发达，社会财富充分涌流，旧有的分工体系消失，劳动不再是人们谋生的手段，而成为每个人生存与发展的方式，社会生产和消费实现“各尽所能、按需分配”，个人将实现真正的全面、自由发展。前后两个阶段虽然有所不同，但都是“集体的、以生产资料公有制为基础的社会”①，都具有共产主义社会所具有的共同本质属性。

第五节　马克思主义国家职能理论的性质

国家理论是马克思主义政治经济学理论体系的重要组成部分，马克思主义政治经济学是研究社会经济过程，通过对经济关系的分析，揭示社会经济运动规律的科学，与其他经济学相较，它具有历史性、阶级性、科学性等独特属性，这些性质在马克思主义国家职能理论中都有鲜明的体现。

一、深刻的历史性

马克思主义政治经济学将物质资料生产作为研究的出发点，因为它是人类社会存在和发展的基础，这是马克思主义唯物辩证法最基本的原理。人类社会发展的历史过程，首先是生产发展史，技术的进步推动了社会生产力的提高，推动人类社会生产方式及与之相适应的生产关系和交换关系的变化，从而决定了国家制度的变革与发展。不同国家在不同的历史时期，社会生产方式和经济关系有不同的特点，国家的性质和职能也有所不同。不存在单一不变的生产方式，也不存在永恒的社会形态和国家制度。

政治经济学本质上是一门历史的科学，它以社会生产方式和经济关系为研究对象，而人类社会的发展本身就是一个历史演进的过程，社会经济形态不断演变，对其进行研究的政治经济学的发展，也必然是一个随历史而演进的过程。马克思把“经济的社会形态的发展理解为一种自然史的过程”②。恩格斯也指出：“历史同认识一样，永远不会在人类的一种完美的理想状态中最终结束；完美的

① 马克思，恩格斯．马克思恩格斯选集：第3卷［M］．北京：人民出版社，2012：363.

② 马克思，恩格斯．马克思恩格斯选集：第2卷［M］．北京：人民出版社，2012：84.

社会、完美的‘国家’是只有在幻想中才能存在的东西；相反，一切依次更替的历史状态都只是人类社会由低级到高级的无穷发展进程中的暂时阶段。”① 马克思主义国家理论中的“国家”，本身就是一个历史性范畴，国家职能的产生、发展、演变过程，受历史发展规律的支配，是历史性的要求。

二、鲜明的阶级性

政治经济学的研究对象是社会经济关系，即对人类在不同社会历史阶段上的经济利益关系进行本质上的认识和揭示，其理论体系总是代表和反映一定社会阶级的意志和要求，并为一定的阶级利益服务。在阶级社会中，经济关系表现为阶级关系，由于不同的人所处的阶级地位不同，所以他们的经济利益也不同，从而对社会经济发展的认识也有本质上的差异。各阶级的代表人物都是站在本阶级的立场上去认识社会经济问题，根据本阶级的利益做出价值判断，提出符合本阶级利益的经济政策主张。这就决定了不同的社会阶级，难以形成统一的政治经济学。掌握资本所有权的阶级，不敢正视社会经济发展的规律，害怕暴露自己追逐经济利益的本质，都标榜自己代表全人类的利益，竭力为本阶级的经济行为进行辩护，否认政治经济学本质所具有的阶级性。

马克思主义政治经济学从不隐讳自身所具有的阶级性，能够公开地申明是代表广大工人阶级利益的经济学说。在现代社会中，工人阶级是占人口绝大多数的劳动者阶级的代表，其利益与全体劳动人民的根本利益是一致的，马克思主义政治经济学是为工人阶级利益服务的。马克思主义国家职能理论也体现了鲜明的阶级性，马克思对资本主义国家职能的阶级本质、特点和职能都进行了坚决的批判，认为世界上不存在超阶级的国家。无产阶级专政思想是马克思主义国家职能理论的重要内容，并且马克思运用历史唯物主义方法对未来的社会形态进行了科学的预测和展望。他阐述了资本主义社会发展到共产主义社会的“过渡时期”理论，以及共产主义发展过程中的两个阶段理论，在资本主义社会向共产主义社会转变时期，必须实行无产阶级专政。马克思、恩格斯本着公正无私的科学态度，揭示了国家职能的来源、本质、演变等问题，其理论符合社会经济运动规律，实现了科学性与阶级性的有机统一。

① 马克思，恩格斯．马克思恩格斯选集：第4卷［M］．北京：人民出版社，2012：223.

三、科学的实践性

理论源于实践，又为实践服务，马克思主义政治经济学是对社会经济实践的科学理论的总结，是马克思、恩格斯在亲身参与社会实践的过程中，通过深入研究资本主义经济运动过程而形成的科学认识。

马克思主义国家职能理论的方法论基础是历史唯物主义思想，历史唯物主义是关于人类社会发展普遍规律的科学。在对社会发展过程进行深入考察的基础上，马克思深刻批判了黑格尔唯心主义国家观，认识到“国家、政治制度是从属的东西，而市民社会、经济关系的领域是决定性的因素”①。社会存在决定社会意识，占社会统治地位的经济关系即经济基础，决定国家即上层建筑，作为政治上层建筑的国家又对经济基础具有能动的反作用。这些重要论断的提出，使马克思主义国家职能理论成为确立在历史唯物主义之上的科学理论。

马克思主义国家职能理论也是认识世界、改造世界的思想武器，而绝不是纯粹的抽象理论。正如马克思所言：“哲学家们只是用不同的方式解释世界，问题在于改变世界。”②“对实践的唯物主义者即共产主义者来说，全部问题都在于使现存世界革命化，实际地反对并改变现存的事物。”③ 马克思特别强调要将理论认识与实践相结合，用理论指导实践，将理论认识转化为工人阶级乃至社会整个劳动者阶级的实际行动，使联合起来的工人阶级成为对现实世界进行革命性改造的强大力量。

马克思主义政治经济学是不断发展的理论体系，其国家职能理论也应随着社会发展而不断创新。马克思通过深刻研究社会经济过程，揭示了生产力与生产关系、经济基础与上层建筑之间的矛盾运动，是人类社会发展的根本推动力；通过解剖资本主义经济运动过程，指出了资本主义生产资料私有制与生产社会化之间的矛盾，是其自身无法解决的痼疾，必须经过革命推翻资本统治，实现无产阶级专政，才能使劳动者真正成为社会的主体，从而实现人的自由、全面发展。但从社会发展过程来看，资本主义制度怎样灭亡，资本主义国家职能如何演变，资本主义发展过程中产生的局部质变乃至最终消亡的具体机制、路径是什么，都需要

① 马克思，恩格斯．马克思恩格斯选集：第 4 卷［M］．北京：人民出版社，2012：258.

② 马克思，恩格斯．马克思恩格斯选集：第 1 卷［M］．北京：人民出版社，1995：57.

③ 马克思，恩格斯．马克思恩格斯选集：第 1 卷［M］．北京：人民出版社，1995：75.

结合现实的发展进行深入探讨。马克思当时所面对的是处于自由竞争阶段的资本主义国家，受到历史条件的限制，马克思不可能对之后发展起来的垄断资本主义国家的发展特征与趋势进行分析。因此，在新的时代背景下，面对已经变化了的资本主义国家的实际情况，应在马克思主义国家职能理论的基础上，结合现实做出更深一步的拓展与创新研究。

第六节　马克思主义国家职能理论的现实意义

马克思主义国家职能理论具有鲜明的阶级性，这与其所产生的时代背景密切相关。马克思通过对资本主义经济运动过程的分析，指出了剩余价值的真实来源，揭示了工人阶级与资产阶级之间利益对立的制度基础，揭露了资本主义国家的阶级本质。但理论所产生的历史环境的特殊性，给马克思主义国家职能理论打上了阶级性的烙印，导致学者对它产生了许多片面的理解和认识，甚至在实践中也出现过重大的失误，如苏联社会主义政权的挫折与失败。随之而出现的是形形色色的马克思主义过时论，有的认为马克思是一百多年前的学者，一个多世纪以来，社会状况发生了天翻地覆的变化，马克思的理论已无力解释现实的问题；有的认为马克思所指出的资本主义基本矛盾已不复存在，劳资关系趋向缓和，资本主义国家职能有了极大转变，生产的无政府状态也已得到改善，马克思主义理论失去了效力；还有的认为马克思主义国家理论倡导暴力革命，而从资本主义社会的现实来看，其经济发展、政治稳定，不再具有暴力革命的基础，所以马克思主义国家理论仅仅与一定历史阶段相联系，面对现实已经过时。这些观点都有着深刻的社会历史根源，都存在着对马克思主义理论有意或无意地误读和曲解。虽然时代不同了，社会发展了，但是马克思的辩证唯物主义和历史唯物主义思想、经济学理论以及其所包含的国家职能学说并没有过时，通过对马克思主义理论的深度挖掘和正确解读，反而更能显示出它所具有的重要的现实意义。

一、马克思主义国家职能理论具有科学的方法论基础

国家职能理论作为马克思主义政治经济学理论体系的一部分，是以马克思辩

证唯物主义和历史唯物主义思想为方法论基础的。辩证唯物主义是马克思在批判吸收黑格尔的辩证法的“合理内核”和费尔巴哈唯物主义的“基本内核”的基础上创立的，实现了辩证法与唯物主义的有机统一，其基本思想是：世界的本原是物质的，物质是不依赖于人的意识的客观实在，意识是客观物质世界在人脑中的反映。物质世界按照其自身所固有的运动规律变化、发展，其发展的根本原因在于事物内部的矛盾性，矛盾双方相互对立、统一，促使事物不断从低级向高级发展。辩证唯物主义强调从客观经济事实和经济现象出发，透过各种经济现象揭示出隐藏在经济现象背后的本质联系及运动规律。历史唯物主义是将辩证唯物主义原理应用于对人类社会发展过程的研究，认为社会历史的演进有其自身固有的客观规律，社会存在决定社会意识，物质生产方式决定了社会生活、政治生活和精神生活的一般过程，反之，社会意识又会反作用于社会存在，促使社会存在发生改变。历史唯物主义将社会经济形态的发展与更替看作一种客观必然的历史过程。

在马克思主义唯物史观创立之前，由于缺乏科学的方法论指导，西方学者一直都没有对国家的起源做出正确的阐释，他们大多是从神学或哲学的角度对国家进行解读，为国家存在的合理性进行辩护，没有触及国家的本质。在马克思的辩证唯物主义和历史唯物主义思想形成后，马克思和恩格斯在这一方法论指导下，科学地揭示了国家的起源与本质。国家是阶级矛盾不可调和的产物，它是在社会分裂成为敌对阶级的条件下作为阶级统治的工具而产生的。它一方面具有政治统治的职能，另一方面也兼有社会管理的职能，通过协调各方面的利益关系，得以正常发展。

马克思辩证唯物主义和历史唯物主义的科学性在于，它所揭示的本质与规律是客观实际的真实反映，是经过实践检验的真实原理。但这并不是说马克思主义经典著作中的每一句话、每一个论断都是不能改变的，根据马克思主义辩证法思想，我们应该科学地认识到：理论总是会随着经济现实的发展变化而向前发展的，没有普适的一成不变的真理，理论也要不断发展。马克思主义方法论及以之为基础的马克思主义政治经济学，作为科学不断经受着实践的检验，同时又随着实践的发展而不断丰富和完善。马克思主义国家职能理论自然也会受到其所处的历史条件的制约，而人类社会的发展是一个动态的历史过程，更不能生搬硬套用马克思主义理论去解释，应结合现实的变化，科学地发展、充实马克思主义国家职能理论。马克思主义理论不是僵化的教条，而是在发展的实践中不断增强自身生命力的科学。

二、深刻解释当代资本主义国家职能的新变化

马克思主义国家职能理论深刻地揭示了国家职能的二重性，即政治统治职能和社会管理职能，并且随着社会发展程度的提高，国家的社会管理职能将逐步扩大。“二战”后，第三次科技革命促进了资本主义国家生产力的迅猛发展，社会的经济结构和生产关系也随之发生了深刻的变化，国家的经济职能大大增强，其以庞大规模的垄断资本为基础，通过采取财政、金融、行政、法律、产业等方面的政策措施，对社会经济运行进行全面的干预和调节。在经济运行过程中，国家不仅作为上层建筑发挥着对经济基础的反作用，还作为“总资本家”直接参与社会经济活动。在分配领域，社会福利与保障制度广泛推行并不断完善，内容涉及工资、生活、生育、教育、医疗、保险、养老、丧葬等方方面面，有效缓和了劳资矛盾，促进了社会相对的稳定发展。当代资本主义国家的这些新变化，不仅没有背离马克思主义的国家职能理论，反而印证了马克思对社会发展趋势的分析。资本主义矛盾的根源在于马克思所揭示的生产资料私有制与生产社会化之间的矛盾，正是这一内在矛盾迫使资本主义国家职能做出重大转变，正是马克思主义理论对资本主义经济制度的深刻分析与揭露，促使资本主义国家进行反思与变革。马克思的批判反而成了资本主义国家职能进行不断改良与革新的动力。

但当代资本主义国家的这些变化仅仅是量变，还没有达到质的改变。虽然资本主义国家通过生产关系的优化调整，促进了社会生产力的发展，资本主义国家对经济的调控能力不断增强，一定程度上缓解了经济冲突，但是资本主义内在的基本矛盾仍然存在，资本主义国家仍然是资产阶级的国家，资本依然通过对劳动的占有获得剩余价值，劳动者与资本所有者之间经济利益的对立关系没有改变，社会贫富差距不仅没有缩小反而不断扩大，这些矛盾不断积累并激化时，又会以危机的形式爆发出来。每一次危机都会促使资本主义国家做出政策调整，但其始终不能摆脱矛盾与危机的困扰。

由此，可以根据马克思主义国家职能理论，对资本主义国家的发展历程进行深入分析，揭示其内在的运动规律，并引以借鉴，探索中国作为社会主义国家的发展路径。

三、正确指导中国特色社会主义国家职能的完善

马克思在唯物史观的基础上，科学地阐明了国家职能的本质与内容，这对于指导中国的社会主义建设、完善社会主义国家职能具有重要的指导意义。

中国虽然从性质上来讲是社会主义国家，实行的是无产阶级专政，但是从实际国情来看，还处于社会主义的初级阶段。虽然阶级对立已不再是社会的主要矛盾，但是国内仍有一些破坏社会主义建设的因素存在，在对外关系上仍面临资本主义国家的敌视与反对。因此，在现阶段我国的国家职能仍然包括两个方面：一方面是政治统治职能；另一方面是社会管理职能。国家的政治统治职能，主要是指对国内危害社会主义建设的个人或组织进行打击，依法严厉惩处。同时，对外要防范资本主义国家对我国社会主义建设的扰乱、破坏与颠覆。国家的社会管理职能，主要是指国家对社会政治、经济、文化等各领域进行调控与管理。随着社会发展水平的提高，国家的社会管理职能不断增强，特别是国家的经济职能具有越来越重要的地位和作用。

中国要建立和完善社会主义市场经济体制，首先应坚持“以人民为本”的思想，经济建设的目的不是追求物质的增长，而是实现人的自由、全面发展，要摒弃之前只重视经济增长而不注重人的发展的错误观念，深刻认识到人民才是社会发展的主体，国家应以维护人民的利益为目标，为社会主义市场经济的发展创造良好的外部环境。其次应正确认识和处理国家与市场之间的关系，以发挥市场对资源配置的决定性作用为主，辅以国家的调控职能，具体包括：确立国民经济发展战略和目标，发挥对经济过程的引导作用；制定科学有效的经济政策，利用财政、金融工具对社会经济运行进行调节；提供不断完善的公共服务，促进基本公共服务的均等化；维护市场秩序，健全监管制度，打击商业欺诈，破除行业垄断，促进市场健康、有序发展。通过发挥国家经济职能，弥补市场调节的局限，实现国家干预与市场调节的优势互补，推动社会经济的稳定、协调发展。

在对外职能方面，除了抵御资本主义国家的敌对势力外，中国应积极参与国际事务，引导企业参与国际竞争，加强国际交流与合作，吸收和借鉴资本主义国家先进的知识、技术、经验与成果，努力增强国家的经济实力，并提高在国际关系中的地位，为世界政治与经济的发展做出应有的贡献。

第二章
当代国家职能理论研究综述

20世纪前，主流经济学受其研究对象的局限，一直将国家职能排斥于经济学研究范畴之外，国家总被认为是政治学、哲学的研究对象。而马克思主义经济学在对资本主义经济运动过程及其生产关系做出系统分析的同时，对国家职能理论也进行了深入研究。虽然马克思、恩格斯没有建立起完整的国家职能理论，但在他们留下的珍贵文献中，有大量关于国家职能的研究成果，这为后人进一步展开对国家职能理论的分析奠定了基础。20世纪后，随着科学技术的进步和社会生产力的发展，资本主义经济过程发生了非常深刻的变化，国家的社会管理职能不断增强，伴随这些转变，西方马克思主义学者把研究重心转移到了马克思主义国家职能理论上，出现了一系列具有代表性的国家职能学说。比如，新制度主义经济学、民主社会主义思潮等，都关注到了国家职能的变化，也形成了很多有影响力的学说。本章主要以经济学为视角，对国家职能相关理论进行归纳与述评。

第一节　西方马克思主义国家职能理论研究

第二次世界大战后，伴随着第三次科技革命的兴起，发达资本主义国家取得了社会生产力的巨大进步，企业的智能化水平迅速提高，新兴的产业部门陆续涌现，劳动者的素质、技能不断提升，社会的经济结构和阶级结构都出现了重大变化。同时，资本的国际化程度不断提高，也加剧了各国之间发展的不平衡，发达国家在高端技术领域的领先优势进一步加强。随着社会生产力的迅猛发展，作为上层建筑的国家，其职能也发生了深刻的转变。一方面，发达资本主义国家普遍提高了政府对科技领域的政策支持和资金投入力度，同时为保证社会经济的稳定发展，各国都广泛加强了对经济过程的调节和干预。另一方面，资本主义国家的经济矛盾仍然普遍存在，并出现了一些新的形式。根据这些情况，西方马克思主义学者从不同角度，对当代资本主义国家的性质、职能、社会结构、经济体制等方面，进行了深刻分析。首先，从哲学视角来看，在卢卡奇、葛兰西等早期西方马克思主义学者国家批判理论的影响下，主要形成了以德拉·沃尔佩为代表的新实证主义的马克思主义国家观和以阿尔都塞为代表的意识形态国家机器理论，他们分别对现代代议制国家职能的本质和国家在意识形态方面的职能进行了深入分析。其次，在政治学方面，最有影响力的是普兰查斯的“结构主义”与米利班德的“工具主义”之争，前者认为资本主义生产方式应依据结构性特征来考察，国家作为社会形态的统一因素，其职能具有相对自主性，对社会经济关系能够起到调和作用，目的是维护资本主义生产方式；而后者继承马克思、恩格斯的阶级斗争学说，认为资本主义国家的主要职能仍然是维护资产阶级的统治地位。最后，依据社会学对国家职能的考察，主要包括哈贝马斯的“合法化危机”理论、杰索普的“策略关系”国家理论、吉登斯的“第三条道路”理论等，关注于当代资本主义国家的现实矛盾，对国家的性质与职能、结构与危机等方面，做出了全面的批判性分析，并对未来社会进行了深入思考。以下结合本书的研究对象，主要从经济学视角对西方马克思主义学者提出的关于国家职能的理论进行了梳理与总结，这些理论贴近于资本主义社会的经济实践，更突出地反映了西方资本主义国家经济职能逐步扩大，在社会经济活动中的作用不断强化的趋势。

一、垄断资本学派国家职能理论

保罗·斯威齐（Paul Sweezy）是 20 世纪美国著名的马克思主义经济学家，也是西方较早从经济学视角对马克思主义国家职能理论进行探讨的学者之一，在继承和发展马克思主义经济理论方面做出了巨大贡献。《资本主义发展论：马克思主义政治经济学原理》（1942 年）是其代表作，在这部著作中，他结合当代资本主义的现实经济运动，对马克思主义政治经济学进行了创新性的解释和拓展，其中包括对马克思主义国家职能理论的补充和深刻阐述。他与保罗·巴兰（Paul

Baran）学术方向一致，两人通力合作，创立了美国激进的“垄断资本学派”，并合著了《垄断资本》，其中也有许多关于国家职能问题的论述。

斯威齐在《资本主义发展论：马克思主义政治经济学原理》中指出：“经济学是研究各种特定历史条件下的社会生产关系的科学……不把国家包括在经济学的主题中，就是一种武断的和不合理的疏漏。”① 他将国家理论补充到了马克思主义政治经济学原理中，对国家职能、国家本质、国家的政治体制等问题进行了分析。他继承了马克思主义的历史观和阶级分析的方法，认为阶级是历史发展的产物，国家职能操纵于统治阶级手中，成为加强和保证阶级结构本身的稳定性的一个工具；资本主义国家的首要职责是保护私有财产，这与其维护阶级统治的目的是相一致的。“资本主义的私有财产，并不存在于物体之中——物体的存在与物体的所有制无关——而存在于人与人的社会关系之中”，“保护财产，基本上保证所有者对非所有者的社会统治”，“这种保证又正是阶级统治的含义所在，阶级统治则是国家所要承担的主要职能”。②

斯威齐根据马克思的论述，概括了作为一个经济工具的国家，如何通过立法制定劳动工作日来干预经济，以解决资本主义经济发展所遇到的问题，目的是满足资产阶级的利益，维护资本主义制度的稳定运行。斯威齐在论述帝国主义问题时指出，帝国主义的发展增强了国家对经济活动的干预，阶级矛盾的激化也要求扩大国家的功能和权力。他认为，帝国主义的国际对抗，基本上就是敌对的民族资产阶级的对抗，“在国际范围内，资本的利益是直接地和迅速地变为国家政策的形式而表现出来”，资本的集中和垄断的发展，也迫使国家对经济过程进行干预，同时垄断资本的海外扩张，需要国家的帮助和保护。他认为，垄断并没有起到调整资本主义生产无政府状态的作用，反而加剧了资本主义生产的无政府状态，各种垄断产业都想各行其是，不顾整个体系的要求，这样就扩大了比例失调的现象，并使市场不能发挥它的均衡作用，由此，国家必须进行干预，必须约束垄断权力的行使。斯威齐还讨论了资本主义国家作为资产阶级用来为其服务的一个经济工具，通过采取国家资本支出、国家转移支付、国家消费等各种措施来抵

① ［美］保罗·斯威齐．资本主义发展论：马克思主义政治经济学原理［M］．陈观烈，秦亚男，译．北京：商务印书馆，2006：263.

② ［美］保罗·斯威齐．资本主义发展论：马克思主义政治经济学原理［M］．陈观烈，秦亚男，译．北京：商务印书馆，2006：267-268.

消消费不足的趋势等。巴兰在其著作《增长的政治经济学》中指出，资本主义国家还经常通过发展军国主义、发动战争以及推行殖民主义政策的办法来吸收经济剩余，以此来为本国垄断资本服务。

二、资本逻辑学派国家职能理论

“资本逻辑学派”产生于20世纪70年代，其中心在德国柏林自由大学，主要以沃尔夫冈·米勒（Wolfgang Muller）、克里斯特尔·诺伊斯（Christer Neususs）等为代表。他们主张以马克思经济理论为指导，从资本范畴出发研究国家职能问题，认为国家作为一种独立机构，职能是弥补私人资本的不足，创造私人资本无法提供的保证资本主义社会再生产的必要条件，从而确保资本主义生产关系的再生产、社会总资本的利益不受威胁。其中，代表作有米勒和诺伊斯合著的《社会国家的幻想和雇佣劳动与资本的矛盾》（1970年）、阿尔瓦特的《国家干预主义的若干问题》（1972年）、弗莱托和休伊斯金的《资产阶级国家的产生问题》（1973年）等。“资本逻辑学派”国家理论，以马克思《资本论》提出的经济理论为基础，肯定了马克思经济理论的正确性，认为马克思对资本的分析仍然适用于现代社会，并结合资本主义国家的历史与现实，探讨了国家的形成、国家职能以及制约国家活动的因素等问题，因此，又被称作“新正统派”国家理论。

“资本逻辑学派”认为，之前的马克思主义国家理论研究，往往走向两个极端，要么认为国家的活动直接服从于资本积累的需要，陷入经济决定论或还原论，要么只在政治范围内进行研究；国家职能理论的研究，应该将政治与经济相结合，既认识到政治的特殊性，又将国家职能问题置于对资本主义经济的分析中进行探讨；应该在马克思历史唯物主义方法论的指导下，在对社会经济形式分析的基础上，对政治形式进行批判性分析，从而发展马克思主义经济理论。资本主义国家可以发挥剩余价值再分配的功能，在一定程度上缓解利润率下降的趋势。

20世纪70年代，联邦德国的社会福利政策陷入危机，经济难以通过提供福利服务而继续增长，“资本逻辑学派”开始展开对福利国家发展限度的研究。米勒和诺伊斯在《福利国家的幻觉》一文中指出，改良主义没有认识到国家与物质资料生产之间的内在联系，从而不可能理解资本积累对国家发展产生的限度，认为只有以马克思经济学的剩余价值规律为基础，才能理解国家的性质和限度。[①] 米勒和诺伊斯是“资本逻辑学派”的重要代表，他们认为，资本是资本主义国家经济、政治发展的原动力，但是由于个别私人资本是相互独立的经济主体，其间相互竞争，相互较量，不可能创造它们共同发展的社会经济环境。国家作为“理想的集体资本家”，具有一定的独立性，在资本积累过程中发挥着重要作用，它能够创造私人资本难以为生产提供的必要条件，能够有效弥补私人资本的不足。由此，他们概括出资本主义国家的主要职能：提供资本再生产的一般物质条件；确立和担保普遍的法律关系，促进资本主义社会中法人关系的实现；调整雇佣劳动和资本之间的冲突，必要时通过法律、警察和军队，从政治上镇压工人阶级；在资本主义世界市场上，确保本国资本的生存、竞争与扩张。

乔基姆·希尔施（Joachim Hirsch）也是“资本逻辑学派”的重要代表，他认为，国家必须保证资本主义生产关系的一般外部条件；国家可以参与收入再分配的管理；国家可以为维持雇佣劳动的再生产而调节流通过程；国家可以通过支持研发活动、各种形式的长期计划和规划，从而促进生产力的发展，国家的这种功能，将随着生产力的社会化和利润率下降的倾向而不断得到增强。他还指出，资本主义的国家干预本质上是反应性的，它通常是对特定的经济事件及其政治影响做出反应，而并非通过国家干预控制资本流通的每一个要素。鉴于此，希尔施认为国家要建立一个多元的结构和特殊的处理机制，一方面不同的阶级力量可以表达其自身的需要和诉求，另一方面这些需要和诉求可以与资本积累、政治统治的需要相协调。

“资本逻辑学派”通过其理论构建，极大地推进了国家职能理论的发展。但是，其分析仍然存在不足，它纯粹是从资本主义生产方式中推导或衍生出资本主义国家的本质和功能，把法律、国家形式视作资本形式、价值形式在政治上的简单反映，过度强调了形式分析的重要性，并且它被认为是一种比较复杂的“经济还原论”，不应把资本逻辑以及资本的需求当作解释国家行为和活动的唯一原则。对于“资本逻辑学派”，巴罗认为其“在方法论上仍然是非历史的，它没有解决历史与逻辑的矛盾，因为它没有真正说明资本积累的逻辑发展如何导致了政治形

① Jessop B. The Capitalist State：Marxist Theories and Methods［M］. Oxford：Martion Robertson & Company Ltd，1982：78.

式的发展，即逻辑与政治发展阶段的一致性”①。因此，有必要在“资本逻辑学派”的研究基础上进一步推进国家职能理论的发展。

三、奥康纳的国家财政危机理论

詹姆士·奥康纳（James O'Connor）是美国新马克思主义经济学家，其代表作是《国家的财政危机》（1973 年）。他在这部著作中以马克思主义政治经济学为视角，对“二战”后美国资本主义的发展过程，进行了全面、深入的分析，指出了当代垄断资本主义发展的内在矛盾，并在此基础上提出了国家财政危机理论，对西方马克思主义政治经济学的研究产生了极大影响。

奥康纳所提出的“财政危机”，不是指一般意义上的国家财政困难，而是特指“二战”后资本主义国家经济发展过程中出现的财政危机。他以美国为例进行分析，将资本主义经济划分为三个部门：国有产业部门、由小企业组成的竞争性产业部门、由大企业组成的垄断性产业部门。通过对这三个部门之间相互关系的分析，揭示出 20 世纪 50 年代以来美国资本主义经济的增长趋势，以及发生财政危机的特征和根源。

奥康纳的国家财政危机理论有两个基本前提：一是国家为维护当代资本主义的持续发展，必须具备“积累和合法化”两个基本职能，其中积累职能是指国家必须创造有利于创造更多剩余价值、提高利润率的条件；合法化职能是指国家必须创造维持社会和谐、稳定发展和维护意识形态统治的社会条件。这两个职能往往是相互矛盾的，在国家财政收入既定的条件下，两方面是此消彼长的关系，强化积累职能，会加剧社会的分配不公，引起社会矛盾，影响国家的稳定发展；而弱化积累职能，强化合法化职能，则会削弱剩余价值的创造能力，导致利润率下降，以至于税收减少，出现财政收支入不敷出的状况。二是与国家的两个基本职能相适应，国家的财政支出也划分为两个方面——“社会资本”（Social Capital）和“社会支出”（Social Expenses）。“社会资本”是促进私人资本积累，提高利润率所必需的支出，是具有生产性的支出，它又可以划分为两种具体形式——“社会投资”（Social Investment）和“社会消费”（Social Consumption）。“社会投资”是国家为提高劳动生产率和利润率，而用于基础设施建设和服务项

① Barrow C W. Critiacal Theories of the State [M]. London: The University of Wisconsin Press, 1933: 80.

目的投资，如运输、教育、科研等方面的投资；“社会消费”是国家为降低劳动力再生产费用，从而提高劳动生产率而增加的公共事业方面的投资，如公共医疗、社会保险等方面的投资。“社会支出”是为保证社会的和谐发展、维护国家“合法化”职能所必需的支出，如救济失业者的费用，这部分支出无益于利润的增加，所以不具有生产性，但它是维护国家稳定发展必需的支出。

在明确这两个基本前提的基础上，奥康纳进一步提出了国家财政危机的两个基本论断：首先，在当代发达资本主义国家的发展中，国有产业部门的发展和国家支出（包括“社会资本”和“社会支出”）的增加，日益成为垄断产业部门的发展和总的生产增长的基础。反之，垄断产业部门的增长又导致国家支出的进一步增加。奥康纳认为，当代资本主义经济的增长是一种扩大再生产的模式，“社会资本”增长得越快，垄断产业部门也就增长得越快，国有产业部门的增长是私人产业部门，特别是垄断产业部门扩张所必需的；而垄断产业部门增长得越快，必然要求国家支出中的“社会消费”和“社会支出”增长得也越快，国家产业部门的增长，又成为垄断产业部门发展的必然结果。其次，在当代发达资本主义国家的发展中，“社会资本”和“社会支出”的积累是一个相互矛盾的过程，这一矛盾产生了经济、政治和社会危机的趋势。奥康纳对此进行了两点论证：一是认为国家进行的社会化生产的投资，带来了利润的增加，但这部分利润并没有社会化，而是被私人资本特别是垄断资本占有。国家投资的社会化与利润的私人占有之间的矛盾，造成国家支出和国家收入之间不平衡的财政危机，这种财政危机的主要表现就是通货膨胀、税收增加、失业以及社会的不稳定因素增加，这些都会进一步加剧危机的严重性，并威胁到国家的合法化。二是各利益主体出于个人主义的目的，都要求国家相应扩大有利于其利益的支出，如企业的经营者要求国家扩大“社会资本”的投资、劳动者则要求扩大用于“社会消费”的投资、失业者则要求国家扩大“社会支出”，而这种争夺国家预算支出的斗争，不能通过市场来解决，主要是由政治斗争中阶级力量的对比决定的。这种斗争会造成国家支出分配的不合理，产生大量的资源浪费，进一步损害资本主义制度的财政能力，并潜在威胁其创造利润的能力，同时国家支出的不断增长，必然导致发展所带来的财政收入消耗殆尽，国家财政出现危机。[①]

① 顾海良，张雷声.20世纪国外马克思主义经济思想史［M］.北京：经济科学出版社，2006：498-500.

奥康纳认为，战后资本主义的危机表现为国家的财政危机这一特殊形式，其根源仍然是马克思所指出的资本主义的基本矛盾，即资本主义生产资料私有制与生产社会化之间的矛盾，但他所指出的危机形式已不是马克思主义政治经济学意义上的经济危机，而是当代垄断资本主义发展过程中经济、政治、社会各方面的综合性危机。他从财政角度对资本主义国家的危机进行研究，是对马克思资本主义经济危机理论做出的新的探讨和贡献。

四、博卡拉等法国学者对国家职能理论的研究

20 世纪 60 年代中后期，随着资本主义国家经济发展阶段的演进，国家垄断资本主义成为西欧马克思主义政治经济学探讨的主要问题。1966 年 5 月，法国共产党和《政治与经济》杂志社召开“国家垄断资本主义”国际学术研讨会，会后法国共产党中央经济部组织编写了《国家垄断资本主义》一书，这部著作极大地推动了西欧马克思主义政治经济学的发展，其中对国家理论的研究主要集中于三个方面。

一是通过对资本主义生产方式发展历史的研究，揭示当代国家垄断资本主义的基本特征。他们把资本主义生产方式的发展过程划分为三个阶段：第一阶段从 16 世纪至 18 世纪末，为原始阶段，以封建生产方式瓦解、资本主义生产方式迅速兴起为特征；第二阶段从 19 世纪初至 19 世纪后期，为古典阶段或自由竞争阶段，以资本的自由竞争和工业生产部门的迅速发展为特征；第三阶段从 19 世纪末 20 世纪初开始，为垄断阶段或帝国主义阶段，其特征是“垄断性企业得到发展，从而使传统阶段中竞争的条件发生了变化”，“工业资本和银行资本相互渗透而形成的金融资本的发展”，“经常化的资本输出，其结果是帝国主义列强统治世界”。[①] 垄断阶段的资本主义又分为“简单垄断”和“国家垄断”两个时期，“简单垄断”即列宁所论的帝国主义阶段，而“国家垄断”即国家垄断资本主义，它初步形成于第一次世界大战期间，在 1929～1933 年资本主义世界经济危机后获得了巨大发展，其特征主要表现在国家投资、国家消费、垄断性计划，以及经济军事化、意识形态和政治上的强制性、政治专制主义趋势等方面。国家垄断资本主义是资本主义生产方式历史发展的结果，是包含政治、经济、意识形态

---

① ［法］法共中央经济部．国家垄断资本主义［M］．宇泉，沈一民，等译．北京：商务印书馆，1982：22-23.

和军事等方面因素的有机整体。

二是以平均利润率下降趋势理论为基础，阐明了国家垄断资本主义形成和发展的内在机制。在国家垄断资本主义阶段，为缓解私人垄断“资本过剩”、平均利润率趋于下降的情况，国家就以“资本贬值”的方式，对资本主义经济进行干预，国有资本往往在低于平均利润率、零利润甚至是负利润率的情况下继续经营。国有资本的“贬值”，有利于提高私人垄断集团的利润率，促进私人垄断资本的积累和扩张。在这一过程中，国有资本虽然“贬值”，但是由国家资助的大型生产和先进技术获得了极大发展，所以国有资本最终仍有可能取得相当丰厚的利润。因此，“国家对垄断生产进行投资，是国家垄断资本主义的主要特征”。

三是对国家与私人垄断资本之间对立统一的关系进行了辩证研究。资本积累、生产规模的不断扩大，必然要求生产力采取越来越社会化的组织形式，国家垄断资本主义是在生产力社会化的过程中，统治集团增强对整个社会的政治、经济，乃至国家权力的支配和控制的产物，总体上符合大垄断集团的利益。同时，借助协调和控制私人垄断组织之间的利益，国家能够更有效地调节全社会的经济运行，维护社会的稳定。所以，私人垄断资本的利益与国家权力的发挥是相互融合的，两者的目的是一致的，即促进资本的积累和集中。但他们反对苏联学者提出的，国家服从于垄断组织利益的“服从论”，或国家与垄断组织结合的“结合论”，认为国家与私人垄断组织之间存在独立性，国家和垄断组织各自发挥着不同的作用。他们认为在国家垄断资本主义阶段，国家权力与垄断资本有机地联系在一起，但它们之间仍然存在矛盾，而正是这些矛盾才使得现在的资本主义成为资本主义社会的最后阶段。

五、法因等英国学者对国家职能理论的探讨

本·法因（Ben Fine）、劳伦斯·哈里斯（Laurence Harris）是英国马克思主义经济学家，他们对“二战”后资本主义国家经济发展的新情况进行深入分析，揭示了国家垄断资本主义发展阶段的性质，代表作是他们合著的《重读〈资本论〉》。他们依据《资本论》的基本范畴和传统的马克思主义国家理论，对资本主义生产方式的发展阶段进行划分，指出在资本主义发展到国家垄断资本主义阶段时，国家在社会经济再生产中占有统治地位。

他们认为，首先应从资本主义生产方式的层面来研究资本主义发展阶段演进

的一般性规律，这样才能深刻理解当代国家垄断资本主义的性质；其次以此为基础，再深入资本主义生产方式内部，分析资本主义不同发展阶段的特征变化，重要的是探讨一个阶段发展到另一个阶段背后所隐藏的动力与趋势问题。他们将资本主义生产方式的演进划分为三个阶段：自由资本主义阶段、垄断资本主义阶段、国家垄断资本主义阶段。认为理解资本主义生产方式发展阶段转化的关键，在于要进一步考察资本主义生产方式下“生产力和生产关系发展的后果”①②，其中主要是社会化形式的变化，包括生产、分配和交换经济关系的变化，占有和控制剩余价值方式上的变化，社会关系中政治关系和国家形式。对当代国家垄断资本主义阶段的性质，就主要从这三个方面来认识。

首先，考察国家垄断资本主义阶段，经济再生产过程的社会化问题。他们认为，资本主义国家在经济再生产中占据统治地位，是国家垄断资本的显著特点。与私人垄断资本主义阶段相比，国家垄断资本主义已发展到一个生产关系社会化程度更高的阶段，是以一种控制生产过程的新的更高的社会化机制为特征的。国家对经济的广泛干预，已成为占主导地位的控制生产过程的社会化机制，市场交换和信用制度这些强制力量则退居其次。他们认为现代国家通过对经济运行实行“过程管理”“考核管理”“金融管理”，从而达到了对社会经济再生产过程的完全控制，国家通过与市场的有效结合，在经济再生产的社会化过程中的作用得到高度发展。

其次，在经济再生产的社会化程度不断提高的过程中，国家占有和控制剩余价值的方式也发生了明显变化。他们认为国家垄断资本主义的最大特点，是剩余价值在很大比例上通过税收的方式被占有，国家借助于强制性的税收制度，使工人和资本所有者收入的一部分，通过征税的渠道转为由国家权力支配，由国家占有剩余价值。国家通过税收集中起来的剩余价值，仍然以资本化的形式被重新投入经济再生产过程中。占有和控制剩余价值方式的变化，使剩余价值的分配和交换关系也发生了相应变化，导致不同资本集团之间在利息和企业利润等方面展开占有剩余价值的斗争，各资本集团通过各种途径，试图影响政府的税收政策，从而实现对自己更为有利的价值分配。因此，国家的税收政策使资本主义社会剩余价值的分配采取了较以往更为社会化的制度形式。

---

① Fine B, Harris L. Rereading Capital [M]. London: The Macmillan Press Ltd, 1979: 123.

② [英] 本·法因，劳伦斯·哈里斯．重读《资本论》[M]．魏埙，译．济南：山东人民出版社，1993：105.

最后，资本主义发展到国家垄断资本主义阶段，必然出现政治方面的变化，原先单纯体现政治关系的国家，必然被卷入经济关系中。如在工人阶级的斗争中，制定收入和税收政策的国家机构成为其直接对立面。政府的价值取向必然体现在它调节社会经济运行的各项政策中，与早期资本主义发展阶段不同，现代资本主义国家不可避免地成了意识形态、经济、政治关系的具体体现。①

六、西方马克思主义国家职能理论综合述评

西方马克思主义学者从经济学视角对国家职能理论的研究，反映了当代资本主义国家经济关系、国家职能的新变化，极大地丰富和发展了马克思主义国家职能理论。

从总体上看，其最基本的特征是表现出强烈的批判性，并具有明显的反教条主义特征。西方主流经济学家大多否认现代资本主义国家的阶级统治性质，总是把它看作民主、自由的典范，把资本主义制度视为永恒、完美、理想的社会制度；西方马克思主义学者对现代资本主义国家持有强烈的批判态度，虽然他们并没有形成统一的理论体系，但基于现代资本主义国家的新变化，对现代资本主义国家进行了尖锐而深刻的批判性分析。而且，西方马克思主义学者普遍认为马克思主义国家职能理论已被第二国际的理论家所歪曲，出现教条主义错误，导致了理论的僵化，也有学者认为传统的马克思主义国家职能理论已不能适应现代资本主义国家发展的实际情况，试图结合马克思主义政治经济学的研究方法，重新建构马克思主义的国家学说。

从具体内容来说，西方马克思主义经济学者从阶级属性、国家职能以及经济矛盾与危机等各个方面，对现代资本主义国家进行了全面分析。西方马克思主义学者大多认为，现代资本主义国家虽然发生了许多变化，但从性质上讲仍然是为统治阶级服务的。他们把国家对经济生活的干预，视为现代资本主义国家最突出的特点，认为现代资本主义国家的经济职能有不断强化的趋势，现代资本主义国家职能的增强，发挥了维持和保障资本主义制度的作用，国家的干预是对资本主义发展过程的调整，是为抵御自由资本主义的破坏性而产生的职能。但西方马克思主义学者一般都认为，现代资本主义国家经济职能的不断强化，并不能从根本

① 顾海良，张雷声．20世纪国外马克思主义经济思想史［M］．北京：经济科学出版社，2006：506-507.

上解决资本主义社会的基本矛盾和消除危机，它虽然减少了自由资本主义经济的破坏性，缓和了阶级矛盾，但又带来了新的矛盾和问题，如奥康纳提出的国家财政危机理论。

从现实来看，随着现代资本主义国家的发展，国家已从自由资本主义时期的“守夜人”，转变为垄断资本主义时期经济过程的“干预者”，现代资本主义国家无法单纯依靠市场机制保证资本主义经济过程的正常运行，市场的缺陷要求国家通过经济干预来矫正。国家通过制定经济政策，包括财政政策、货币政策、产业政策等手段，来直接或间接调节经济的发展。虽然各主要资本主义国家的经济干预方式和干预程度有所不同，但是国家经济干预职能的强化却是一致的趋势，这是现代资本主义国家职能的一个重大变化。在这样的背景下，西方马克思主义学者以马克思主义科学的方法论为指导，遵循马克思主义政治经济学的思想路线，展开对国家理论的全面分析，深入探寻资本主义国家发展的规律与趋势，具有重要的理论意义和现实价值。

第二节　经济自由主义与国家干预主义的理论分歧

在西方主流经济学的发展过程中，古典经济学和新古典经济学都没有将国家职能纳入主要的研究范围，都认为自由市场的运转不需要国家干预，通过自由竞争的作用，市场可以自行调节供给与需求，使其达到均衡状态，从而能够实现最优的资源配置和经济效率。古典经济学和新古典经济学将国家作为市场的外部因素，认为国家仅仅是市场经济秩序的维护者。但随着资本主义自由市场经济的发展，私有制与生产社会化的内在矛盾逐步积累并不断深化，最终通过周期性爆发的经济危机表现出来，资本主义社会的稳定遭到严重威胁，从而显现出国家干预的必要性，也促使了凯恩斯主义宏观经济学的诞生。“二战”后，凯恩斯主义政策在西方资本主义国家被广泛运用，极大地促进了社会经济的增长，出现了20年的“黄金增长期”。但后来资本主义国家普遍出现的“滞胀”危机，又使新自由主义经济学成为主流。纵观资本主义发展过程中经济思想的变迁，占据主导地位的经济理论不断转换，经济自由主义与国家干预主义对于国家职能问题存在严重的理论分歧，在资本主义制度的框架下，西方主流经济学难以形成一个具有统一性的理论来指导社会经济的可持续发展。

一、传统自由主义经济学对国家职能的认识

经济自由主义思想的代表人物是亚当·斯密，其在《国富论》中阐述了提倡自由市场经济、反对国家干预的思想主张，认为市场机制这只“看不见的手”可以有效引导资源流动，促进经济效率的提高，不仅会增进个人利益，而且每个人在追求个人利益的同时会促进社会利益的提升。从社会历史背景来看，以亚当·斯密为代表的古典经济学，提出经济自由主义的主张，目的是反对当时的重商主义思想，反对政府对经济过程的干预。重商主义是反映16~17世纪商业资产阶级利益的一种经济学说，在西欧封建社会解体之后，商业资本为积累财富主张国家对经济进行干预，通过高关税等贸易保护的手段来增加收益。重商主义成为当时西欧各国经济政策的理论依据，并延续了一个多世纪。到19世纪中叶，英国的工业发展使产业资本占据了竞争优势，需要通过自由竞争和开放市场获得更多收益。重商主义则成为产业资本进一步扩张的障碍，亚当·斯密研究的目的就是对当时流行的重商主义学说进行批判，主张充分发挥市场的自发调节作用，实行自由市场经济，政府只发挥“守夜人”的作用，尽可能少地干预经济。但对于亚当·斯密的自由经济学说，一些人存在误解，认为在自由市场经济中，政府完全不需要干预经济。但实际上，亚当·斯密并非完全否认政府的作用，而是认为市场机制要在有秩序的社会环境下才能充分发挥作用，政府就是社会经济有序运转的制度保障。

到了20世纪，以马歇尔的均衡价格理论为基础的新古典主义经济学占据主流地位。在思想上，新古典主义经济学与古典主义经济学是一脉相承的，认为自由市场经济条件下，在竞争过程中，价格机制通过其自发的调节作用，能够引起商品供求关系的变化，从而引导生产要素流动，实现经济资源的有效配置，因此，国家没必要对经济进行干预。在研究方法上新古典主义经济学做出了改进，它以边际效用价值论为基础，采用边际分析方法，论证了自由市场经济条件下实现“一般均衡”的经济模型。主流经济学的发展仍然是以客观的社会经济条件为背景，19世纪后期至20世纪初，主要资本主义国家的自由市场体系已逐步形

成，资本主义制度为自由市场经济的发展提供了充分的条件，而资本、劳动、技术等经济资源的不足成为社会生产力发展的约束因素，由此，新古典主义经济学的研究便集中于如何对稀缺资源进行有效配置，以达到效益最大化的目标。与此相适应，以劳动为客观基础的价值理论，最终被建立于主观评价基础上的效用价值论所替代，其强调经济运行的目标就是实现效益或效用最大化。由此而认为，自由市场可以发挥充分的调节作用，使市场实现理想的均衡状态，政府不需要干预经济。

二、国家干预理论对国家职能的重视

古典主义和新古典主义经济学都认为社会经济过程可以依靠市场机制实现自动调节，市场可以达到均衡状态，各类市场不可能出现持续的大规模的商品过剩或短缺的状况。但是，自由资本主义在实际的发展过程中与不断爆发的经济危机相伴，1929~1933 年的资本主义世界经济危机使自由主义经济学遭到了沉重打击。在危机时期，市场机制失效了，社会经济无法再通过市场的自发调节作用回到正常轨道上来。危机的不断加重，致使笃信自由市场理论的胡佛总统下台，上任的罗斯福总统实行了一套与自由主义经济理论完全相悖的国家干预政策，即“罗斯福新政”，才使社会经济逐渐走出了危机的深渊。在此背景下，凯恩斯主义应运而生，并成为 20 世纪 30~60 年代西方经济学的主流。凯恩斯反对自由主义经济学关于完全竞争条件下能够通过市场的自发调节实现均衡的主张，在《就业、利息和货币通论》中指出：“古典主义理论的假设条件过于苛刻，不具有普遍适用性，其所能说明的只是众多均衡状态中的最优状态，而这种状态恰恰不是实际经济活动表现出的情形。”① 凯恩斯以有效需求不足理论为基础，提出了国家干预的经济学说。他主张国家根据市场需求不足的状况，制定适宜的宏观财政政策和货币政策，扩大社会总需求，从而促进市场的平衡。凯恩斯的宏观经济学说，打破了传统自由主义经济学的认识，突破了新古典主义经济学的分析框架，适应于社会经济形势发展的需要，很快便在资本主义世界传播开来。西方主要资本主义国家以凯恩斯的经济理论为指导，针对市场需求不足的情况，采取了扩张性的财政政策和货币政策，在 20 世纪 50~60 年代都实现了经济的迅猛发展。在学术界，凯恩斯主义又经过萨缪尔森、汉森、托宾等学者的进一步发展，逐渐成

① ［美］梅纳德·凯恩斯．就业、利息和货币通论［M］．楚建海，译．北京：光明日报出版社，2010：3.

为系统的并具有可操作性的宏观经济理论。

但是，西方发达国家经过20年的快速发展，到20世纪70年代又普遍陷入了“滞胀”危机，面对经济停滞和通货膨胀同时出现的状况，凯恩斯主义经济学提不出有效的解决办法，并且“滞胀”危机的出现与之前各主要资本主义国家大规模推行的凯恩斯主义政策有直接的关系，从而，凯恩斯的宏观经济学越来越多地受到攻击，代之而起的是新自由主义经济学。同时，为应对凯恩斯主义出现的问题，以斯蒂格利茨为代表的一些经济学家，以凯恩斯主义的基本理论为基础，针对新古典主义经济学的理论模型，指出市场不仅具有与外部性、公共物品等因素相联系的市场失灵问题，而且还具有信息不对称、不完全市场、道德风险、代理成本等新的导致市场失灵的因素，并且这些因素普遍存在于产品市场、劳动力市场、资本市场等各类竞争性行业中，这样就产生了国家干预的必要性，并提出了政府干预经济的相对优势以及增强政府职能效率的途径。需要指出的是，虽然新凯恩斯主义学者提出了不同于新古典主义经济学的观点，但他们的研究仍然是建立在新古典经济学的理性人假设和微观方法的基础上的。20世纪80年代，由于英国、美国等发达国家将新自由主义经济学作为执政纲领，并取得了比较好的经济效果，所以新凯恩斯主义理论没有得到应有的重视。但是随着俄罗斯“休克疗法”经济转型的失败、国际货币基金组织等国际机构给拉美国家提出的改革措施——“华盛顿共识”的破产、1998年亚洲金融危机的爆发以及2008年全球性金融危机的爆发等一系列事件的发生，人们开始反思自由主义市场经济模式的缺陷，政府职能又重新受到重视。

三、新自由主义经济学对国家干预的否定

新自由主义经济学流派众多，主要以新奥地利学派、货币主义、供给学派、理性预期学派、新制度主义经济学为代表，都主张坚持经济自由主义在经济学研究领域中的主导地位。

新奥地利学派坚决反对凯恩斯的国家干预理论，主张实行自由放任的市场经济。其主要代表为哈耶克认为，市场经济本身具有一种自我调节的能力，能够促使经济自行趋于稳定，而经济停滞、失业、通货膨胀正是由政府干预经济而造成的恶果。货币主义以弗里德曼为代表，通过对1929~1933年资本主义世界经济危机的深入分析，他提出了与凯恩斯相反的理论见解，认为资本主义世界经济危

机导致的经济萧条，是因为货币当局在危机时期市场的货币量急剧减少的情况下，没有能够及时地提供足够的货币供给，以挽救濒临破产的银行系统。“事实上，那次经济大萧条像大多数其他严重失业时期一样，是由于政府管理不当造成的，而不是由于私有制经济的任何固有的不稳定性。”① 供给学派以阿瑟·拉弗为代表，认为阻碍经济发展的原因并非凯恩斯所讲的有效需求不足，而是由于劳动生产率偏低、市场供给不足造成的，主张应该增加供给，通过生产要素的投入就能创造出对产品的需求，需求量是由供给量决定的，而不是相反。因此，他主张实行减税政策，刺激投资，提高人们的劳动积极性，从而实现经济增长，并有效抑制通货膨胀。理性预期学派以卢卡斯为代表，认为人们参与经济活动时会受到其理性预期的影响，即其在进入市场前就会根据以往变化的市场信息，对价格变动做出理性判断。理性预期可能会加速市场的通货膨胀，并且因为政府对市场信息的收集、反应通常会滞后于经济个体，所以会导致政策失效或成效不显著。因此，卢卡斯认为经济运行应该由市场自发调节，任何形式的国家干预都是无效的。新制度主义经济学以科斯为代表，他提出了产权理论，将产权与经济效率相联系，认为在产权明晰的前提下，经济资源才能有效配置，实现最优的经济效益。他认为产权是一种制度安排，它为自由市场的交易提供了保障，认为自由市场经济比政府管制更有效率。

20世纪70年代末80年代初，英国、美国等发达国家开始大举推行新自由主义政策，通过实行大规模减税、国有企业私有化、严格控制财政支出、紧缩银根等措施，激发了市场活力，促使经济效率明显提升，不仅使国民经济逐渐走出了“滞胀”困境，而且实现了经济的增长。新自由主义经济学因得到发达国家的推崇，也逐渐上升为主流。同时，以美国为首的资产阶级统治集团，为满足国际垄断资本集团全球化扩张的需要，还把新自由主义经济学作为一种普世性的价值观向发展中国家推行，如为拉丁美洲国家提出的经济自由化政策“华盛顿共识”。它们还要求发展中国家开放金融市场，取消政府的金融管制，实行浮动汇率制，但发展中国家推行金融自由化发展的结果是在20世纪末爆发了一系列金融危机，如墨西哥比索危机、亚洲金融危机、俄罗斯金融危机、巴西金融危机、阿根廷金融危机等，而发达国家的金融资本垄断组织在国际资本市场中却获得了巨额收益。各国政府普遍

① ［美］米尔顿·弗里德曼．资本主义与自由［M］．张瑞玉，译．北京：商务印书馆，1986：38.

实行经济自由化政策，放松了对金融业的管制，从而为金融资本的扩张提供了条件，但金融投机的盛行和资产泡沫的无限膨胀，最终导致了2008年全球性金融危机的猛烈爆发，这次危机使新自由主义经济学受到了严重打击，各国政府为应对危机困境都广泛采取了国家干预的反危机措施。危机的爆发还引发了国家干预主义与新自由主义关于国家职能问题的广泛争论，两者的对立主要集中在对国家干预和自由市场这两种经济调节机制的认识上，前者认为国家干预可以弥补市场失灵的缺陷，后者认为国家干预只会扰乱市场秩序，干预政策不能达到预期效果。虽然看起来双方针锋相对，但实际上它们都是以资本主义制度为理论前提的，其阶级属性是相同的，政策主张都是为维护资本主义制度的发展而服务的。

虽然国家干预主义学者指出了资本主义市场体制的缺陷，尖锐地提出了对新自由主义经济学的批评，但是对马克思所揭示的资本主义私有财产制度的不合理性以及以之为基础的资本主义经济的内在矛盾、经济危机的周期性爆发等问题仍采取回避的态度。他们认为自由主义的市场经济体制不能仅仅凭借市场自身的作用来建立，而必须辅以国家的干预职能，通过采取政策手段来纠正市场的偏差，弥补市场的不足。但实际上，阻碍资本主义经济发展的根源仍然是马克思所揭示的资本主义基本矛盾，即资本主义生产资料私有制与生产社会化之间的矛盾，建立在生产资料私有制基础上的资本主义经济，注重发挥自由市场的调节作用，结果会导致社会分配结构的严重失衡，这种分配失衡的结果又反作用于经济过程，必然造成经济矛盾的积累乃至危机的爆发。对于资本主义市场经济发展中出现的问题，不能仅仅从市场失灵的角度找原因，政府的干预作用也不可能完全弥补市场的缺陷，应认识到社会经济发展的目的不是仅仅解决市场出清的问题，更要关注市场背后的生产结构和分配结构的合理性问题。对于市场经济模式，不同的国家有不同的选择，中国完全可以选择不同于西方自由主义市场经济的发展道路，关于这一问题第四章、第五章会做专门论述。

第三节 新制度主义经济学国家职能理论

20世纪六七十年代，新制度主义经济学作为一门新兴的经济学分支发展起来，它认为经济学正统理论过于重视经济过程的数量分析，而不注重质的研究，忽视了制度因素在社会经济生活中所发挥的巨大作用。新制度主义经济学以制度为研究对象，通过对制度结构的分析，揭示资本主义经济的内在矛盾，并提出社会改革的方案。

一、新制度主义经济学对国家职能的认识

新制度主义经济学并没有形成统一的理论体系，主要学者都自成一派，国家职能理论主要以道格拉斯·C. 诺思为代表，其理论著作是《经济史中的结构与变迁》。诺思认为，国家是制度的最大供给者，国家规定了社会经济活动最基础的产权结构，国家在制度创新和经济发展中发挥着关键作用。他从国家的起源出发，探讨了国家与产权制度的形成、国家在制度变迁中的作用，以及意识形态与国家的相对稳定性等问题。

关于国家的起源，西方学界主要有两种解释：契约论和掠夺论。前者认为国家是公民自愿达成契约的结果，人们自愿让渡部分权利而形成公共权力组织即国家，通过国家来保护个人的安全和利益，并获得公共服务；后者认为国家是掠夺或剥削的产物，是统治者阶级对被统治者阶级进行掠夺或剥削的工具。但诺思认为这两种认识“都是不全面的”①，它们没有涵盖历史和现实中的所有国家形式，因而不具有一般性和普遍性。他将两者相统一，提出了“暴力潜能”分配论，认为国家具有契约和掠夺双重属性，若“暴力潜能”在公民之间平等分配，就会产生契约性国家；若分配不平等，就会形成掠夺性或剥削性国家。“暴力潜能”的分配决定了国家的性质，因此，国家是“在暴力方面具有比较优势的组织，在扩大地理范围时，国家的界限要受其对选民征税权力的限制”②。

诺思在借鉴经济人假设的基础上构建了国家模型。他认为，可以将国家作为一个具有福利或效用最大化行为的经济人，在竞争与交易费用双重约束条件下，它追求的是统治者租金和全社会总产出的最大化。国家模型所包含的基本观点有以下三点：一是国家与选民之间是一种交换关系，国家为选民提供“保护”和

---

① 道格拉斯·C. 诺思. 经济史中的结构与变迁［M］. 陈郁，罗华平，等译. 上海：上海人民出版社，1994：22.

② 道格拉斯·C. 诺思. 经济史中的结构与变迁［M］. 陈郁，罗华平，等译. 上海：上海人民出版社，1994：21-22.

“公正”，选民需要缴纳税款以维持国家的正常运转；二是国家是一个带有歧视性的垄断者，它将选民分为各个集团，并为各集团设计产权制度；三是对国家而言，总是存在提供同样服务的潜在竞争对手，国家受制于选民的机会成本。以上内容反映了国家与选民、与各社会集团、与其他国家、与国内潜在统治者的多重关系，这些关系的变动决定了历史上国家的稳定与变革。因此，国家的重要作用是促进社会制度的变迁。

具体到国家职能的认识，诺思提出了不同于正统经济学的观点。如前节所述，自由主义和国家干预主义对国家职能的认识存在严重分歧：前者主张国家只发挥“守夜人”的作用，仅维持秩序和提供必要的公共服务，经济活动主要以市场机制这只“看不见的手”来发挥基础性调节作用；后者认为市场是有缺陷的，国家应更多地介入经济过程和社会事务，以弥补市场的不足，克服经济的外部性，实现社会的公正。而诺思认为，国家的首要职能是界定和行使产权，认为产权的出现“是国家统治者的欲望与交换当事人努力降低交易费用的企图彼此合作的结果”①。由于国家在暴力方面具有比较优势，因此，国家只有通过制定规定，才能使产权得到有效的界定、保护和实施。但产权制度是否合理，决定了它对经济过程的作用效果，合理的产权制度促进经济增长，不合理的产权制度则会导致经济衰退。此外，国家还具有保护性职能、生产性职能、再分配职能。保护性职能是指国家通过保护和维持社会制度，防止外部威胁，保护公民自由和财产安全，起到稳定社会秩序的作用。生产性职能是指国家为社会公民提供某些公共产品，弥补私人投资的局限，发挥正外部性效应。再分配职能是指国家为追求公平公正的目标，通过制度设计，利用征税、转移支付等方式，重新分配社会财富。

除诺思的主要观点外，新制度主义经济学国家职能理论还包括布坎南的公共选择理论、奥尔森的集体行动理论、诺齐克的最低限度国家理论、巴泽尔的国家理论等一些有价值的思想。总之，新制度主义经济学以制度分析为基础，将国家作为内生变量纳入经济学的研究体系，论证了国家在社会经济发展中的作用。

二、新制度主义经济学与马克思主义政治经济学国家职能理论比较

新制度主义经济学的国家理论，在国家的起源、国家的暴力性、国家的产权

① 道格拉斯·C. 诺思. 经济史中的结构与变迁［M］. 陈郁，罗华平，等译. 上海：上海人民出版社，1994：17.

制度等方面，都借鉴了马克思主义国家职能理论的分析方法和观点，两者具有一定的统一性，如诺思所言："马克思的分析框架是最有说服力的"，"（因为）它包括了新古典分析框架所遗漏的所有因素：制度、产权、国家和意识形态"①。但新制度主义经济学仍然是以现代西方经济学为基础的，它以制度为核心建立了自己的理论框架，提出了很多创新性的见解，在一定程度上深化了国家职能理论的研究。以下主要从对立性角度阐述两者之间的区别。

首先，它们产生的时代背景不同。马克思主义国家职能理论形成于19世纪40年代，那时资本主义国家经历了第一次工业革命，资本主义生产方式完全确立，社会生产力快速发展，同时社会经济矛盾不断积累并激化，经济危机周期性爆发，工人阶级作为独立的政治力量登上历史舞台，阶级斗争日益激烈。这一背景决定了马克思主义国家职能理论具有强烈的阶级性和革命性。而新制度主义经济学的国家职能理论产生于20世纪70年代，当时资本主义国家普遍陷入"滞胀"，面对这一困境，凯恩斯主义经济学缺乏解释力，更难以提出有效的解决措施，西方国家迫切需要有新的理论来解释和指导实践，新制度主义经济学就是在这种情况下出现的。它以制度变迁来解释社会发展路径，认为国家作为制度的供给者决定了社会的产权结构，从而对社会经济增长或衰退起着非常重要的作用。

其次，两者的研究方法不同。马克思主义国家职能理论是以辩证唯物主义和历史唯物主义为基础的。以这一方法论为前提，马克思结合资本主义国家客观的经济发展过程，对国家起源、国家本质、国家职能、国家消亡等问题都进行了深入探讨，并得出了科学的结论。阶级分析也是马克思主义国家职能理论的重要方法，马克思认为国家是阶级矛盾不可调和的产物。新制度主义经济学仍然属于现代西方经济学的一部分，它继承了新古典经济学的经济人假设，并以此为前提，采用均衡分析、边际替代、成本收益等传统研究方法，对国家职能进行分析，认为国家职能的目标是实现总收益的最大化。同时，新制度经济学也在一定程度上突破了新古典经济学的框架，引入产权理论，进行制度分析，探讨国家兴衰的原因。

再次，它们的理论基础不同。国家职能理论，是马克思主义政治经济学理论

① 道格拉斯·C. 诺思. 经济史中的结构与变迁［M］. 陈郁，罗华平，等译. 上海：上海人民出版社，1994：68.

体系的重要组成部分。马克思以辩证唯物主义和历史唯物主义为指导，在批判继承英国古典政治经济学的基础上，创立了无产阶级的经济学说。他对资本和剩余价值理论的研究，构成了国家职能理论的基础。马克思通过对资本主义生产方式以及与之相适应的生产关系的深入分析，揭示了资本雇佣劳动制度的本质，揭露了资产阶级与无产阶级对立的根源。在此基础上，马克思还认识到作为上层建筑的国家，其性质是由占统治地位的经济关系即经济基础所决定的，并反作用于经济基础。而新制度主义经济学的国家职能理论是在当代西方经济学的理论基础上形成的，它沿袭古典经济学的经济人假设，将国家看作一个追求效益最大化的经济人，以此为前提研究国家的职能与制度变迁。同时，将产权思想与国家理论相结合，分析社会经济的增长与衰退问题，并且引入交易费用理论，认为国家的出现就是人们为降低交易成本而做出的选择。

最后，两者的理论内容不同。马克思主义政治经济学认为国家职能的根本目的是为统治阶级服务，维护统治阶级的利益。具体来讲，国家职能有二重性，一方面是政治统治职能，另一方面是社会管理职能，社会管理职能以政治统治职能为基础，而政治统治职能又以社会管理职能为前提。新制度主义经济学认为国家职能的目标是使统治者的租金最大化，以及社会总产出最大化。但这两个目标在现实中往往会发生冲突，即“诺思悖论”。与国家职能的双重目标相适应，国家的主要职能就是界定产权和制定制度，通过产权制度的选择和确立，影响市场主体的经济行为，从而实现经济增长的目标。新制度主义经济学将制度变迁归结为人们主观选择的结果，忽视了社会生产力对经济基础以及制度变迁的决定性作用。马克思主义国家职能理论则将制度因素作为社会经济发展的内生变量来认识，从而肯定了国家对制度变迁的重要作用。

总之，新制度主义经济学对国家职能理论的研究，有很多新的创见，反映了一种寻求社会变革的学术动力，但它对资本主义国家的本质与矛盾并没有清楚而深刻的认识，在这方面，马克思主义政治经济学国家职能理论仍然显示出强烈的现实意义。

第三章

资本主义国家职能的演变

任何一个国家都不可能脱离经济基础而独立存在，社会的经济关系体系决定了国家的性质与职能，并且随着经济基础的发展、变化，国家职能也会发生改变。反过来，作为上层建筑的国家，它可以成为推动社会发展的一种积极、能动的力量，促进自身经济基础的形成、巩固与完善。资本主义生产关系从建立到发展，经历了原始积累—自由竞争—私人垄断—国家垄断—国际垄断五个时期，随着社会生产力的进步，资本主义的生产关系不断调整，资本主义国家职能也随着经济基础的变化而变化。从资本主义发展整体的过程来看，国家对经济的调节、干预职能呈现出不断强化的趋势。

从理论研究的角度，国家职能可以从一般性与特殊性两个层面进行分析。根据第二章所阐述的马克思主义关于国家职能二重性的理论，从一般性上说，国家职能具有社会管理的公共性，作为社会生存及发展的组织，国家要对自然资源的配置、基础设施的建设、科教文卫事业的发展等社会公共事务进行管理；从特殊性上讲，国家职能具有阶级属性，国家履行各项社会管理职能在本质上都是为统治阶级利益服务的，现代资本主义国家，并不是全社会人民的代表，而只是统治阶级总体利益的化身。

国家职能又可以从对内职能与对外职能两个方面进行研究：对内职能是指国家在国内经济领域，为保证国内经济活动的稳定运行，通过法律、政策的制定而发挥推动社会发展的作用；对外职能是指国家在国际经济领域，为维护一国在国际经济领域中的地位而发挥的职能。本章从纵向的结构安排来看，总体上遵循逻辑与历史相统一的原则，根据资本主义经济发展的历史分期，研究在不同的社会发展阶段国家职能的具体体现。

第一节 国家的暴力强制

资本原始积累在资本主义建立过程中具有极为重要的意义，它为资本主义生产方式的建立奠定了基础。马克思在《资本论》中对资本原始积累理论有详尽而深刻的论述，而现代主流经济学却很少提及资本原始积累理论。从资本主义发展的历史来看，它“是用最残酷无情的野蛮手段，在最下流、最龌龊、最卑鄙和最可恶的贪欲的驱使下完成的”①，在原始积累的过程中，新兴资产阶级和新贵族依靠殖民掠夺、不平等贸易、残酷杀戮、贩卖奴隶等暴力手段获得了大量货币财富，而国家通过法律等强权，制定残酷的立法强制农民与土地分离，迫使破产农民转变身份成为雇佣工人，进入劳动力市场，从而形成建立资本主义生产关系的基本条件。“暴力是每个孕育着一个新社会的旧社会的助产婆。暴力本身就是一种经济力。”② 在封建社会向资本主义社会转化的过程中，作为一种特殊的“经济力”，国家发挥着重要的推动作用。

一、重商主义与国家职能

15世纪末期，随着商品交换的发展和城市经济的繁荣，专门从事商品买卖活动的商人阶层富裕起来，积累的货币财富不断增加。随着海外市场的不断扩大，商人可以将商品输出到国外，使货币流回到国内，增加国家的财富，因此，商人在社会经济中的地位和作用就显得更加重要。同时，商人与封建君主也逐渐建立起利益联盟关系，封建君主为维护其统治，需要大量货币用于军事开支和宫廷俸禄，而商人为摆脱封建制度对商品交换活动的限制，以及获得海外贸易的安全保障，需要封建王朝的支持，从而商人阶层与封建王朝之间通过利益结合形成了联盟。重商主义学说就是在这一背景下产生的，它是反映资本原始积累时期商人阶层经济利益的学说，同时也成为封建社会晚期国家政策的指导思想。虽然其

① 马克思．资本论：第1卷［M］．北京：人民出版社，1975：830.

② 马克思．资本论：第1卷［M］．北京：人民出版社，1975：819.

理论内容不够科学，但它是“对现代生产方式的最早的理论探讨”①，具有一定的历史意义。

重商主义思想在英、法等西欧主要国家都出现过，其理论观点可以归纳为以下五点：一是认为货币财富的唯一形式是金银，国家所具有财富的多寡取决于拥有金银的数量，因此，要想使国家积累更多的货币财富，就需要多卖少买，实行出口大于进口的贸易政策。二是实行贸易保护政策，严格限制原材料的输出，并对本国短缺的原材料免征关税，鼓励制成品的出口，商人阶层可以通过海外贸易换回更多货币，从而使国家的财富不断积累。三是认为应增强海军和商业舰队的实力，从而可以在与他国的交换关系中占据主导地位，保证海外贸易的优势。商人阶层希望对殖民地国家实行贸易垄断，获得特许权或贸易垄断权，保证宗主国地位，从殖民地廉价进口大量原材料，再将制成品输出到殖民地销售，从而获取大量货币财富。四是反对征收税费，认为税费会使商品价格上涨，抑制商品经济发展，但也反对自由贸易。五是强调劳动力的重要性，认为充足的劳动力供给并保持低工资水平，可以提高劳动力劳动的积极性，提升生产效率，并降低出口商品价格，获得更多收益。

重商主义是代表新兴商业资产阶级利益的经济思想，反映了当时商人阶层积累金银货币的强烈欲望，他们认为财富的增长来自交换领域，认为掌握贸易的优势地位，就可以获得财富的积累。为了获得这种优势，商人阶层需要封建王权力量的支持；封建王朝为维护巨大开支，也需要将商人阶层作为其收入来源的重要支撑，并且赞同商业资产阶级的理论主张，实行国家干预经济的政策。从历史发展的角度来看，重商主义的出现具有一定的进步意义，它将经济学的研究视角从之前主要考察封建奴隶主对庄园的管理，转移到对整个社会经济运行过程进行研究的角度上来，并且重商主义思想在实践上的运用，加速了封建社会经济结构的解体，壮大了商业资产阶级的实力，极大地推动了商品交换关系的发展，扩大了工场手工业的生产规模，使资本主义生产方式逐步建立起来。虽然重商主义在经济思想史上是一次理论的进步，但其核心内容对问题的认识是不正确的，它没有深刻理解财富的本质，不了解财富产生的真正源泉，不清楚货币是如何产生的，不明白货币的本质和职能，仅仅是用商人阶层狭隘的眼光来认识问题，从经济表

① 马克思．资本论：第1卷［M］．北京：人民出版社，1975：376.

象出发，认为财富产生于交换或流通领域，这种观点是肤浅的、缺乏说服力的。但是作为资产阶级最早的经济学说，其理论主张通过封建王朝政府付诸实施，促进了资本主义生产关系的发展，从这点上看，重商主义具有一定的积极作用。

二、国家暴力与农民土地被剥夺

农民土地被剥夺是资本主义制度建立的客观条件。“要使资本主义生产方式的‘永恒的自然法则’充分表现出来，要完成劳动者同劳动条件的分离过程，要在一极使社会的生产资料和生活资料转化为资本，在另一极使人民群众转化为雇佣工人，转化为自由的‘劳动贫民’，这一现代历史的杰作，就需要经受这种苦难。”①

14~15 世纪，随着社会生产力的发展和商品交换范围的不断扩大，西欧的封建经济体制逐渐解体，资本主义生产关系开始萌芽。英国是最先建立资本主义生产关系的典型国家，随着商品交换的发展和海外市场的开辟，英国的毛纺织业发展迅速，交易量不断增长，使羊毛的需求量逐渐增加，价格明显上涨。于是，英国新兴的资产阶级和新贵族便掀起了一场大规模的“圈地运动”，将大批农民驱逐出领地，圈地养羊，以攫取丰厚利润。英国的这一运动使大批农民失去了赖以生存的土地，流离失所，陷入窘困境地。正如马克思所言：“从十五世纪最后三十多年到十八世纪末，伴随着对人民的暴力剥夺的是一连串的掠夺、残暴行为和人民的苦难。”②

对广大农民的强制驱逐，导致了大规模的抗议活动。迫于形势，为维持国内政治秩序的稳定，英国政府不得不颁布一些反圈地的规定，但这些规定并没有得到有效的实施。1688 年英国资产阶级革命胜利后，掌握政权的资产阶级和新贵族，为获得更多利益，颁布了许多剥夺农民的法令，使“圈地运动”采取了新的形式，从之前以市场发展为主导，转变为以国家立法的形式公开进行，从而使圈地养羊的范围进一步扩大。截至 17 世纪末，由“圈地运动”造成的完全破产和半破产的农民多达 300 万人，之后的 18 世纪，英国国会又通过了 2000 多项圈地法令，大量圈占土地。很多失去土地的农民四处流浪，以乞讨为生，并经常制造骚乱，新兴资产阶级凭借掌握的国家政权，又制定了一系列严刑峻法，惩治以

① 马克思．资本论：第 1 卷［M］．北京：人民出版社，1975：828-829.

② 马克思．资本论：第 1 卷［M］．北京：人民出版社，1975：796.

乞讨为生的流浪者。“现在的工人阶级的祖先，当初曾因被迫变成了流浪者和贫农而受到惩罚。”① 除此之外，政府还颁布了所谓的“济贫法”，表面上是为了救济贫民，而实际上是迫使破产农民通过技能培训进入环境恶劣的手工工场去做工，接受资本家的剥削和压榨。“圈地运动”是资本原始积累的典型形式，它通过国家使用暴力强制手段，剥夺了广大农民赖以生存的土地，迫使这些破产农民改变身份和地位，成为资本主义生产关系下受雇佣、被剥削的工场工人。同时，大量的土地被新兴资产阶级和新贵族所占有，形成用以建立和开展资本主义生产所需要的物质资本，为资本主义生产方式的建立奠定基础。

国家运用暴力强制职能，剥夺农民的土地，又通过血腥法律迫使破产农民进入手工工场劳动成为雇佣工人，这一过程在其他主要资本主义国家都出现过。法国虽然没有出现像英国那样的大规模的“圈地运动”，但同样经历了一个长期的农民土地被剥夺的历史过程。16~18 世纪，法国的商品经济不断发展，封建经济结构逐渐解体，资本主义萌芽开始出现，但就社会整体来说，封建经济关系仍占据主体地位，全国绝大部分土地由封建领主占有，农民以“纳赋地”的形式从封建领主那里分得小块土地租种，农民所背负的赋税非常沉重，不仅因租种土地要向封建领主“纳赋”，还要给封建王朝政府和教会缴税。到了 18 世纪，农民所承担的赋税水平不断提高，向封建国家所缴纳的各种赋税占农民收入的一半，加上向教会缴纳的占农民年收成十分之一的“什一税”，以及向封建领主所纳的赋税，总额要占农民收入的四分之三以上。法国农民在如此重负之下贫困不堪，破产和失去土地的农民数量不断增加。由此来看，在法国，剥夺农民土地是通过国家加强税收的方式来实现的，破产的农民不得不沦为雇佣工人或以乞讨为生。与英国一样，法国政府也颁布了一系列残酷的法律来惩治破产农民，逼迫他们进入资本家的手工工场去做工。1789 年法国大革命后，农民虽然摆脱了封建制度的剥削，但还会遭受资产阶级对他们的残酷压榨，其不仅要向资产阶级政府缴纳重税，在生计窘迫时还要受到高利贷者的盘剥。“单个的资本家通过抵押和高利贷来剥削单个的农民；资本家阶级通过国家赋税来剥削农民阶级。”②

德国的经济发展相对较为落后，到 19 世纪初还是一个封建性质的农业国。农奴制下的超经济强制关系，使农民依附于地主的土地，而封建领主凭借土地所

---

① 马克思．资本论：第 1 卷［M］．北京：人民出版社，1975：803.

② 马克思，恩格斯．马克思恩格斯全集：第 7 卷［M］．北京：人民出版社，1959：98.

有权占有农民大部分劳动成果。这种落后的生产方式严重束缚了社会经济的发展，很难形成资本主义的经济关系。1789 年“法国革命像霹雳一样击中了这个叫作德国的混乱世界”[①]，促使大批农民掀起了大规模的反封建斗争。面对日益发展的革命形势，德意志各邦政府为了维持统治地位，实行了一系列资产阶级性质的改革。在改革过程中，地主攫取了大量土地，并把占有的土地改造成资本主义农场，雇用越来越多的农民，不断扩大资本主义的经营范围，而被剥夺土地的广大农民不断陷入贫困的境地，逐渐沦为雇佣工人。德国是通过政府自上而下改革的方式，逐步建立起资本主义生产关系的，虽然带有一定的封建残余，但破产的大批农民最终成为被雇佣的对象。

虽然西欧主要国家的资本主义发展路径不同，但都有国家运用暴力职能迫使农民与土地相分离的历史过程，都是通过国家政权力量建立起了资本主义的经济制度。由此，我们可以认识到：在资本主义生产关系建立的过程中，国家作为一种“经济力”，其暴力强制职能发挥了重要的推动作用。

三、国家暴力与资本主义建立的物质基础

资本原始积累的过程为资本主义生产关系的形成与发展打下了坚实的物质基础。建立以资本雇佣劳动为核心的生产关系，首先要有大量货币资本掌握在少数人手中，用以满足展开资本主义生产的物质需要，其次要有大量可供自由出卖劳动力的劳动者，用以满足资本雇佣和增值的需要，但以上前提都是通过国家暴力职能实现的。通过这一过程，新兴资产阶级积累了数量庞大的货币财富，封建经济结构迅速解体，资本主义的生产关系得以建立。资本的原始积累“不是资本主义生产方式的结果，而是它的起点”[②]。在此过程中，国家发挥了重要职能，新兴资产阶级通过国家政权的暴力强制手段，促成了货币资本的大量积累。

15 世纪末至 16 世纪初发生的航海大事件，为西欧国家开辟了通往东方和美洲大陆的新航线，它们利用武力攻破各国国门，对非洲、亚洲、美洲各地进行大肆掠夺。葡萄牙人最先开拓了从海上到达非洲和亚洲的航路，他们从这些地区掠取了大量珍贵物品，如黄金、钻石、香料、茶叶、象牙、瓷器等。随后西班牙人开辟了驶向美洲大陆的航线，并对美洲地区的印第安人进行了野蛮屠杀和残酷掠

---

① 马克思，恩格斯．马克思恩格斯全集：第 2 卷［M］. 北京：人民出版社，1957：635.

② 马克思．资本论：第 1 卷［M］. 北京：人民出版社，1975：781.

夺，整个殖民时期（16~19 世纪），西班牙人从美洲掠取了约 250 万公斤黄金和约 1 亿公斤白银。荷兰于 17 世纪初成为海上最强的殖民国家，其海外贸易和掠夺的规模超过了葡萄牙和西班牙，荷兰西印度公司还从事着罪恶的奴隶贸易，是一个集殖民者、海盗和奴隶贩子于一身的商业组织，它把虏获的非洲奴隶贩运至美洲高价出售，将美洲廉价的矿产资源和初级产品运回欧洲，再将欧洲生产的工业品运到非洲高价出售，荷兰商人从“三角贸易”中获得巨额利益。“荷兰——它是十七世纪标准的资本主义国家——经营殖民地的历史，展示出一幅背信弃义、贿赂、残杀和卑鄙行为的绝妙图画。”①

17 世纪法国的殖民活动更是体现了政府的主导作用。柯尔贝尔是法国重商主义思想的重要代表，1665 年被任命为财政大臣，在他当政的几十年间，法国制定并实行了一整套重商主义政策，陆续成立法国西印度公司、东印度公司，不仅授予它们各种特权，还直接发放补助金，支持它们对殖民地的掠夺，从而使法国成为殖民强国。法国的对外贸易不断扩张，截至 18 世纪末，法国殖民地贸易额达到 28600 万法郎，占其对外贸易总额的 1/4 以上。②

18 世纪后英国取代了荷兰的地位，成为最大的海外贸易国家，英国的海外扩张活动一直都是在英国政府的支持下进行的。16 世纪后期英国由封建政府、贵族、商人共同投资建立了一系列海外贸易公司，如近东公司、非洲公司等，从事海外贸易活动，1600 年成立的东印度公司更是凭借伊丽莎白女王的特许权，垄断了从非洲好望角到美洲最南端合恩角的商贸活动。17 世纪的英国凭借雄厚的海上实力，武力占领了葡萄牙和西班牙的大片殖民地。当时的英国还被称为“海盗国家”，英国的商船舰队在英国王室的支持和默许下，利用武力拦截海上过往商船，杀人越货，拦截西班牙人从美洲掠夺归来的“白银舰队”，还在非洲进行惨无人道的奴隶贸易，这些海外殖民、抢劫、海盗等行径都是在政府支持下进行的，英国政府也会分享掠夺回来的巨额财富。

综上所述，西欧国家都是在各国政府的支持或主导下，通过暴力职能以殖民征服、掠夺贸易、海盗抢劫、贩卖奴隶等方式，获得了大量货币财富，从而为资本主义生产方式的建立与发展提供了必要的物质条件。

① 马克思．资本论：第 1 卷［M］. 北京：人民出版社，1975：820.

② 邓加荣，赵瑞．资本原始积累［M］. 长春：吉林人民出版社，1981：110.

第二节 国家为自由市场的发展创造外部条件

自由竞争资本主义时期开始于18世纪下半叶，结束于19世纪末。这一阶段，在第一次产业革命的推动下，资本主义生产从工场手工业发展为机器大工业，这一转变从根本上改变了社会的生产方式，极大地推动了生产力的发展。资本主义机器大工业生产的发展，客观上要求扩大商品交换的范围和规模，建立自由市场体系。在这一时期，以亚当·斯密为代表的自由市场理论逐步取代了重商主义思想而成为主流，主张市场自由发展，认为依靠市场机制的调节作用，就可以实现经济资源的有效配置。但从实际的发展过程来看，自由竞争时期资本主义国家自由市场的建立离不开国家的作用，它并不是完全自发形成的结果。然而，主流的经济理论却忽略了国家对自由市场的形成所起的重要作用。事实上，在这一时期资产阶级国家虽然尽可能少地直接干预经济，但却利用一系列法律和政策，为自由市场的发展开辟了道路。

一、自由市场理论及对国家职能的认识

亚当·斯密在《国富论》中系统地提出了经济自由主义思想，反映了当时资本主义经济发展的趋势。18世纪后期，随着工业革命的推动，机器生产逐步取代了手工劳动，极大地提高了商品的生产效率，物质财富迅猛增长。亚当·斯密为了研究和揭示“国民财富”增长的秘密，着手探讨社会经济活动。他认为在市场经济运行过程中，市场机制就像一只“看不见的手”能够引导资源的自由流动，实现资源的优化配置，达到经济效率的最优化；人的本性是利己的，在商品交换中每个人为社会提供各种各样的产品，都是出于“自利的打算”[①]，每个人的经济行为的直接目的都是追求个人利益的增进，而与此同时，社会利益也增进了，“他受着一只看不见的手的指导，去尽力达到一个并非他本意想要达到的目的”，“他追求自己的利益，往往使他能比在真正出于本意的情况下更有效

① ［英］亚当·斯密．国民财富的性质和原因的研究：上卷［M］．郭大力，王亚南，译．北京：商务印书馆，1974：14.

地促进社会的利益”①。只有在充分自由竞争的环境下，市场机制才能充分发挥调节资源配置的作用。整个社会就是遵循这种“自然秩序”而发展的，任何人为的限制竞争、保护市场的做法，都会影响国民财富的增长。

其实，亚当·斯密也并非对国家的作用持完全否定的态度，学界很多学者都将亚当·斯密作为经济自由主义的奠基人，而认为他完全反对国家干预职能的认识是失之偏颇的。亚当·斯密反对政府干预，主要是认为国家对某些产业的优惠扶持或竞争限制，会导致垄断，不利于市场的发展。政府作为“守夜人”，要为市场经济的有序运转创造有利的外部条件，而不仅限于维护稳定的政治环境。亚当·斯密认为，国家的职能主要体现在以下方面：第一，国家要保障国防安全，抵御外国入侵，保持国家独立自主的地位。第二，国家要通过司法，保护私有产权不受侵犯。第三，国家要承担公共设施及公共事业的建设和维护工作；第四，认为国家在一些特殊经济领域的干预是有必要的，如为保证社会经济的稳定发展，政府要对利息率进行法律约束；为促进土地投资与改良，政府要通过法律保护佃农的利益；为促进社会发展和教育进步，政府应承担交通基础设施建设，以及邮政、学校、教堂等公共事业建设等。

为保证自由竞争秩序，促进自由市场经济的进一步发展，亚当·斯密提出了一系列政策建议：一是为促进劳动力的自由流动和自由劳动力市场的形成，废除学徒制度和居住法；二是取消限制土地自由转移的制度规定，实现土地市场的自由买卖；三是为实现国内商品的自由交换，废除地方关税制度和一些税收规定；四是对外贸易自由化，废除商业禁令、关税，取消商业领域政府特许的垄断权。亚当·斯密认为，“一切特惠或限制的制度，一经完全废除，最明白最单纯的合乎自然的自由的制度就会树立起来”②，“自然秩序”建立后不需要政府直接干预经济，依靠市场的自由竞争机制，就能够实现国民财富的增长。亚当·斯密建立自由市场的主张符合处于上升时期的产业资产阶级的利益要求，其改革建议也被英国等主要资本主义国家所采纳，成为资产阶级政府施政的理论指导。由此可见，亚当·斯密所谓的“自然秩序”的建立与维护，离不开国家的作用，它不是单纯依靠商

① ［英］亚当·斯密．国民财富的性质和原因的研究：下卷［M］．郭大力，王亚南，译．北京：商务印书馆，1974：27.

② ［英］亚当·斯密．国民财富的性质和原因的研究：下卷［M］．郭大力，王亚南，译．北京：商务印书馆，1974：252.

业自由发展就能自然而然建立起来的，而是需要政府提供有利的外部环境。

在亚当·斯密之后的自由市场经济理论的发展中，萨伊提出了供给创造需求的理论，认为在自由的商品经济条件下，生产者的生产本身就会产生对其他商品的需求，从而形成整个经济体系的循环，进一步论证了市场自发调节的作用。边际主义的价值理论根据基于主观心理评价的效用论建立，马歇尔通过吸收边际学派的观点，建立了新古典主义经济学体系。该体系以市场均衡论为基础，论证了资本主义市场经济可以通过自由竞争市场机制的作用实现均衡状态，从而认为国家没有必要对经济进行干预。在此之后，国家职能就被主流经济学理论忽略了，同时经济学研究也越来越多地借鉴数理统计的方法，侧重于对经济现象的描述与分析，形式上看似科学，但实际上缺乏对经济本质的研究和对经济活动全面的认识。以下通过考察自由竞争时期资本主义的发展，认识到国家在对自由市场秩序的建立、自由劳动力市场的形成、劳资关系的调整等方面都发挥了重要作用。

二、自由市场经济的建立与国家职能

第一次工业革命的爆发，使资本主义的生产方式从工场手工业转变为机器生产，资本主义生产关系逐步建立起来。在这一过程中，市场体系也经历了从无序到有序的转变。资本主义初期，市场总体上处于无序竞争的状况，商业欺诈、投机行为盛行，导致人们对市场经济秩序不满，资本家对工人的残酷剥削，造成劳动者对资本统治的强烈反抗，严重危及社会稳定。为建立有序的自由竞争市场秩序，避免无序混乱给社会带来的不良影响，新生的资产阶级国家必须采取措施来维护市场体系的有序化发展。英国是最早建立资本主义的国家，通过工业革命成为当时世界上最先进的工业强国，这一发展过程，离不开政府的作用。因此，本部分以英国为典型，论证国家在市场有序化发展等方面所发挥的职能。

（一）国家推动自由市场秩序的形成

现代社会的自由市场，并不是完全无约束的市场，不是完全处于自发状态的自由市场，其顺利运行依赖于相关法律、制度的保障，这就需要国家发挥其应有的作用。为给自由市场的发展创造有序化的环境，英国政府陆续出台相关政策、法律，有效约束了不正当的交易行为，促进了社会经济的稳步发展。

第一，有关财产权利及市场交易方面的法规制定。英国政府 1679 年就颁布了《人身保护法》，不仅保护人身安全，而且保护私有财产安全。随着商品交换的扩大，英国法院又制定了一系列约束商品交易行为和规范证券市场秩序的法令，经过修正、补充与完善，到 19 世纪末形成了包括《货物买卖法》《合伙契约法》《期票法》在内的一整套规范市场行为的法律规定。

第二，商品检验制度和定价制度的调整。英国政府为保护消费者的权益，对某些重要商品的生产过程、质量、定价方法等方面做出明确规定，如对纺织业市场建立检查员、视察员、监督员制度，对面包业的称重、定价方法做出制度化规定，防止造假行为等。但随着市场发展自由化程度的不断提高，政府对消费品市场的控制力不断弱化，一些制度逐渐被市场力量所突破，最后不得不取消，商品价格也主要由市场来调节。

第三，保护专利的法律规定和垄断权的废除。英国从都铎王朝时期就开始实行专利制度，主要是王室将某种商品的生产和销售权授予某个公司实行垄断经营，并通过收取一定费用增加王室收入。但这种制度由于限制了市场的自由竞争，遭到了新兴资产阶级势力的反对。1624 年英国颁布的《专利法令》，被认为是现代专利法的开端，它旨在保护、鼓励专利发明者的权利，并宣告垄断、授权、特许等权利一律无效，这一制度为技术产品的所有权提供了法律保障。17 世纪中叶，随着羊毛市场与生产规模的不断扩大，英国王室垄断羊毛市场的状况逐渐被打破，商人、新兴贵族通过与王室的长期斗争，迫使王室颁布了废除垄断的法案。随着国内市场的繁荣与对外贸易的扩张，英国政府对市场交易的限制也越来越少，1824 年开始简化关税，并逐步降低进口关税；1813 年和 1833 年取消了东印度公司对印度和中国的贸易垄断权；1846 年废除了《谷物法》；1849 年废除了《航海条例》。这些垄断权的废除，极大地促进了英国自由市场的形成。

第四，稳定证券业和促进公司制的发展。英国发生的南海泡沫事件，极大地损害了投资人的利益，使民众对股票形成了恐惧心理。为规范证券公司的行为、限制证券市场的投机活动，英国政府先后颁布了《泡沫法案》和《取缔证券投机法》（1734 年），限制银行的发展规模，禁止股票买卖的投机行为以及一切证券价格赌博、抛盘等行为。通过法律保护投资者利益，市场投资的积极性逐渐恢复。但《泡沫法案》的实施并不能遏制信用资本流动和扩张的趋势，最终于 1825 年被废除。同时英国政府也积极采取措施，规范公司制的发展，陆续出台了《贸易公司法》（1834 年）和《合股公司法》（1844 年），规定凡是符合条件的公司，一经注册即可取得法人资格，取消了国王特许状和国会授权。为了分散风险，筹集资金兴建大型设施和组建保险公司等，英国开始发展股份制企业，19世纪中期，股份制公司获得合法地位，股份制银行也建立起来。

（二）国家促进自由劳动力市场的建立

自由劳动力市场的形成是资本主义生产方式建立的必要前提。虽然英国通过圈地运动剥夺了农民赖以生存的土地，使他们成为“自由人”，自由得一无所有，只能以出卖劳动力为生，但这对于建立自由劳动力市场还是不够的。资本主义生产方式的发展趋势要求劳动力资源能够自由流动，在这方面国家发挥了重要的职能。英国政府陆续取消了原封建制度遗留下来的阻碍劳动力自由移动的多项规定，并且逐步形成了自由工资制度，这为资本雇佣劳动关系的形成创造了有利的外部环境。

第一，取消学徒制度。英国在封建手工业时期制定了严格的学徒制度《工匠徒弟法》（1562年），要求师傅与学徒之间必须订立契约，学徒必须学满七年才能独立从事手工业经营，这一制度大约执行了200年之久。但是随着18世纪60年代工业革命的爆发，社会的生产方式由手工生产向机器生产转变，工人的劳动变得越来越简单，并且操作机器的劳动可以实行标准化作业，对劳动技能的要求逐步降低，工人通过简单的操作训练就可以工作。同时，企业可以根据经济周期的变化情况自主调节雇佣劳动力的数量，学徒制度对于工业化生产越来越不适用，最终于19世纪初被正式废除。

第二，废除《定居法》，允许劳动力自由流动。英国1662年制定的《定居法》是封建时期的一种教区安置制度，它是为保护教区的利益而制定的，规定教区居住者不得随意迁徙，迁徙者依法要被遣回原教区。这一法令极大地阻碍了劳动力的自由移动，有碍于雇佣劳动力市场的建立。随着英国工业革命的发生与发展，机械化生产快速发展起来，扩大劳动力供给的需求日益突出，在新兴工业资产阶级的推动下，1795年《定居法》被废除，劳动力可以自由转移。

第三，废止最高工资制度，实行劳动力价格的市场调节。英国为维护统治阶级的利益，通过法律规定了最高工资制度。但18世纪末，随着商品价格的不断上涨，名义工资也在提高，最高工资制度已不符合现实经济状况，英国政府被迫提高工资水平，默认市场对劳动力价格的调节作用。1813年最高工资制度被正式取消，市场成为决定劳动力价格的主要因素，企业不必再按法律规定的水平支付工资，而是按照市场的情况和企业的经营情况自主决定雇佣劳动力的数量和工资水平，这给工人的生存造成极为不利的影响。因为随着技术的进步，机器生产逐步取代了手工劳动，生产效率极大提高，而工厂对劳动力的需求却相对减少，从而产生了大量的相对过剩人口，劳动力供给超过需求，导致劳动力商品价格下降，工资甚至低到难以满足工人基本生存的需要，劳动者的生存质量趋于恶化。自由工资制度的形成，进一步促进了资本主义生产方式的发展，更有利于资本对劳动的占有。在资本主义生产关系下，普遍过剩的劳动人口导致劳动者的工资处于很低的水平。

（三）国家通过立法调整缓和劳资关系

随着资本主义生产方式的发展和自由劳动力市场的形成，工人的实际收入趋于下降，资本所有者的利润不断增加，资本对劳动的残酷剥削导致了工人的强烈反抗，工人运动不断兴起，规模不断扩大，激烈的阶级冲突成为国家政治稳定的极大威胁。由此，资产阶级国家开始参与劳资关系的调整，以维护其政治和经济的统治地位。迫于工人运动的压力，资本主义国家通过工厂立法等方式对工人权益给予一定的保护，对企业行为进行一定程度的制约。

17~18 世纪，在资本主义机器大工业迅猛发展时期，资本所有者为追逐利润的最大化，不仅压低工人的工资水平，延长工人劳动时间，加大工人劳动强度，而且给工人提供的工作条件也极为恶劣，就连基本的卫生条件都不具备，劳动者的健康状况日益恶化，同时还雇用童工，侵害儿童健康成长的权利。在这种情况下，工人们有组织地团结起来，开始不断发起抗议游行活动，来争取最基本的人道主义权利。在工人运动的压力之下，英国议会不得不制定相应法律对企业的行为进行限制，1802 年通过的《学徒健康与道德法》是最早的劳动法，它是为保障儿童权益制定的，通过采取限制性政策，规定了工厂制度的人道主义标准，但这项法律并没有得到有效实施。

工人阶级的长期斗争，迫使英国政府于 1824 年立法，允许工会组织合法存在。之后，参加工会组织的工人数量不断增加，工会组织提出的权利要求也不断提高，致使英国政府又重新对工会的权利进行界定。虽然工会组织的权利受到限制，工会组织的活动受到各种法律的制约，但这是工人阶级采用有组织的方式与资产阶级进行斗争的重要成果。通过工会组织的努力，第一个有效的《工厂法》于 1833 年制定，它限定童工的劳动时间，并要求为儿童提供受教育的机会，规定年满 18 周岁的成年人的工作日时长为 15 个小时，并且还要对工厂的通风、温度等工作环境状况进行监督。之后工厂法又将妇女纳入保护范围，1842 年的《煤矿法》规定绝不允许雇佣妇女和儿童在地下工作，1848 年生效的 10 小时工作制进一步缩短了工作日时长，1850 年补充了检查制度，明确加强对安全、照明、通风的检查，1855 年又出台了安全条例，之后经 1860 年的煤矿法进一步具体化，禁止雇用 12 岁以下的男童从事采矿业劳动，1864 年英国政府制定了广泛推行于工业企业的工厂法。通过工会的不断斗争，1867 年熟练技工取得了公民权，政府规定劳资双方在社会活动中具有平等的地位。1871 年，英国允许工会以友好团体的身份注册，再次确认工会是法定组织，使工会的地位获得了法律保障。1878 年规定标准工作日时长为 10 小时，星期六为 6.5 小时，即每周的工作时间为 56.5 小时。19 世纪 80 年代，工会关注到伤害赔偿问题。1880 年制定的《雇主责任法》规定了工人由于工作受到的伤害赔偿由雇主支付的原则，1897 年通过的《工作赔偿法》进一步将意外事故纳入雇主赔偿的范围，明确规定凡造成伤害的无论是雇主的责任还是工人的责任或兼而有之，都由雇主负责赔偿，但该法律所规定包含的工业领域极为有限。1900 年有关伤害赔偿的法律扩展到农业劳动行业，1906 年的《工人赔偿法》将该法律覆盖至所有行业工人。之后，职业病也被纳入了法律赔偿的范围。1901 年修订的工厂法，详细规定了劳动时间、支付工资的时间和地点，以及工资占生产额的比例等。1909 年颁布了反对“血汗劳动”的《贸易委员会法》，工人的工作条件得到进一步改善。同时，工会组织还发起了争取 8 小时工作日时长的斗争，取得的第一个成果是 1908 年制定的《煤矿法》，将工人在地下的劳动时间限定为 8 小时。[①] 所有工厂法的制定，都是工人阶级长期斗争的结果，同时也是资产阶级为获得政治经济秩序的稳定而做出的适度让步。

随着资本主义生产方式在各国的广泛发展，劳资矛盾不断凸显，西方主要资本主义国家都纷纷向英国学习，通过一系列法律规定来调整劳资关系。例如，法国于 19 世纪上半期先后制定了《工厂法》和《童工、未成年工保护法》，后经不断完善，于 1912 年制定了进一步维护工人权益的《劳工法》；德国于 19 世纪中叶出台了《普鲁士工厂矿山条例》等。工厂法在主要资本主义国家的普遍制定，维护了工人的基本权益，但其根本目的绝不是保护工人的利益，而是利用劳资关系的缓和，来维护资产阶级在政治和经济上的统治地位。同时，迫于工人运

① ［英］彼得·马赛厄斯，悉尼·波拉德．剑桥欧洲经济史：第 8 卷［M］．王宏伟，译．北京：经济科学出版社，2002：547-550.

动的强大压力，资产阶级国家为维护资本的统治秩序，在健康、教育、住房、失业、贫困、养老等问题上不断做出让步，逐步建立起相应的社会保障制度。总之，资产阶级国家通过法律对劳资关系进行调整，其目的一是有效保证劳动力的再生产，以满足资本不断增殖的需要；二是维护资产阶级的统治地位，通过一定程度的让步赢得工人阶级的认可与支持。

三、英国对外贸易政策的转变

工业革命后，英国成为世界上最强大的资本主义国家，其产品在世界市场上具有竞争优势。随着国际经济地位的上升，英国转变了前工业社会时期的对外贸易政策，放弃多年执行的保护关税政策，转而实行自由贸易。

英国转变对外贸易政策的理论基础，是古典经济学中的自由贸易理论，以亚当·斯密的绝对优势理论为代表。亚当·斯密将其分工理论运用到对国际经济的分析中，认为每个国家由于资源禀赋不同、成本不同，导致不同商品的劳动生产率存在差异，因此，各个国家都应该生产本国具有绝对优势的产品，在国际市场上不同国家的产品通过自由贸易彼此进行交换，参与自由贸易的国家都可以从国际市场的交换中获得收益。随着贸易关系的稳定，各国之间就可以逐步形成基于成本优势的国际分工体系。在这样的分工体系下，各个国家都能够充分发挥产业优势，促进国际贸易总体利益的提高。因此，在国家的对外经济政策上，亚当·斯密反对贸易保护主义，而主张自由贸易。在亚当·斯密之后，大卫·李嘉图提出了比较优势理论。由于亚当·斯密理论中的假设条件是各国在贸易关系中都具有某种产品的绝对成本优势，而这一前提并不具有一般性，因此，李嘉图认为，在贸易关系中各国之间的比较优势是主要决定因素，在国际贸易中，一国可能在所有产品上都没有绝对优势，但它可以利用比较优势，生产成本相对低的商品，也可以在贸易中取得比分工前更多的收益。国家应积极实行自由贸易政策，各个国家都应该集中生产具有比较优势的产品，这样的国际分工对各国都有利。

但通过前文的阐述，我们可以认识到，英国作为当时最先进的资本主义国家，其发展起来的方式绝不是自由贸易，而是国家干预。在资本原始积累的过程中，英国政府主要凭借国家暴力，通过殖民掠夺、海盗抢劫、奴隶贸易等方式，积累起巨额的货币财富。同时又通过高关税、禁运、严厉打击原材料出口和限制制成品进口等保护性措施，推动了纺织业的快速发展，从而确立起英国在国际市场的优势地位。从英国纺织业的发展过程来看，它完全是与自由贸易理论相悖的。19 世纪上半叶，英国开始实行自由贸易，这是随其经济实力和国际经济地位的上升而发生的转变，目的就是拓展国际市场，利用自身的经济优势获得更多收益。

1823 年，威廉·哈斯基森担任英国贸易大臣，开始实行某些自由贸易政策。他主张简化关税，减少税种并降低税率，在英国与其殖民地之间实行特惠关税制度，形成一个庞大的自由贸易区，而对其他国家进口的商品征收高关税。1841 年罗伯特·皮尔再次担任英国首相，他进一步推行自由贸易政策，进行关税改革，先后废除了 600 多种关税，降低了 1000 多种关税税率，除煤炭以外几乎所有出口商品关税都取消了，进口原料的大部分关税也被废除，进口制成品的关税下降到合理水平。《谷物法》和《航海条例》就是在这一时期被废除的，这也是英国转向自由贸易的重要标志。

英国转向自由贸易的另一个重要的标志性事件是 1860 年与法国签订的“科伯登条约”。英国为扩大贸易关系，主动与法国谈判，签订了有利于增进共同利益的贸易协定，两国都大幅降低彼此的进口关税，特别签署了相互给予最惠国待遇的条款。英国转向自由贸易政策，对欧洲国家产生了强烈影响。19 世纪后期，荷兰、葡萄牙、西班牙、瑞士、法国、比利时等国家也相继降低关税，开始逐步推行自由贸易政策，从而开启了欧洲自由主义经济的新时代。英国凭借工业优势，将其制成品销往世界各地，同时又通过低价进口原材料，降低产品成本，进一步提高了英国工业品在国际贸易中的竞争地位，极大地促进了英国经济的繁荣发展，并逐步建立起以英国为主导的国际经济体系。从英国经济发展的实践过程来看，它正是通过保护主义政策促进了工业生产的发展，在具有竞争优势之后，才转向自由贸易，利用优势地位积累更多财富。因而，自由贸易理论并不是一个普遍适用的一般性理论，它更符合具有竞争优势的国家。

第三节 国家对市场垄断的适度管制

19 世纪后期到 20 世纪初，是资本主义由自由竞争向垄断阶段过渡的时期，其核心内容就是私人垄断逐步取代自由竞争在社会经济生活中占据了统治地位。

“自由竞争产生生产集中，而生产集中发展到一定阶段就导致垄断。”①

一、垄断资本主义的形成机制

技术的进步和生产力的发展，必将引起社会生产方式的变化和生产组织形式的演化。随着资本有机构成和生产社会化程度的不断提高，有限责任公司、股份有限公司等新的企业形式开始出现，在生产和商业领域也出现了资本集中和垄断的趋势。

首先，从理论上阐述垄断资本主义形成的内在机制。在自由竞争资本主义阶段，社会资本的积累由个别资本的增大来实现。个别资本的增大既依靠资本集中，又有赖于资本积聚，两者相互作用，彼此联系，以达到增大资本总额的目的。② 资本集中是在资本主义竞争条件下，中小资本为避免竞争中的两败俱伤，通过联合形成大资本，或者是大资本凭借资本实力，利用竞争优势吞并中小资本。资本积聚是资本所有者依靠剩余价值资本化即资本积累，来增大资本总额。资本集中与资本积聚相互促进，资本积聚的增长，必然加速资本集中的进程；资本集中速度的加快，又会反过来增强资本自身的积聚能力，两者共同构成个别资本扩大的核心机制。

在自由竞争资本主义阶段后期，企业兼并的方式主要表现为大资本吞并小资本，在市场竞争中，大资本利用自身优势打败竞争对手，实现对其的吞并。通过这种方式组织起来的更大规模的资本，可以凭借资本量、技术、设备、人才、成本等各方面的优势，创造更高的经济效率，从而获得超额的剩余价值，然后再扩大资本积累量，促进资本积聚。通过资本积聚和资本集中这两种资本扩大形式，少数大企业的生产在整个社会生产中的比重，以及少数大资本在社会资本总额中的份额不断增大，以至于形成垄断趋势，统治资本主义工业、农业、交通运输业以及服务业等国民经济主要部门。

随着技术的进步和企业生产规模的不断扩大，创办企业需要的资本额越来越高。“一个独立的工业企业为进行有效的生产所必需的资本的最低限额，随着生

① 列宁．列宁选集：第 2 卷［M］．北京：人民出版社，1995：588.

② 龚维敬．资本集中在现代资本主义发展过程中的地位和作用［J］．复旦学报（社会科学版），1980（5）：48.

产力的提高而提高。"[①] 与此同时，由于资本集中过程加快，资本家手中拥有雄厚的资本实力，能够进行大规模的投资。"资本主义生产和积累的发展，要求劳动过程的规模及其范围日益扩大，要求每一个企业的预付资本相应地日益增加。"[②]

在社会经济运行过程中，单个资本的扩大，一方面表现为生产和流通领域资本的积聚和集中，另一方面体现在金融部门货币资本的积聚和集中，货币所有者利用信用杠杆，通过金融机构和股份公司进行货币资本积聚和货币资本集中。"信用事业，随同资本主义的生产而形成起来。起初，它作为积累的小小的助手不声不响地挤了进来，通过一根根无形的线把那些分散在社会表面上的大大小小的货币资金吸引到单个的或联合的资本家手中；但是很快它就成了竞争斗争中的一个新的可怕的武器；最后，它变成一个实现资本集中的庞大的社会机构。"[③] 货币资本家运用这一有力"武器"，逐步构建起"庞大的社会机构"，即以银行为主体的资本主义金融体系。形形色色名目繁多的金融机构，将社会中的闲散资金吸收起来，形成大量的货币资本，再通过各种信贷方式，贷放给产业资本家使用。如果没有大规模的货币资本集中，就不可能有大规模的生产资本集中。

其次，从现实来看垄断资本主义的形成机制。一方面，19 世纪中后期爆发的第二次工业革命，在促进社会生产力迅猛发展的同时，也极大地推动了资本集中的趋势，资本主义生产的社会化程度大大加强，垄断组织应运而生。电力的发明和广泛应用，使其成为补充和替代蒸汽动力的新能源，发电机、电动机、远距离输电技术的发明，促进了电气工业的迅速发展；内燃机的出现及普遍使用，为汽车和飞机制造业的发展提供了技术基础，也推动了石油工业的发展；化学工业的建立，从煤炭中提炼了氨、苯、人造燃料等多种化学产品，人造纤维、塑料、绝缘材料等通过发明被大量投入生产生活；冶金、造船、机器制造、交通运输等部门的技术革新也加速进行。伴随第二次工业革命的发生与发展，主要资本主义国家的经济重心也转向重化工业，这些新兴的工业部门对资本投入的规模提出了更高要求，资本的技术构成客观上要求具备较强实力的资本才能进入，促进了中小资本的合并和股份公司的发展。新兴的重化工业企业利用技术和规模上的优

① 马克思，恩格斯．马克思恩格斯全集：第 25 卷［M］．北京：人民出版社，1974：292.
② 马克思，恩格斯．马克思恩格斯全集：第 25 卷［M］．北京：人民出版社，1974：244.
③ 马克思，恩格斯．马克思恩格斯全集：第 23 卷［M］．北京：人民出版社，1972：687.

势，集中了大量生产资料和劳动力，通过内部发达、严密的分工协作体系，组织起大规模的生产和销售活动。第二次工业革命在促进技术进步和社会生产力发展的同时，也促进了资本的集中和垄断的形成。另一方面，19世纪后半叶接连不断的经济危机，导致了企业的兼并浪潮，推动了生产和资本的集中。1825年英国爆发第一次经济危机后，大约每隔十年便会爆发一次经济危机，1836年第二次经济危机影响的范围扩大到了美国。1847~1848年发生的经济危机，将英、法、美等多个资本主义国家卷了进来，已经具有了世界经济危机的性质。后来，1857年、1866年、1873年、1882年、1890年又都爆发了世界性的经济危机。危机中存活下来的一定是实力强的企业，它们凭借资本实力，不断兼并危机中破产的小企业，不断扩大资本和企业规模。19世纪末20世纪初，主要资本主义国家都出现了大规模的资本集中，大企业在国民经济部门中逐步形成了垄断。

二、垄断资本主义的形成过程

19世纪后期，随着主要资本主义国家的发展，垄断组织逐步建立起来，并呈现不断扩张的趋势，这一过程可以大致划分为以下阶段：

第一阶段，19世纪六七十年代，垄断组织开始出现，主要在流通领域，但仅处于萌芽状态。英国这一时期出现了各种商业联合会，如南斯塔福德铁商联合会、北英格兰铁商联合会，铁商之间达成协议，规定统一的销售条件和销售价格。美国的工矿业和铁路运输业在这一阶段也出现了卡特尔垄断组织，组织中的大公司通过订立短期协定规定共同的价格、分配营业额和划分销售市场。德国、法国等也在这一时期出现了卡特尔组织。

第二阶段，1873年经济危机以后到19世纪90年代，卡特尔组织广泛发展，并出现了托拉斯。1873年爆发的经济危机使生产集中加强，卡特尔形式的垄断组织迅速增长，并呈现国际化趋势。1884年，英国与德国、比利时的钢轨制造商达成瓜分世界市场的国际协议，根据协议，英国、德国、比利时分别占有世界市场的66%、27%、7%，并不参与伙伴国国内市场的竞争。① 在1889~1890年的经济高涨时期，卡特尔又一度蓬勃发展，德国和美国资本集中的速度较快，1890年德国的卡特尔增加到200多个。但在当时卡特尔还不稳固，还是一种暂时的现

① 王章辉．英国经济史［M］．北京：中国社会科学出版社，2013：294.

象。1882年美国出现了第一个托拉斯，即洛克菲勒的美孚石油公司。

第三阶段，从19世纪末的经济繁荣到20世纪初的经济危机，这一时期垄断组织大规模扩张。由于工业生产的快速发展，以及后来爆发的经济危机，垄断组织的发展极为迅速，数量不断增加，在经济生活中的影响日益扩大。以美国为例，这个以托拉斯作为主要垄断组织的国家在1904年共有318个工业托拉斯，其中占资本总额5/6的236个托拉斯是1898年后建立的。这318个托拉斯吞并了5300个工业企业，拥有全部制造业40%的资本；这些托拉斯中有26个控制了各自部门80%以上的生产。在1900~1903年的经济危机时期，垄断组织成为全部经济生活的基础。此次危机之后，欧洲主要国家和美国的自由竞争资本主义已被垄断资本主义所取代。

主要资本主义国家在由资本集中走向垄断的过程中，由于各国的历史条件不同，因此它们带有各自的特点。

19世纪末20世纪初，形成了一次资本集中高潮，以美国最为典型，资本集中的浪潮来势凶猛。1895年美国兼并公司的总数只有26家，兼并公司资产额为2500万美元，1899年急剧上升到1208家和22.4亿美元。[①] 数量之大，速度之快，是资本主义发展史上从来没有过的。

德国在19世纪的最后30年里，卡特尔组织逐步兴起，资本集中不断加强。1875年，德国有7个卡特尔组织，1890年增加到200个。[②] 19世纪末20世纪初，德国垄断资本集中程度进一步增强，1876~1880年德国每年成立的股份公司平均只有54家，1896~1900年增加到300家。[③] 资本集中的速度大大加快了。到19世纪末20世纪初，不到1%的德国企业，竟占有总数3/4的动力和电力。[④] 资本集中度相当高，垄断组织在主要经济领域中占据了主导地位。

英国虽然是最早建立资本主义制度并实现工业化的国家，但是由于传统产业技术改造成本相对过高，缺乏技术进步的动力，因此工业发展逐渐落后，资本集中的速度缓慢，从而很难建立更大规模的垄断组织。另外，英国拥有大量殖民地，资本家可以通过对外投资，利用殖民地廉价的资源和广阔的销售市场在海外

---

① 龚维敬．当代垄断资本主义经济［M］．上海：三联书店，1991：38.

② 吴树青等．政治经济学（资本主义部分）［M］．北京：中国经济出版社，1993：235.

③ ［苏］门德尔逊．经济危机和周期的理论与历史：第2卷．下册［M］．吴纪先，郭吴新，赵德演，译．北京：三联书店，1976：820.

④ 列宁．列宁选集：第2卷［M］．北京：人民出版社，1995：739.

获得更多利润。这导致在20世纪之后，英国才逐渐形成一些大规模的垄断组织，与美国和德国相比，已经落后了几十年。

法国垄断资本集中的特点是，资本集中程度较高，但是生产集中程度较低。主要原因是，早期法国集中的资本多属借贷资本，金融资本家拥有巨额资金，在国内难以寻得高利润的投资领域，于是大量资金流向国外。这时，法国有1/4～1/3的资金流往国外进行贷放，这就延缓了国内经济的发展，影响了资本集中程度的加强。第一次世界大战后，这种局面才逐渐改变。

综上所述，虽然各主要资本主义国家的垄断形成过程各具特点，但是自由竞争导致生产集中，生产集中又发展为垄断是资本主义经济发展的必然趋势。

三、国家对垄断资本的管制

19世纪后期，主要资本主义国家都出现了垄断的趋势，各国为规范市场秩序、限制垄断、促进竞争，都先后制定了反垄断的法律和规则，其中比较典型的是美国反垄断法的出台。以下以美国为例，阐述国家对垄断资本的管制。19世纪中后期，在第二次工业革命的推动下，美国经济快速增长，资源的开发、新技术的应用、运输的改进，以及资本的增长都极大地促进了美国经济在这一时期的发展。1860年到1900年，美国无烟煤的产量增长了422%，烟煤的产量增长了2260%，原油的产量增长了9060%，生铁的产量增长了1600%，粗钢的产量增长了10190%，小麦的产量增长了223%，小麦的出口量增长了2700%，玉米的产量增长了217%，棉花的产量增长了170%。[①] 随着经济的高速增长，垄断趋势明显增强，涌现出一批大规模企业，企业间的兼并、联合不断增加。大企业可以通过雄厚的经济实力控制市场，导致市场的自由竞争机制遭到破坏，同时大企业操控市场价格、谋取垄断利润的做法，引起了社会的普遍不满。反垄断、促进市场竞争成为政府不可推卸的责任。

最初的反垄断法是针对美国铁路行业的垄断而制定的。19世纪六七十年代，美国现代工业部门不断扩大，铁路运输业迅速发展起来，但大部分铁路被少数大资本家所控制，他们利用对铁路的垄断权抬高农产品运输价格，激起了农场主们的极大不满，发起了反对铁路垄断的运动。在社会的普遍压力下，美国伊利诺伊

① 参见美国商务部的 *Historical Statistics of the United States*.

州政府颁布了反铁路垄断的法案，之后其他州也陆续出台了相关法令。

19 世纪 80 年代，生产集中的趋势更加明显，垄断资本对市场的控制力不断增强，破坏了市场的自由竞争，社会各界要求出台反垄断法的呼声不断高涨。1882 年洛克菲勒成立美孚石油公司，这是美国第一个托拉斯组织。随后，钢铁、煤炭、烟草、制糖等行业也相继成立了托拉斯。这些垄断组织依靠其强大的资本优势，不断吞并中小资本，并通过压低生产资料价格、降低产品成本、分割销售领域、规定商品价格等方式，获取高额的垄断利润。垄断组织的行为引发了社会各界的强烈抗议，为了缓和垄断造成的社会矛盾，维护自由竞争的市场秩序，1890 年美国国会通过了《保护贸易和商业不受非法限制与垄断之害法》(简称《谢尔曼法》)，这是美国第一个全国性的反垄断法，标志着美国现代反垄断法体系的正式诞生。

《谢尔曼法》以简洁的法律条款表明了美国政府对合谋和垄断化行为的反对态度，并确定了罚款、监禁等救济措施，以及法院的执法权限和执法程序。《谢尔曼法》有两个独立的条款：第一条是禁止所有有碍于贸易的合同、合并及合谋，被用来打击诸如限价协议等公开的策略性行为；第二条是禁止垄断企业，被用于打击诸如旨在排挤竞争对手的低成本定价之类的非合作策略性行为。1914 年，美国根据经济发展的现实和反垄断的经验，又出台了《克莱顿法》和《联邦贸易委员会法》。《克莱顿法》主要是规定了四种违法行为：价格歧视、搭售和排他性交易、公司合并及连锁董事；《联邦贸易委员会法》主要是规制不正当竞争行为，同时还设立了新的专门的行政执法机构——联邦贸易委员会。这两部法律是对《谢尔曼法》的修改和补充，增加了一些反垄断、反限制竞争与不正当竞争的新规定，完善了《谢尔曼法》的有关制度和原则。以上三部法律构成了美国反垄断法的基本框架。

古典经济学以及后来发展起来的新古典经济学以精密的理论体系证明，市场的自由竞争能够实现资源的有效配置。反垄断法并不是要反对垄断市场结构，而是要反对扭曲市场竞争机制，从而降低社会整体福利的不正当竞争行为，重点是关注于企业试图垄断和滥用垄断地位来维持和增强垄断势力的做法。反垄断法保护的是竞争而不是竞争者。经济效率取决于整个竞争过程的健康运行，反垄断法保护的是竞争机制而不是个别或某一产业的生产者。竞争作为一种选择机制意味着必有赢家和输家，反垄断法最重要的是为高效率企业提供参与竞争的机会，而不是去保护在竞争中失利的企业。若对竞争中的失利者给予保护，就会限制高效率企业的进入和成长，从而阻碍市场竞争，损害经济效率和降低社会福利水平。因此，反垄断法主要是保护竞争机制有效发挥作用，而不是以行政干预代替市场机制。

反垄断法的制定对生产的过度集中发展起到了一定的制约作用，它对以垄断市场、操纵价格、获取高额利润为目的的企业间的勾结行为进行限制，使公开的垄断组织不能合法存在。反垄断法一定程度上限制了垄断组织通过联合、共谋的方式，损害其他经济主体利益的行为。但是从实践来看，反垄断法的实施并没有取得立竿见影的效果，既没有抑制资本集中和垄断增强的趋势，也没有达到保护和促进市场竞争的目的。其原因在于：第一，反垄断法只反市场垄断，不反生产垄断。美国反垄断法提出的所谓的“合理的准则”规定，只有不合理的对于贸易的限制（协议、合同、掠夺市场或类似行为）才属于《谢尔曼法》的制裁范围，从而才被认为是违法的。但由于生产集中引起生产垄断，生产垄断才导致市场垄断，而反垄断法只针对市场垄断，所以其并不能有效地限制生产垄断的行为。第二，反垄断法的执行不严格、不认真。美国在两次世界大战期间、资本主义世界经济危机期间、朝鲜战争期间都暂时停止了对反垄断法的执行。即使在执行期间，也很不认真。一般来说，只有当某一垄断组织的行为严重损害其他企业的利益而引起其他企业强烈不满时，才使用反垄断法予以处罚。

四、垄断资本的海外扩张

反垄断法的出台只是在一定范围内和一定程度上限制了垄断组织在竞争中的不正当行为，并且随着各国反垄断法规的广泛出台和具体实施，垄断资本集团也不会采取公开的垄断市场的行为，而是更多地转向幕后操纵，通过私下合谋的方式进行垄断经营。垄断发展的趋势不仅没有减弱，反而进一步强化。巨型混合联合大公司主宰社会经济，是现代资本主义最基本的经济特征。垄断作为一种趋势在不断扩张，实力强大的垄断资本继续大规模吞并中小资本，在20世纪20年代掀起了第二次大规模兼并的高潮。这次资本集中的高潮与上次相比，有许多新的特点：首先，基础不同。上次兼并高潮是在没有形成垄断的情况下进行的，兼并前，企业的规模小、数量多、资本集中程度低，兼并时，阻力小、竞争性不强。这次兼并高潮是在垄断资本形成的基础上进行的，兼并的规模较上次大很多。

1925~1931 年这 7 年间，美国兼并公司数平均每年为 800 多家，比上次高峰期（1898~1904 年）的平均每年兼并 400 家高出一倍。第一次兼并高潮主要是把大量分散的中小公司，兼并成为少数垄断公司；这次兼并主要是一些已经形成的垄断公司凭借它们强大的经济实力，大规模兼并中小企业，用以扩展垄断规模。其次，两次高潮的兼并形式也有很大区别。第一次兼并高潮是以确定垄断地位为目的，兼并形式是把同一行业中大量的中小企业兼并为一个或几个大型企业，从而在本行业占据统治地位，即以横向兼并为主要兼并形式。这次兼并的目的以扩展实力为主，加上科学技术的进步，一个部门的生产需要多部门多工序相互配合，形成了不同行业不同工序之间的纵向兼并形式。最后，两次兼并的部门结构也有所不同。第一次兼并时，各个经济部门都争先恐后地争夺垄断统治地位，普遍进行规模较大的兼并，使相当多的部门形成了垄断组织。这次兼并是在资本主义经济结构发生变化的情况下进行的，重工业部门在资本主义经济中日益占据重要地位，这些部门的垄断资本集团积累了巨额资本，20 世纪初的大兼并主要体现了重工业部门的资本集中趋势。

19 世纪末 20 世纪初，一些主要资本主义国家进行了大规模的资本集中，英、法等国的垄断资本利用有利时机，相继掀起资本集中浪潮，进入了高度资本集中阶段。1900~1909 年，英国工业领域，1 家公司兼并其他 5 家及以上公司的大兼并为 20 起，1920~1929 年增加到 40 起。1930 年大公司兼并公司数是 1900 年的一倍以上。[①] 英国的一些庞大的垄断公司就是在这一时期形成的，如帝国化学公司、尤尼莱弗公司等都是这时兴起的。

20 世纪 20 年代，法国金融资本家利用在国外获得的大量金融资本投资国内工业。随着国内工业经济的发展，资本集中度逐渐增强，原来垄断程度较低的部门也达到了相当高的集中度。这时，法国一家电器公司的产量占全国电器产量的 60%，两家制铝公司垄断着全国 100%的市场，3 家汽车公司的产量占有全国汽车产量的 75%。但是，与其他资本主义国家相比，法国许多部门中的资本集中程度仍较低。

其他国家如日本等，也主要是从 20 世纪 20 年代才开始进行大规模资本集中，进而使国民经济各部门形成垄断态势。

---

① ［英］莱斯利·汉纳. 现代工业的集中［M］. 伦敦，1977：72.

垄断资本集团在资产阶级国家内部实行垄断统治的同时，还积极实行对外扩张政策。首先，国内垄断资本集团凭借垄断优势，积聚了巨额垄断利润，为资本输出提供了物质条件。随着垄断组织的发展，国内有利的投资场所日趋减少，在垄断占统治地位的部门里，能够获得高额利润的行业几乎都被垄断资本占领，其他未形成垄断的部门则利润率较低，垄断资本不愿进行投资，这样就出现了过剩资本，这些“过剩资本”会越过国界向外扩张，到国际市场上去寻找能够获得高额利润的投资场所。其次，从世界范围来看，伴随垄断资本主义的发展，发达国家的对外贸易和海外扩张，使欠发达国家和地区的自然或半自然的经济逐步解体，逐步发展起商品经济。这些国家和地区的资本有机构成较低，劳动力、原材料、土地价格比较低廉，而且资本短缺，这都为发达资本主义国家输出“过剩资本”提供了有利的条件，使大规模的资本输出成为可能，而资本输出能够促进贸易活动，进一步强化垄断组织在世界经济领域中的主导地位。进入垄断阶段，资本输出已具有特殊的重要作用。1870 年前后，英国、法国、德国、美国、日本等主要资本主义国家的对外投资只有 50 亿美元，但到 1914 年这一数值却接近 500 亿美元，资本输出增长的速度大大超过商品输出，对外投资取得的收入大大超过对外贸易取得的收入。这一时期的资本输出主要有两种形式：对外直接投资和间接投资，前者是指生产资本的输出，即输出国政府或垄断组织，在输入国通过直接投资设立企业；后者是借贷资本的输出，即通过借贷关系，输出国政府或垄断组织，将货币资本通过信贷方式贷放给输入国政府、企业或银行。资本输出对于输入国来讲，客观上促进了其商品经济的发展和资本主义生产关系的建立，但也使输入国在经济上产生严重的依附性，由于在资金、技术等方面长期依赖经济发达的国家而长期处于发达国家的剥削、压迫之下，从而难以摆脱贫困落后的状况。资本输出的实质，是垄断资本集团对输入国进行经济剥削的主要方式，是其进行全球扩张、在世界范围内确立经济统治地位的重要途径。

随着各主要资本主义国家资本输出规模的扩大，垄断组织在世界市场中的实力不断增强，同时各国垄断资本集团也在全球范围内展开原料产地、商品市场和投资场所的激烈争夺。为了避免在市场竞争中两败俱伤，各国的垄断集团也逐步从竞争走向合作，通过协商签订协议，建立国际垄断同盟。它是各主要资本主义国家中占统治地位的垄断组织，为协调各国垄断资本集团之间的利益关系，按照协商一致的原则组建起的一种国际性的垄断组织的联盟。它一般是暂时的，不具有稳定性，目的就是从经济层面分割世界经济领域，保证获得高额垄断利润。其具体形式有国际卡特尔、国际辛迪加、国际托拉斯。其中，国际卡特尔是垄断资本主义初期国际垄断同盟的主要形式，它通过垄断组织在交换领域的联合，在内部协商达成价格和销售协定，利用垄断地位瓜分国际市场，获得高额垄断利润。20世纪初，正式组建起的国际卡特尔组织（包括国际铝卡特尔、国际钢轨卡特尔、国际电气卡特尔等）已有100余家。

垄断组织建立国际垄断同盟的目的是在经济上瓜分世界，即各主要资本主义国家的垄断资本集团在国际市场上划分势力范围，形成国际垄断的格局。这种瓜分是以垄断资本集团的资本实力为基础的，通过垄断资本集团之间的谈判、订立协议实现，当各国垄断组织的实力地位随着资本主义经济政治的发展而发生变化时，垄断资本集团的势力范围就会被重新划分。

第四节 国家对经济的普遍干预

第二次科技革命促进了社会生产力的迅猛发展，同时也对世界经济格局产生了重要影响，美国和德国利用后发优势，采用最先进的技术成果，提升了经济增长力，迅速占据了世界经济的领导地位，而英国由于纺织、煤炭、钢铁等传统工业部门技术落后、设备老化、更新速度慢，在激烈的国际竞争中失利，逐渐失去了工业霸主的地位，相对走向衰落。第一次世界大战的爆发，进一步加速了英国的衰落，战争消耗了巨大的人力、财力、物力，使英国经济陷入窘境，从战前的债权国变为债务国。美国则大发战争财，经济实力迅速增强，并从战前的债务国变为了债权国，逐渐成为国际经济的主导力量。伴随资本主义国家经济增长和资本积累出现的现象，是周期性爆发的经济危机，它是资本主义经济制度内在矛盾的现实表现。1929~1933年的资本主义世界经济危机从美国开始，蔓延到各主要资本主义国家，给资本主义世界造成了沉重打击。面对危机，主流经济学给不出合理的解释和有效的解决办法，理论滞后则只能实践先行，作为“总资本家”代表的资产阶级国家不得不改变角色，担负起调节社会经济的重任，被迫出面干预经济。之后，凯恩斯提出了国家应对社会经济进行干预的宏观经济思想，这一理论后来被资本主义国家普遍采用，促进了国家垄断资本主义的广泛发展。本节以美国为先导，结合主要资本主义国家的政策转变，阐述国家垄断资本主义阶段国家对经济的干预职能呈现普遍增强的趋势。

一、“罗斯福新政”与“凯恩斯革命”

1929~1933 年的资本主义世界经济危机首先在美国爆发。1929 年 10 月 24 日（后被称为“黑色星期四”）美国股票价格暴跌，股市行情直线下落，投资者一片恐慌，人们大量提取现金，银行资本量严重不足，出现大批呆坏账，形成银行倒闭风潮。很快，危机从金融领域传导至实体经济，生产萎缩、企业破产、失业激增、人民生活水平急剧下降，整个社会经济陷入萧条。同时，危机从美国蔓延开来，席卷了整个资本主义世界。时任美国总统的胡佛笃信自由市场理论，教条地认为社会经济仍然可以通过市场调节而达到均衡。但危机的不断加重，导致了严重的社会动荡，民众的示威游行不断高涨，整个社会陷于瘫痪，严重危及社会制度的稳定。

1933 年罗斯福就任美国总统，他果断地抛弃传统自由经济理论，提出了一整套国家干预经济的政策措施，主要包括以下方面：首先是整顿银行证券体系。由于危机导致美国银行破产数占总银行数的一半，为避免金融信贷系统瘫痪崩溃，政府出台政令，要求全国银行歇业四天，由财政部重新对银行进行审核，以遏制倒闭风潮，同时使大批小银行破产，促进资本集中，并出台《证券法》，防止过度投机；颁布《存款保险法》，以恢复银行信誉；签署“黄金法令”，实行黄金国有，停止兑换和出口；增发货币，增加货币流动性，以缓解债务人困境；制定《格拉斯—斯蒂格尔法案》，实行投资银行与商业银行分业经营，防止银行利用吸收的存款进行投机活动。其次是调整工业体系，制定《全国产业复兴法》，对企业的产业规模、信用状况、商品价格水平、市场销售情况等进行评估和确定；调节社会矛盾，缓和劳资关系，允许工会与企业主协商，签订集体合同，对工资制度、工作日长度、工作环境、卫生保障条件等做出具体规定，从而保证工人利益。再次是对农业生产进行调控，政府出台相关法令，鼓励并引导农场主休耕、停耕，政府通过签订合同的方式，对停耕的土地支付租金进行补偿，并为农场主提供优惠信贷政策，帮助其偿还债务，对于拒绝签订合同的农场，政府则不予扶持。最后是实施扩张性财政政策。政府通过发行债券等方式获取资金，用于交通、教育、服务、环境等公共基础设施建设，一方面促进了就业水平的提高，另一方面也推动了相关产业的发展。此外，政府还颁布了一系列有关社会保障的法律，为社会弱势群体提供最基本的保障。

罗斯福新政的实施，局部地缓和了经济矛盾，对经济复苏起到了一定的促进作用，为上百万人提供了就业机会，使低收入群体获得了最低生活保障，为市场的恢复和发展创造了条件。罗斯福新政虽然是在经济危机时期采取的应急对策，但它充分显示了国家所具备的宏观调控职能，这也是资本主义国家在原有的制度框架下做出的一次具有转折性意义的决策，这种变化虽然不可能从根本上消除资本主义制度的痼疾，但也是对社会经济关系的一种调整与转变。

实践证明，单纯的市场调节是有缺陷的。当市场空间没有扩大到一定范围、产业总量没有达到一定规模、危机只在局部出现的时候，市场的弊端并不明显，但随着市场的不断延伸、生产规模的不断扩大，市场经济的内在矛盾不断积累与深化，它必将通过大规模危机的形式爆发出来，严重抑制社会经济的发展。1929~1933年的资本主义世界经济大危机，实质上就是第二次技术革命后生产力的社会化程度不断提高与垄断资本的私人占有关系之间的矛盾深化的结果。

1929~1933年资本主义世界经济大危机的爆发，也宣告了自由主义经济学的破产，资本主义社会现实的发展需要经济学理论的创新，垄断资本集团迫切需要一套新的理论来指导实践，凯恩斯主义应运而生。凯恩斯提出了“有效需求不足”理论，解释了经济危机产生的原因，并以此为基础论证了国家可以通过经济政策的制定，对社会经济活动进行干预，从而可以有效调节市场供求关系，促进其均衡发展。凯恩斯的理论以消费倾向递减、资本边际效率递减、流动偏好这三个基本心理规律为基础，论证了资本主义经济危机和失业的根源，并在此基础上进一步阐述了就业、利息、工资、货币等理论。他主张国家根据经济形势，制定适宜的宏观经济政策，对于有效需求不足的情况，政府可以通过增加财政支出扩大总需求，通过减税政策鼓励消费者和投资者增加消费支出和投资，从而扩大就业。政府还可以运用货币政策，通过调节货币供应量影响总需求，或者通过调整利率提高货币流动性，增加投资。

凯恩斯的理论颠覆了传统自由主义经济学，否定了萨伊供给创造需求的观点，提出了国家干预经济的理论，被称作“凯恩斯革命”。但其对经济危机根源的分析，缺乏客观的理论基础，未触及经济现实的本质，而在这一问题上，马克思主义政治经济学的分析则更为透彻。“二战”后，凯恩斯主义理论被资本主义世界广泛接受，各主要资本主义国家都陆续实施了凯恩斯主义政策，经济又重新恢复增长，并且出现了持续20多年的“黄金增长期”。1953~1973年，美国、英国、法国、德国、日本这五个国家的GNP实际平均增长率分别达到3.5%、3.0%、5.2%、5.9%、9.8%①。

二、国家干预职能的普遍性增强

“二战”后，凯恩斯主义在资本主义世界备受推崇，各主要资本主义国家都以凯恩斯的理论为指导，制定了一整套对经济进行全面干预的政策体系，涉及生产、分配、交换、消费各个经济领域。国家对经济的干预职能，呈现出广泛、持续、经常、稳定的特点，并且干预形式呈多样化趋势，如对不同的产业实行差别税率、以税收优惠政策鼓励某些产业的发展、对被扶植企业给予补助、推行国家或地区经济计划和发展规划、扶植落后地区的经济发展、加强工资管理和价格管理、利用其他财政和货币政策对经济进行调控，以及实施国有化等。国家对经济的调控不再是之前战争或危机时期国家所采取的应对措施，而逐渐成为社会经济运行的一种内在需要。国家的职能，随着经济社会的发展变迁，也发生着重大转变，甚至可以说是发生着部分质变，在一些经济领域，国家不再是凌驾于经济基础之上的上层建筑，而是作为“经济的当事人”参与其中，在经济发展过程中承担着生产者、投资者、交换者、分配者、管理者等各类“角色”。“二战”后，主要的资本主义国家实现了20年的经济高速增长，一方面是借助于科技革命带来的生产力的快速发展，另一方面是得益于国家干预职能的增强，这也是资本主义生产关系的一种重大调整。

（一）美国政府对内外政策的转变及其影响

“二战”的爆发，使美国成为世界上最大的“兵工厂”，军工产业的迅速扩张，推动了美国经济的高速增长。这一过程中，美国国家垄断资本主义高度发展，1940~1945年美国联邦政府的军事采购支出超过了政府财政预算总支出的85%，约为3060亿美元，80%以上的新增企业都是由政府直接投资建立的，政府还在战争期间设立了相关组织机构，对经济过程进行管控。为满足军需，美国政

① 王章耀，牟瀛，杜厚文．世界经济概论［M］．北京：中国人民大学出版社，1986：20.

府连年赤字，社会经济高涨的同时，政府债务也随之上升，从1940年的450亿美元上升到1945年的2780亿美元，增长了5.18倍。[①] 为实现战后经济稳定，避免衰退，美国政府在战争结束前就已做好准备，将军工生产向民用过渡，如1943年年底美国政府就逐渐减少军事采购，并准许军工企业生产民用产品；政府向私人廉价转让大部分国营企业以及大批运输工具；颁布《退伍军人权利法案》，对"二战"中服役期超过90天的退伍军人，给予教育资助，并提供信贷、住房、医疗、卫生等方面的优惠等。通过一系列过渡政策，美国经济实现了从战时向战后的顺利转轨。

为促进美国经济继续发展，杜鲁门颁布了其"公平施政"的政策纲领，该政策以凯恩斯主义为指导，包含了政府在促进就业、稳定物价、改善民生等方面的举措，具体内容包括：通过立法保障就业，推行国民健康保险，提升工资最低限额；颁布行政命令抑制通货膨胀，稳定市场；制定住房法案，清理贫民窟，建设廉价公共住宅，改善农村住宅，实行农业补贴等。总体上看，政策的制定有利于维护劳动者利益，但实际上它一方面是迫于工人运动的压力而做出的表态，另一方面是为了赢得竞选取得连任，需要工人阶级支持而制定的措施。该政策在制定和实施过程中，由于触及垄断资本集团利益而遭到资本力量的抵制，一些政策被否决，一些政策没有取得应有的效果，这也体现了资产阶级国家政府的本质，其仍然是代表"总资本家"利益的政府，仍然是为维护"总资本家"的利益服务的。

美国出于对自身利益的战略考虑，改变了战时与苏联的合作关系，并将遏制共产主义势力作为其对外政策的指导思想，将世界分为两个阵营，一边是"极权国家"，一边是"自由国家"，认为社会主义力量是对"自由国家"的威胁，在对外政策上提出了"杜鲁门主义"，即以帮助希腊和土耳其建立自由民主国家为由，打击民众的革命运动。杜鲁门政府还对中国、越南以及东欧社会主义国家采取了遏制政策，将第三世界国家的局势发展与美国的国家利益紧密联系，认为任何国家或地区的社会主义革命，都会威胁到以美国为代表的"自由国家"的发展。"杜鲁门主义"是美国外交政策的转折点，对战后世界形势的发展具有深远影响。

---

① [美] 沙伊贝，瓦特，福克纳．近百年美国经济史 [M]．彭松建，熊必俊，周维，译．北京：中国社会科学出版社，1983：460.

为限制以苏联为代表的社会主义势力的扩张，帮助西欧国家摆脱战后贫困，以防发生社会主义革命，杜鲁门政府出台了“马歇尔计划”，其内容是协助西欧各国的战后重建，对它们进行经济方面的支持。但这种支持并不是无条件的，而是必须服从美国利益：一方面，接受援助的西欧国家要为美国提供所需的原材料，以及广阔的产品市场；另一方面，欧洲各国的经济复兴会影响到其政治格局，促使西欧各国的社会主义势力逐渐衰弱。这一计划于 1948 年 4 月启动，于 1951 年终止，美国给予西欧国家包括资金、技术、设备等各种形式的援助总额超过 131.5 亿美元。这一计划从性质上讲，也是国家财政职能的一种突破，国家财政不仅用于满足国内经济发展需要，而且被用于对外经济援助，通过本国财政支出，援助他国经济复兴。“马歇尔计划”的实施，对欧洲国家乃至世界经济的发展都产生了深远的影响，它加速了西欧国家经济的发展，同时使西欧社会主义力量逐渐萎缩，进一步加强了美国在世界经济中的主导地位。但从后续的发展来看，美国政府的这一计划并没有完全实现其控制欧洲市场、遏制共产主义势力的目的，反而推动了欧洲一体化进程，使欧洲国家发展成为与美国相抗衡的经济体。

（二）西欧国家广泛推行国家干预政策

“二战”后，西欧国家普遍面临通货膨胀和外汇短缺两大困境，并且需要进口大量机器、设备、原材料、粮食、生活用品等，以恢复社会生产和保障人民生活。美国为遏制社会主义势力而制订的“马歇尔计划”，正好迎合了西欧国家战后恢复经济的迫切需要，虽伴有约束条件，但为了尽快实现战后的经济复兴，各国都接受了美国政府的援助，援助总额达 131.5 亿美元，具体分配如表 3-1 所示。

表 3-1　“马歇尔计划”对西欧主要国家的援助额　　单位：亿美元

国家	英国	法国	意大利	联邦德国	荷兰	奥地利	希腊	卢森堡
援助额	31.66	26.30	14.37	13.17	10.79	6.54	6.28	5.47
占援助总额比例（%）	24.4	20.2	11.0	10.1	8.3	5.0	4.8	4.2

资料来源：［法］阿尔弗雷德·格罗塞．战后欧美关系［M］．刘其中，唐雪葆，付荫，等译．上海：上海译文出版社，1986：110.

“马歇尔计划”的实施，推动了西欧各国生产的发展，增进了国际贸易的往来。在利用美国援助实现经济复兴的同时，西欧国家也普遍接受了“凯恩斯主义”思想，开始广泛推行国家干预政策，使战后经济表现出一些新的特点，如出现了大量的国有经济和混合所有制经济，建立起逐步完善的社会保障制度等。

1. 实行国有化政策

战后初期，西欧国家在逐步恢复经济的同时，广泛推行了国有化政策，传统的自由主义经济被逐渐抛弃。实行国有化的领域，主要包括煤炭、电力、燃气、供水等资源产业，汽车制造、钢铁工业等重工业领域，交通运输业以及金融通信行业。以英国为典型，从 1946 年开始，英国政府通过一系列法案推行国有化，主要有煤炭国有化法、民用航空法、英格兰银行法、电力法等，国有化法案所涉及的部门大多在法案通过的第二年实现了国有化。国有化主要是政府依据相关法案，利用有价证券向原私有企业支付补偿金来完成，由于补偿金额一般都高于企业资产原值，因此国有化进程较为顺利。至 1961 年，英国国有企业固定资产占全国固定资产总额的 19.6%，其产值占国内生产总额的 9.8%，国有企业就业人数占社会总就业人数的 8.8%。[①] 英国规模最大的四家企业都是国有企业，在能源、电信、交通运输等领域占据主导地位。

国有化企业的性质是依法成立的公共法人，对议会负责，议会将管理权利和义务授予相关管理机构执行，政府部门不直接管理企业的具体事务，只在战略层面上发挥作用。企业的经营方式没有发生根本变化，原有企业的经营管理人员继续被聘用，执行企业管理职能。工人也没有因企业国有化而成为企业的主人，其被雇佣的地位也没有发生变化，他们仍然有通过罢工等方式与管理者进行谈判的权利。因此，国有化政策也没有威胁到资本主义私有产权制度，相反，还给资本所有者带来了收益，私人企业也仍然在社会经济过程中发挥主要作用。实行国有化的企业一般都是经营状况不良、有严重亏损的企业，这些企业在国有化后，依靠国家投资进行技术改造，通过统一经营和管理，大部分能扭亏为盈。同时，国有化企业大多是基础产业，它们通过向私人企业提供廉价的能源、动力、原材料、交通运输和通信服务等，有效促进了私人企业的发展。当然，国有化企业的经营也存在一些弊端，如管理官僚化、低效率、企业缺乏灵活性以及加重政府财

① Cairncross A. The British Economy since 1945 [M]. London: Blackwell Publishing LtcL, 1991, 405.

政负担等，这也导致了学界关于国有化问题的争论。虽有争议，但“二战”后的国有化进程确实促进了国家垄断资本主义的发展，增强了国家的经济实力，国有企业成为政府干预经济的重要工具，在促进经济增长、提高就业率、稳定物价、抑制通货膨胀等方面发挥了重要作用。

2. 经济的计划调节

“二战”后，西欧国家对经济的调控大大增强了，除了实行国有化政策以外，还对经济进行计划调节。它突破了传统经济学理论和社会广泛存在的狭隘观念，即认为资本主义经济实行的是市场经济，而社会主义经济实行的是计划经济，资本主义国家不可能对社会经济进行计划管理。战后西欧国家普遍进行经济的计划调节，由政府组织制定国家经济发展规划和战略，以引导社会经济发展方向。经济“计划化”管理反映了资本统治集团对社会经济发展规律认识的增强，对国家管理职能认识的提升，认识到单纯依靠市场调节是难以实现社会经济的平稳运行与可持续发展的，辅以国家的计划调节，可以在一定程度上减弱市场调节的自发性、盲目性、滞后性造成的负面影响，有利于促进社会经济的均衡、稳定、持续发展。列宁曾指出：“关于资本主义问题的提法，估计不到托拉斯的作用，却说‘资本主义的特点是无计划性’，那是不能令人满意的”，“现在资本主义正直接向它更高的，有计划的形式转变”①。

在经济的计划调节方面，法国的实施效果尤为显著。1946 年法国政府开始对经济发展实施计划性管理，设立了计划总署，让·莫内任署长，制定并实施了第一个国民经济计划（1947~1950 年，后延至 1953 年），计划管理的重心是支持煤炭、钢铁、水泥以及交通基础设施等工业领域，其间约 50%的投资都来源于国家的计划支出。法国政府对经济的计划调节，对战后经济的恢复与重建发挥了强有力的指导作用，有效促进了法国的经济发展。之后法国政府又继续制定并推行了第二个、第三个……国民经济计划，从计划完成的效果来看，第一个、第二个国民经济计划完成得较好，截至 1957 年年底，能源、钢铁、水泥等行业的增长都达到了预期的目标，第三个至第五个国民经济计划，虽然基本实现了发展目标，但随着对外贸易的发展，国际收支平衡的目标越来越难以实现，并且受到 1973~1974 年石油危机的影响，从第六个国民经济计划开始，目标与实际经济情

---

① 列宁．列宁全集：第 29 卷［M］．北京：人民出版社，1986：435-436.

势，通过商品贸易、资本输出、技术援助等各种方式，在与发展中国家的经济交往中攫取了大量财富，为完善本国社会保障制度奠定了物质基础，有利于维护国内经济的稳定发展与繁荣。

20 世纪六七十年代，西欧国家的社会保障体系迅速扩大，保险项目大量增加、保障范围不断扩展、福利水平大幅度提高，随之而来的是社会保障开支规模扩大，占国民生产总值的比重不断提升。同时，由于西欧经济逐渐陷入停滞状态、失业率快速增加以及人口老龄化趋势明显，因此西欧各国的财政负担不断加重，财政赤字逐年增加。对此，各国政府又不得不进行保障制度的改革，一方面通过征税增加财政收入，另一方面适度降低福利水平，削减福利开支，但这些措施又会引起社会的普遍不满，从而导致政府的频繁更迭，使西欧各国政府短时期内难以摆脱这种进退维谷的境地。

（三）日本的政策支持与经济复兴

“二战”后，日本经济濒于崩溃，但在美国政府的扶持下，其很快摆脱了经济困境。美国占领军当局在日本推行了一系列改革措施，对日本的经济恢复发挥了重要作用。首先，为清除日本落后的封建地主土地所有制，进行了农村土地制度改革，剥夺了地主对土地的占有权利，使大多数农民获得了土地；其次，通过民主改革，解散财阀，使企业摆脱了封建家族的控制，促进了市场竞争的发展。在美国的支持下，日本政府设立经济安定本部，作为国家管理经济的核心机关，它具有对生产、流通、分配等经济各领域进行统一管理，并制定重要经济政策的权力。为尽快恢复经济，日本政府实行了“倾斜生产方式”政策，重点支持煤炭产业的恢复和发展，并以此带动整个社会经济的良性运转。政府通过“价格补助”的方式向煤炭企业提供优惠，通过建立“复兴金融公库”，向煤炭、电力、钢铁、海运等支柱产业部门提供贷款，其中对煤炭业的支持力度最大，提供的贷款约占总贷款额的 1/3。“倾斜生产方式”政策的效果显著，经过 4~5 年的时间，日本煤炭、钢铁产业的生产就恢复到了战前水平，并带动了其他相关产业的恢复与发展。

1950 年，日本政府在经济基本恢复的基础上，调整经济措施，实行“产业合理化”政策，促使政府统制经济逐步过渡到市场经济。首先，日本政府颁布了《企业合理化促进法》、“钢铁与煤炭业合理化施策要领”等法律政策，旨在提升企业的管理效率以及投入产出水平，并将“产业合理化”政策适时调整为“集中生产方式”，在主要经济领域，对生产效率相对较优的企业集中提供资金支持。其次，政府全额出资组建各类金融机构，专门以低息贷款促进民间产业发展。此外，日本政府还利用各种税收减免政策，对企业提供扶持。通过这一系列措施，日本经济迅速恢复并获得增长。但同时也因日本政府大规模增发货币，物价普遍持续上涨。

20世纪40年代末，随着“冷战”的开始，美国对外战略发生转变，美国要把日本作为其在远东的根据地，于是向日本提供了大量经济援助，取消了日本的战败赔款，并保留了多数大企业未予以解散。1949年，美国占领军当局实施“道奇路线”政策，约瑟夫·道奇时任占领军财政顾问，他认为日本经济不能依靠政府的作用来维持，于是逐步停止了“复兴金融公库”对企业的贷款，取消了国家的补贴政策。通过转变政策，日本当年实现了财政预算的盈余，由于货币流通量大幅减少，因此通货膨胀状况有所缓解。但在紧缩的财政政策和货币政策下，企业出现投资不足、效率下降、利润减少、规模萎缩、停产甚至破产等情况，社会经济运行效率低下，失业率上升，经济趋于衰退。

1950年朝鲜战争爆发，美军参战，日本成为美军大量军需品和劳务的供给方，这使日本经济摆脱了下滑的趋势，逐渐恢复。1951年9月，日本在美国的单独操纵下恢复了主权，美国召集48个国家代表在旧金山签署条约，结束对日本的军事占领，签订了《日本国和美利坚合众国之间的安全保障条约》，确立了日美间的军事同盟关系。日本政府通过与美国的合作，增强了本国经济实力，并逐步在美国的帮助下重返国际社会，先后加入了IMF（国际货币基金组织）、世界银行、GATT（关贸总协定）。

“二战”后，日本很快摆脱战败国的窘迫境况，迅速恢复经济并实现快速发展，除了美国对日本经济发挥的外部作用外，主要还源于日本政府的政策支持，它是日本经济发展的内在动力。国家通过实施财政、货币、产业等方面的政策，有效解决了企业资本量不足的问题，推动了产业的合理化发展。

综上所述，“二战”后国家垄断资本主义高度发展，资产阶级国家职能出现了重大变化，国家已演变为一个超级垄断组织，对社会经济发展发挥着引导性作用。资本主义国家虽然没有改变其作为阶级统治工具的政治职能，但其经济职能呈现出不断扩大和加强的趋势，在社会经济运行中，国家的作用已渗透到社会生活的各个领域。

三、以美国为主导的国际经济体系的建立与解体

第二次世界大战后，主要资本主义国家都迫切想要重建国际经济秩序，美国凭借其强大的经济实力，占据了国际经济体系的主导地位。美国依靠为参战国提供大量商品和劳务的方式，工业生产迅猛增长，截至 1948 年，美国的工业生产占资本主义世界工业生产总量的一半还多，出口贸易占资本主义世界出口总额的 1/3，比西欧国家的总和还多。美国的黄金储备，约占资本主义世界黄金储备总量的一半，并成为全球最大的债权国。① 战后，美国在世界经济中占据明显优势，这促使其决定建立一个以美元为中心的国际货币体系，以有利于美国的商品出口和资本输出。1944 年 7 月，在美国的主导下，44 个国家的代表应邀参加联合国与联盟国家国际货币金融会议，会址设于美国布雷顿森林华盛顿山大旅社，会议讨论制定了“布雷顿森林协定”，确立了美元与黄金直接挂钩（当时规定 1 盎司黄金 = 35 美元）、其他国家的货币与美元挂钩的所谓“双挂钩”原则，各国货币通过黄金平价保持与美元的固定汇率。美国主导制定这一协定的目的是建立起以美元为中心的国际货币体系。会议决定成立国际货币基金组织和国际复兴开发银行（世界银行），前者具有监督汇率、提供信贷、协调国际货币关系的职能，是协调货币金融问题的国际机构；后者旨在加强国际经济合作和稳定国际金融。会议还制定了国际货币管理的各项制度，如国际汇率制度、国际金融统计制度、国际收支调节制度、国际信贷监督制度、国际储备制度、国际清算制度等。

布雷顿森林体系建立的意义在于，它改变了战前国际货币关系中没有一个统一的国际组织进行管理和监督的无序状态，新成立的国际货币基金组织、世界银行等国际金融机构，具有永久性质，国际金融机构的管理和监督，可以保证国际统一的金汇兑本位制的实施。从实践来看，以美元为中心的国际货币体系的建立，有利于战后各国间对外贸易的发展，缓解了国际收支困难，保障了国际货币关系的相对稳定，为促进资本的国际化创造了有利的外部条件。

但资本主义国家发展的不平衡性，导致布雷顿森林体系的缺陷逐渐暴露。首先，美元要发挥世界货币的职能，就要以充足的黄金储备为基础，这就要求美国要出口更多商品，在国际收支方面保持出超才能实现，同时其他国家要想获得更

---

① 李琮．当代资本主义世界经济发展史略［M］．北京：社会科学文献出版社，1991：157.

多美元供应，就得向美国出口更多的商品，前后两者的内在是矛盾的。其次，钉住美元的固定汇率（规定有1%的浮动范围）缺乏弹性，制约了汇率对国际收支的调节作用，各国不能通过汇率手段调节国际收支，只能牺牲本国利益来换取外部平衡。最后，金汇兑本位制本身也存在缺陷，由于美元的核心地位，美国可以通过发行美元进行对外支付，从而有利于美国的资本输出，当美元币值相对稳定，各国都对美元充分信任时，金汇兑本位制可以维持，而当美元过多，各国对美元出现信任危机时，各国就必然会大量兑换黄金，美元与黄金的固定比价就会难以维持。

从战后资本主义国家的发展情况来看，随着美国对外政策的转变，欧洲国家以及日本经济增长迅速，美国的国际地位相对下降，逐渐出现了国际收支逆差，黄金储备减少，动摇了国际货币基金制度，乃至最终被瓦解。1960 年 10 月出现了第二次世界大战后第一次美元危机，美元迅速贬值，其作为世界货币的地位持续下降，各国金融市场出现抛售美元抢购黄金的风潮。之后又爆发过多次危机，1971 年 8 月，迫于美元贬值的强大压力，尼克松政府不得不颁布法令，停止美元与黄金的自由兑换，这标志着美元与黄金脱钩。之后，美元继续贬值，1973 年 2 月，西欧金融市场又掀起抛售美元，抢购黄金和马克的风潮。1973 年 3 月，欧洲九国达成协议，都实行对美元的浮动汇率，这标志着固定汇率制被取消，布雷顿森林体系解体。之后，各国政府普遍实行浮动汇率制度，由外汇市场的供求关系自动调节汇率的变动，结果导致国际市场汇率波动频繁、剧烈，国际收支失衡状况日趋严重。1976 年 1 月，国际货币基金组织在牙买加举行会议，就汇率制度、国际收支平衡等问题展开讨论，旨在保持国际货币体系的相对稳定。但会议建立的“牙买加体系”具有明显的分散化趋势，只是一种较为松散的国际货币制度，没有严格的约束力，对稳定国际货币体系的作用极其有限。

第五节　国家调控方式的调整与转变

“二战”后，西方主要资本主义国家通过实行凯恩斯主义政策，确实为资本主义经济的繁荣提供了强大的动力，实现了 20 多年的经济快速增长。但这种发展态势并不可能持久地保持下去，“资本主义国家既需要支持资本积累，又需要减轻积累对福利和就业产生的消极影响，以争取公众对积累的支持。增长一旦陷入停滞，积累和争取支持这两个职能之间的矛盾就开始尖锐化。在先进的资本主义国家内部，这个矛盾就表现为财政危机”[①]。凯恩斯主义政策主要是依靠扩大政府财政支出和信贷规模来刺激经济增长和缓和供求矛盾，但这种政策调节只能暂时缓解生产过剩的情况，抑制了市场经济本身可以通过危机方式平衡供求关系的内在机制。扩张性政策负面影响的不断积累，必将引发新的危机，20 世纪 70 年代，西方主要资本主义国家普遍出现“滞胀”，这促使西方国家抛弃凯恩斯主义，开始重新探索走出危机的新出路。

一、摆脱“滞胀”与新自由主义的兴起

“滞胀”在西方主要资本主义国家的出现，不是暂时性的，而是呈长期态势，并且具有普遍性，1973 年后几乎所有发达资本主义国家都陷入这一困境。与以往经济危机相比，“滞胀”没有出现股市崩塌、经济大幅度衰退的状况，但是社会经济长期停滞，无新增投资，工人大量失业，商品价格普遍上涨。这种现象是与主流经济学理论提出的经济运动规律相悖的，若继续实行扩张性经济政策扩大需求，则会推动物价上涨；若实施紧缩性措施抑制需求，控制物价，又会导致失业和经济停滞。对于如何解决“滞胀”，“凯恩斯主义”失效了。面对新的经济形势，英、美等发达资本主义国家也开始寻找新的途径，以摆脱危机。1979 年，撒切尔夫人出任英国首相，她认为“滞胀”的发生，主要是因为国家对经济活动的干预过多，这剥夺了个人的自由权利，使人们的积极性和主动性丧失，从而导致社会经济陷入困境。对此，撒切尔夫人提出了一系列自由主义政策，旨在促进社会竞争，刺激经济增长。随后，美国为摆脱“滞胀”危机，也实行了一整套自由主义经济政策，以促进经济增长。在英、美两国的影响下，新自由主义经济学逐渐上升为主流，成为西方主要资本主义国家制定经济政策的指导思想。

奥地利经济学家哈耶克是新自由主义经济学的代表学者，他认为社会经济运动过程是由个人选择及其经济行为决定的，政府没必要对社会经济活动进行干

① ［加拿大］罗伯特·W. 考克斯. 生产、权力和世界秩序——社会力量在缔造历史中的作用［M］. 林华，译. 北京：世界知识出版社，2004：202.

预，其早期著作有《货币理论与商业循环》（1929 年）和《物价与生产》（1931 年）。1929~1933 年的资本主义世界经济危机爆发后，凯恩斯提出的宏观经济理论备受推崇，而哈耶克的思想则遭到冷遇。但是，他继续坚持自己的研究，并在《通往奴役之路》（1944 年）一书中深刻表达了其崇尚自由主义的思想。他将自由主义视为西方社会文明的基础，认为市场竞争本身就是协调人们经济行为的工具，完全没有必要通过政府来干预经济，自由市场资本主义是最有效率的经济形态。新自由主义经济学与古典自由主义经济学相比较，虽然两者都主张依靠市场的自由竞争来调节经济，反对国家对经济的干预，但是古典自由主义经济学并没有完全否定国家的经济职能，而新自由主义经济学则完全反对政府对经济的干预，反对政府的反垄断措施、收入再分配政策、财政货币政策等，从而将自由主义思想推向了极端。

20 世纪 50 年代后，新自由主义经济学的主要代表是货币主义和供给学派。货币主义的代表学者是美国芝加哥大学教授米尔顿·弗里德曼，其在《货币数量论——一个重新表述》（1956 年）一书中提出了“单一货币规则”，表达了通过控制货币发行来解决失业和通胀问题的主张。他认为，社会经济波动和物价变动的根本原因在于货币供应量的变动，最优的政策选择就是长期保持货币发行的年增长率与社会经济的年增长率基本相同，从而不仅能够满足民众购买新增商品所需要的货币量，还能够保证物价的相对稳定。他反对政府过多干预经济，认为政府的经济政策往往具有滞后性，当经济政策产生效果时，社会的经济形势已经发生了变化，从而使经济政策不仅达不到预期效果，还可能会造成负面影响。20 世纪 70 年代，美国出现的供给学派也是新自由主义经济学的重要代表，其主要学者有阿瑟·拉弗、保罗·罗伯茨、罗伯特·蒙德尔，他们认为社会经济停滞不前的原因是生产效率低下、供给不足，生产是社会经济活动的重要环节，生产规模的扩大必然会引致生产要素的投入，生产过程本身就会创造对产品的需求，因此供给量决定需求量。对于政府来讲，要促进供给，就应该实行减税政策，通过降低税率，刺激企业投资，并提高劳动者的工作积极性，从而实现经济增长。但税率也不能降得过低，否则会影响政府的财政收入，所以政府应在节约财政开支、保持财政平衡的情况下降低税率，从而达到抑制通货膨胀、刺激经济增长的效果。

随着社会经济形势的变化，新自由主义经济学逐渐被西方国家认可，并上升为指导思想，主要资本主义国家都普遍实行了新自由主义政策，从实践来看，它确实使西方国家摆脱了“滞胀”，走出了经济停滞和通货膨胀的“怪圈”，推动了资本主义经济的发展。

二、国家职能转向新自由主义政策

西方国家的“滞胀”危机延续了十年之久，凯恩斯主义政策因失效而逐渐被抛弃，新自由主义思想成为主流。在新自由主义思想的引导下，1979 年英国首相撒切尔夫人推行了一系列自由化、私有化的改革政策，其内容主要包括：实行紧缩性经济政策，在财政方面减少政府开支，降低社会保障支出，通过减税刺激投资，在货币政策方面通过提高利率紧缩货币和信贷规模；实行私有化政策，为扭转国有企业亏损状况，陆续出售英国石油、港口、宇航、电讯、煤气、钢铁、煤矿、供电、供水等国有企业的全部或大部分股份，减轻政府的财政负担，同时通过打破垄断，加强市场竞争，促进英国的经济增长；推行金融自由化政策，取消外汇管制，放松对银行的监管，实行商业银行、投资银行之间混业经营，并引入国外金融机构参与竞争，通过并购形成了一批超级金融组织。撒切尔政府的改革，使英国经济呈现增长的趋势，增长速度比其他发达国家都要快，并且通货膨胀率从撒切尔当政前的 27%下降到 1988 年的 4%，政府财政也由赤字转为盈余。

1980 年里根当选美国总统后，也同撒切尔夫人一样实行了一整套自由主义政策，即“经济复兴计划”，具体内容包括：颁布减税法令和投资纳税优惠政策，降低企业税率和个人所得税率，刺激投资，增强经济活力；放松企业管制，撤销或放宽对企业生产经营的管理规章，提高企业自主性和创新力，同时也实行国有企业私有化的政策，将石油、电力、铁路等国有资产转让给私人经营；实行紧缩性货币政策，控制货币发行，控制通货膨胀。通过一系列政策的实施，美国的通货膨胀率从 13. 5%（1980 年）下降到 1. 1%（1986 年），美国经济也很快走出“滞胀”逐渐复苏。但由于里根政府在减税的同时，大规模增加军费开支扩军备战，致使财政赤字不断增加，政府被迫改减税为增税，以弥补财政收入的不足。同时，由于实行紧缩性货币政策，国内货币市场供不应求、利率上涨，吸引了大量国际资本进入，导致美元汇率上升、进口增加、出口减少。受政府财政赤字和贸易逆差扩大的双重影响，美国经济在短暂复苏后又明显放缓，美国联邦储备系统（简称美联储）被迫改变紧缩性货币政策，放松银根，结果导致货币供应量增长，通货膨胀率又上升到了4.4%（1988年）。

由英、美两国的政策实践可以认识到，国家职能转向新自由主义政策，并非意味着政府不干预经济，而是国家根据经济形势有意识地收缩或调整政府对市场作用的边界，如英国在实行私有化改革之后，对竞争较为充分的经济领域主要依靠市场调节，政府几乎不进行干预，而对竞争受阻、垄断性较强的领域，政府则依据反垄断法规，对企业进行严格的监管。同时，经济政策的实施过程和效果会受到现实经济因素的制约，而难以达到预期的目的，如美国实行减税政策以刺激投资，但由于大规模增加军费开支，导致财政入不敷出，又转向增税，而紧缩型货币政策导致利率上涨，不仅没有激活企业投资，反而使其受到限制。因此，从表面上看，英、美两国虽然都实行的是新自由主义政策，都反对国家干预，但实质上，国家对经济的管理职能不仅没有削弱，反而增强了，国家是根据社会经济发展中的不同状况，有目的、有意识地采取措施对经济活动进行调节，政策调整只表现为国家干预社会经济发展程度、范围、方法、层面上的转变，国家干预已成为当代社会经济发展的必然要求。新自由主义理论所追求的纯粹的自由放任的市场体制，是不符合现实的。

三、发达国家是垄断资本国际化的主导力量

20世纪80年代后，西方主要发达国家陆续实施了新自由主义政策，促使社会经济逐渐走出了“滞胀”，出现了复苏乃至较长时间的增长。以美国为首的发达国家，为了满足垄断资本全球扩张的需要，将新自由主义经济学的理论作为一种普世性的价值观向全世界特别是向发展中国家推行，即意识形态的国际化。典型事例就是20世纪八九十年代拉美国家出现债务危机后，以美国为首的发达国家有意炮制的“华盛顿共识”。当时，为向拉美国家经济改革提供方案，美国国际经济研究所召集国际货币基金组织、世界银行、美洲开发银行等国际经济机构代表，邀请美国财政部、经济学界、企业界代表与拉美国家代表，在华盛顿举行了关于拉美国家经济改革方案与对策的研讨会。会议最终在一系列问题上达成了一致认识，即“华盛顿共识”，其内容主要包括紧缩财政开支、改革税制、降低边际税率、放松政府管制、保护私人产权、实行国有企业私有化、对外开放商品和资本市场、实行利率市场化等，这一系列政策指导，就是促使拉美国家向经济

私有化、自由化方向发展。之后，美国又将这一共识向全世界推广，捷克、爱沙尼亚、苏联等国家都普遍采取了相应的经济转轨政策，放松政府管制，实行私有化改革，认为自由市场体制能够实现资源配置的最优效率，从而促进经济增长。但实际上，从各国的改革实践与结果来看，它不仅没有带来经济的发展，反而造成了经济的混乱；经济效率不仅没有提高，反而出现了下降；国民收入没有增加，反而减少了。

发达国家将新自由主义思想向全世界推行，为国际垄断资本的全球化发展提供了理论依据。在发达国家的对外活动中，国际垄断资本集团在世界市场上获得了巨额利益。首先，在国际贸易方面，发达国家倡导新自由主义，要求发展中国家实行自由贸易，但在实际的外贸活动中，它们却经常使用各种手段限制发展中国家商品的输入，而鼓励本国输出具有技术优势的产品。发达国家可以通过设置贸易壁垒的方式，利用各种技术、环保、卫生等标准，限制发展中国家商品的输入；通过反倾销，对发展中国家的商品输出制造障碍，反倾销调查一旦展开，就会使相关企业被迫中断经营活动，进入复杂而冗长的调查过程；通过巨额补贴，加强对本国农产品及一些具有战略性意义的产品进行扶持，从而在国际竞争中占有优势。其次，在对外直接投资方面，新一代跨国公司在国际市场上占据主导地位，这些跨国公司规模巨大、资产雄厚、技术先进，在能源、冶金、化工、汽车制造等重工业部门和以信息技术为基础的高新技术产业中占据垄断地位。它们作为国际垄断组织，以利润最大化为目标，在全球范围内布局企业的生产经营活动，在世界经济和国际经济关系中发挥着重要作用。最后，在金融资本国际化方面，发达国家在新自由主义思想的指导下，不断放松对金融领域的管制，"金融资本的政策意味着最大限度地扩张，以及对新的投资领域和销售市场的不断追逐"①。随着金融市场全球化发展，金融资产规模迅速扩张，银行等各种金融机构的规模空前扩大，金融衍生产品层出不穷，金融垄断组织形式更加多样化。在这一过程中，金融垄断资本集团获得了巨额收益，但整个市场也因此而蕴藏着巨大风险，金融体系的安全性面临着严重威胁。

① ［德］鲁道夫·希法亭．金融资本：资本主义最新发展的研究［M］．福民，等译．北京：商务印书馆，1997：397.

第六节 金融危机与保护主义的兴起

20世纪80年代后，在新自由主义政策的导向下，英国、美国等发达国家通过私有化改革，逐步走出了“滞胀”困境，并实现了持续多年的经济增长。但经济自由化的发展，特别是对银行业管制的放松，为金融资本的全球扩张提供了条件，资产泡沫逐渐形成并无限膨胀，最终导致全球性金融危机的猛烈爆发。面对危机，各国政府又不得不采取应对措施，用“看得见的手”来干预经济。“当前的经济危机充分证明，贯穿整个资本主义发展史的事实是，国家在保持资本主义正常运转方面发挥了关键作用。”①

一、金融自由化与全球性金融危机的爆发

20世纪80年代里根出任美国总统，其及其之后的美国历届当政者，都以新自由主义为指导思想，这一思想背后有强大的金融资本力量的支持，资本集团与政界形成利益共同体，共同推动金融业向自由化、全球化方向发展。在1929~1933年资本主义世界经济危机时期，美国政府为保证银行业的稳健运行，实行商业银行与投资银行分业经营的措施，并通过了《格拉斯—斯蒂格尔法案》对这一措施予以确定。而当政策转向新自由主义后，美国政府于1999年取消了这一法令，并颁布了《金融服务现代化法案》，允许商业银行、投资银行、保险公司等金融机构混业经营，相互之间可以进行业务往来。商业银行为降低风险，可将吸收的贷款转化成各种各样的金融产品发售给其他金融机构，金融机构之间又可以层层转售，从而使债务链拉长、风险不断扩大，最终使银行失去了对金融风险的控制与评估能力，结果就可能导致金融危机。

美国“次贷危机”的爆发，使金融危机的爆发真正成为现实。21世纪初，在金融自由化背景下，美国政府为刺激经济增长，推行扩张性货币政策，大幅度降低利率，这一政策导致银行的贷款业务不断扩大，金融机构为谋取更多收益，

① ［英］杰克·法莫尔．国家和资本是对立的吗？［J］．张志超，译．国外理论动态，2013（3）：31-34.

开始发行“次级抵押贷款”，向收入不高、信用度较差的购房者发放贷款，甚至实行零首付政策。为规避风险，发放这类贷款的金融机构又将这些债权转化成各种证券向其他金融机构转售，从而将金融泡沫进一步扩大。2004 年美国政府为防止新一轮的经济衰退，开始转向实行紧缩性货币政策，提高利率，这一政策导致贷款者的偿债负担加重，违约率上升，抵押的房屋被银行大量收回，而不断下跌的房价又导致房产贬值，以至于抵偿不了贷款金额，最终由于次级抵押贷款规模过大，而爆发了严重的次贷危机。金融债务链的延伸，导致牵涉次级抵押贷款业务的金融机构过多、金融资产数额巨大，于 2008 年 9 月爆发了全球性金融危机。危机以雷曼兄弟公司申请破产保护为标志，大量金融巨头破产、倒闭，美国股市暴跌，随即引发了国际性的连锁反应，欧洲各国及日本的银行也大规模出现危机，股指迅速下跌，从而引发了全球性金融危机。危机向实体经济渗透，在全世界蔓延，给全球经济造成了严重的负面影响，导致了世界经济的衰退。

二、金融危机引发经济学界的争论

2008 年全球性金融危机的爆发使新自由主义经济学遭到了严重打击，面对危机，西方主要发达国家普遍实行了以新凯恩斯主义为指导的经济政策，主张国家干预的新凯恩斯主义经济学的地位不断上升，而代表金融垄断资本集团利益的新自由主义学派仍极力维护其理论的正确性，从而引发了经济学理论界关于国家干预与经济自由之间的争论。

首先，在危机爆发前，双方对于危机发生的可能性做出的判断不同。国家干预主义经济学家以哥伦比亚大学斯蒂格利茨教授为代表，在危机前，他就根据美国房地产和证券市场过度自由化的发展状况，预见到了美国发生金融危机的可能性，并提出警示；而新自由主义经济学家则盲目信奉市场的自由调节作用，反对国家干预，否认经济危机爆发的可能性，仍然支持经济的自由化发展。事实最终印证了国家干预主义经济学者的预见。其次，危机爆发后，双方对危机严重性的认识不同。很多国家干预主义经济学家都认识到了危机的严重性，认为 2008 年的全球性金融危机与 1929~1933 年的资本主义世界经济危机类似，很可能造成严重的经济衰退；而新自由主义经济学家则认为，2008 年的全球性金融危机与 1929~1933 年的资本主义世界经济危机发生的历史背景不同，不具有可比性，认为危机会随市场调节而很快结束。从危机的实际情况来看，前者对危机严重性的判断更符合事实。再次，两者对危机产生的原因认识不同。国家干预主义经济学家认为，政府长期推行新自由主义政策，对金融部门放松监管，是导致金融危机的主要原因，他们批评政府不仅没有履行好监管职能，反而为过度的金融创新而欢欣鼓舞。① 美国经济学家大卫·科茨认为，国家实行的新自由主义政策为金融资产泡沫的形成与危机的爆发创造了条件。最后，双方为应对危机而提出的经济政策不同。国家干预主义经济学家认为政府应采取紧急措施对金融体系进行救助，并加强对金融系统的监管。新自由主义经济学家仍然倡导自由市场理论，反对国家干预，认为政府监管会制约市场活力，抑制经济增长。此外，两者还对银行国有化、财税政策、危机后的经济趋势等问题进行了争论。

从实践来看，国家干预主义经济学家主张加强金融监管、对金融体系进行救助的主张得到了实施。2009 年年底，作为国际银行监管组织的巴塞尔银行监管委员会出台了《巴塞尔协议Ⅲ》草案，提高了银行业资本金最低标准，目的是强化银行业抗风险能力，但迫于国际金融资本集团的压力，监管指标被适度放松，协议最终于 2010 年 9 月才达成。2010 年 6 月，美国政府出台了《多德—弗兰克华尔街改革和消费者保护法》，制定了限制银行自营交易和分离银行金融衍生品业务的规定，加强对金融业的监管。在财政政策方面，美国政府先后出台了“保尔森计划”（2008 年）和“盖特纳计划”（2009 年），拟定政府通过 7000 亿美元财政支出，并吸纳一部分私人资本，用于收购金融机构不良资产，以恢复信贷活动，扭转经济状况。新自由主义学者认为，国家干预违背了市场自由主义原则，侵蚀了资本主义体系的基础。但在货币政策方面，时任美联储主席的伯南克，受新自由主义经济学派货币主义思想启发，实行了量化宽松的扩张性货币政策，由政府购买大量不良资产，并为金融系统提供流动资金。在对金融体系的救助中，80%以上的资金投入 14 家较大的金融机构，美联储成为金融垄断资本集团的代理人。② 在这一点上，充分体现了新自由主义经济学与垄断资本集团利益的一致性。

综上所述，国家干预主义经济学与新自由主义经济学之间的争论，主要是针对政府干预和市场竞争这两种经济调节机制。但无论两者有多么深的分歧，其阶

① Krugman P. The B word [N]. The New York Times, 2008-03-17.

② 齐昊，李钟瑾．以新自由主义挽救新自由主义——美国危机治理政策批判［J］．马克思主义与现实，2012（4）：90.

级属性都是一致的，其理论都是以资本主义私有制为前提，都是为资本主义国家的经济发展服务的，对于金融危机所提出的政策主张，目的也都是挽救资本主义、维护资本主义国家的稳定发展。

三、危机后西方国家普遍推行的体制改革

2008 年全球性金融危机的爆发，是西方国家广泛实行新自由主义经济政策的必然结果，暴露出了资本主义国家内在的制度性矛盾。危机时期，各国都普遍实施了国家干预的政策，在一定程度上起到了稳定经济形势、刺激经济复苏的作用。危机之后，各国政府都开始对危机的起因、经验、教训进行深入的分析和总结，并着手推行新一轮的体制改革。其中，以美国总统奥巴马推行的“新政”最为典型。

体制改革一般都要有基本的指导思想和理论支撑，而危机之后，西方主流经济学陷入了“瓶颈”状态，经济理论对经济现实的解释力、对经济政策的指导作用滞后于实践的发展。金融危机后，新自由主义经济学受到广泛的批评和质疑，但它在西方的主流地位并未终结；凯恩斯主义经济学又重新被重视起来，但传统的凯恩斯主义政策不可能消除资本主义制度痼疾，反而还产生了新的弊病，因此也必须进行理论上的创新与发展；有学者建议将自由主义与国家干预主义思想相结合，但两者的理论观点和政策主张都难以兼容并包，虽然“新古典综合派”在形式上将微观经济学与宏观经济学结合在一起，但两部分理论体系相互独立，之间缺乏内在的一致性，从而难以成为一个有机的理论整体。危机后，美国总统奥巴马面临的迫切任务就是进行体制改革，他虽然没有明确提出改革的指导思想，但其在演讲中指出，他遵循的是一种进步主义的理论。进步主义只是一种理念，是美国本土的一种政治思想，还没有形成系统的理论体系，它关注于社会体制的改善，认为政府应该通过制定和实施经济政策，提高国民的幸福感，赞同政府对经济进行干预，主张建立全民医保制度。这些观点，在奥巴马所推行的一系列改革中都有所体现。

首先，奥巴马政府（2009 年）提出了金融监管改革议案，旨在有效防范金融风险，建立较为稳定的金融监管制度。议案主要内容包括：提高对金融机构资本量与流动性的要求，针对大公司制定更严格的标准，要求大公司接受美联储的统一管理；要严格审核抵押贷款证券的发行机构，加强监管期货、证券业务，强

化对金融衍生工具的监督；建立有效保护消费者和投资者利益的机制等。议案经参众两院激烈辩论，做出一定修改后于 2009 年 7 月通过。在改革执行过程中，新的监管制度因触犯了金融垄断资本集团的利益，引起了金融集团的强烈抵制。虽然改革遇到了强大阻力，但却获得了社会各界的广泛支持，从而得以推行。加强政府对金融领域的监管，成为各国乃至世界经济稳定运行的必然要求。

其次，奥巴马政府推行了医疗保险体制改革。美国是发达国家中唯一一个没有实现全民医保的国家，2008 年美国 3 亿人口中没有医疗保障的大约有 3600 万人，还有数以百万计的人医保不足。而美国在医保方面的财政开支远远高于其他发达国家，这项开支在 2007 年达 2.2 万亿美元，人均约为 7290 美元，是经合组织平均数 2984 美元的两倍多。[①] 这说明美国医疗保障制度的公平性较差。医疗保险体制改革，涉及保险公司、企业、医院、制药公司、医生、护理人员、老年人、低收入者，以及其他各阶层群体，其间利益相互冲突，难以对医保改革达成一致意见。医保改革议案提出后，几经调整、修改，最终于 2010 年 3 月通过。改革后的医保制度可以使全美医保覆盖比例从 85%达到 96%，接近全民医保。其中，对 65 岁及以上老年人的医疗保健和对低收入者的医疗补助的支出较大，这两项支出由政府承担，其他人的医保大多由企业提供。改革后的医保制度规定，所有本国公民必须购买医疗保险；公共保险机构应与私人保险公司展开竞争；私人保险公司不得依据投保人先前的健康状况拒绝提供保险，或提高保费等。一些私人保险公司极力反对医疗体制改革，竭力反对建立新的公共保险计划。改革过程虽然很艰难，但这仍然是美国政府在医改难题上的重大突破。

此外，美国政府还对财政、能源、教育等领域的体制进行了改革。财政政策方面，为应对金融危机，美国政府实施了金融救援和经济复兴计划，政府支出增加数万亿美元，财政收入却因危机爆发而大幅度减少。为缓解财政困难，美国政府不得不采取增收节支的措施。政策调整的主要内容包括：降低小企业和中低收入阶层的税收负担；增加对低收入家庭育儿及赡养老人的税收优惠；对中产阶级家庭予以扶助，降低首套房税率；缩减大学毕业生助学贷款还款额；建立新的退休金储蓄体系；尽快收回银行援助金融机构的本金和利息；缩减军费开支等。能源政策方面，政府颁布了“综合能源与气候议案”、《美国清洁能源与安全法案》

① 美国人均医保与出保者，人均预期寿命接连垫底［DB/OL］. 第一财经网，2009-12-09，https：//www.yicai.com/news/966.html.

等，内容主要包括：增加新能源研发投入；制定美国近海石油、天然气的开发计划；制定严格的汽车尾气排放标准；对外争夺石油资源，展开能源竞争，保证美国石油供应等。这些措施，目的是改变美国的能源需求结构，推进新能源开发，促进传统经济向低碳经济转型。欧盟成员国及日本，也都关注到了新能源开发问题，低碳经济成为未来各国发展的方向。教育政策方面，美国政府于2009年推行了“力争上游”教育改革措施，重点奖励教育质量有提高的学校，并增加对社区大学的投入；将教师收入与学生成绩相联系，实行教师工资浮动制；对大学生实行助学贷款政策，提高助学金额度并给予贷款优惠；对大学生家庭实行税收优惠政策等。这些一定程度上减轻了大学生家庭负担，推行提升教学质量的措施，目的是提高大学生的素质技能，促进就业。

奥巴马政府实行的“新政”，虽然没有明确的理论基础，但其整体上是倾向于中低收入阶层的。这些措施，因触及垄断资本集团的利益，遭遇到了强大的阻力，很多方案难以有效实施。另外，改革只针对经济发展中表面的一些经济问题提出了相应的对策，并不可能改变社会生产关系和分配状况。它仅仅是在资本主义制度框架内进行的局部调整，这种改革只具有改良性质，不可能消除资本主义的基本矛盾。

四、美国保护主义的兴起

2008年全球性的金融危机导致世界经济陷入衰退，它是美国乃至整个全球资本主义体系内部矛盾与结构失衡的体现。奥巴马“新政”并没有使美国经济完全走出低谷，同时受危机的持续影响，社会经济长期陷入低迷状态，投资率低、企业开工不足、消费下降、失业率居高不下，这些现实的经济问题都困扰着美国政府，依靠货币政策刺激经济的方法已收效甚微。另外，危机也暴露出美国社会的两极分化，阶级矛盾不断激化，并通过大规模爆发的群众运动表现出来。

美国先后发生了茶党运动和“占领华尔街”运动，反对美国政府对金融集团进行的大规模救助，表面上看两者似乎都属于群众自发组织起来的民主运动，但实际上两者所持的政治主张及其背后的推动力量是不同的。“占领华尔街”运动的参与者认为，美国政府用纳税人的钱救助金融资本，而中产阶级是纳税的主体，这种做法明显倾向于资本集团，是典型的新自由主义政策；而茶党运动恰恰是受美国资本集团支持的，其主张源于种族主义、民粹主义和新自由主义思想，认为奥巴马政府的“救市计划”和完善社会福利的政策都会侵害资本主义自由市场体制，目的是反对政府干预，而非反对对金融资本的限制。正是由于茶党运动的主张符合资本集团的利益，所以其受到了资本力量的极大支持，后来上任的美国总统特朗普也是其主要资助者。最终，“占领华尔街”运动被美国法院宣布为非法，被政府残酷镇压；而茶党运动却由于获得美国大财团的鼎力支持，而显示出越来越大的影响力，并作为重要的政治力量被共和党所接纳，很多茶党运动的成员也变成了议会议员。

2016 年，身为商界巨头的特朗普，依靠茶党运动的推动，并利用全面减税等主张（其实际目的是为资本集团减税），迷惑民众并获得民众支持，当选为美国总统。借用马克思在《路易·波拿巴的雾月十八日》中所言：“阶级斗争造成了一种怎样的局势和条件，使得一个平庸而可笑的人物有可能扮演了英雄的角色。”① 正是美国所处的经济困境和社会矛盾的尖锐化，以及美国民主政治的欺骗性，为特朗普上台提供了适当的现实条件。

特朗普出任美国总统后，组建了超级富豪内阁，其内阁成员包括六位亿万富翁，内阁总资产超过了美国人总财富的 1/3。特朗普政府的首要任务就是维护自身所在的资本集团的利益，最先做出的就是废除奥巴马医改计划，因这一计划严重损害了垄断资本集团的利益，此举再次印证了美国政治制度的虚伪性。在以资本为主导的社会中，资本决定一切，它决定了其所有者享有的社会地位、政治权利、经济利益及人权水平。在税收方面，特朗普承诺全面减税，包括个人所得税和企业所得税，还提议废除遗产税，在“全面减税”的幌子下，获得利益最多的仍是垄断资本集团。在对外政策方面，特朗普宣扬“美国第一”的主张，强力推行保护主义政策，包括就《北美自由贸易协定》重新进行谈判；反对《跨太平洋伙伴关系协定》（TPP），签署行政令，退出 TPP；加强贸易执法，对“不公平倾销和补贴”的国家征收惩罚性关税等。特朗普政府的对外贸易政策，名义上是将美国人民和美国安全的利益放在首位，实则奉行的是美国垄断资本集团利益至上的原则。

随着美国经济实力的增强和国际地位的上升，它也成为现代主流经济学研究的阵地。美国主流经济学家都是自由市场主义的倡导者，在国际贸易中，也一直

---

① 马克思，恩格斯．马克思恩格斯文集：第 2 卷［M］．北京：人民出版社，2009：466.

坚持自由贸易理论，主张经济的全球化。但2008年全球性金融危机的爆发，却使美国政府的贸易政策发生逆转，放弃了长期以来推行的自由贸易，而转向了保护主义。这一转变虽不符合主流经济理论，但却符合美国占主导地位的资本集团的意志。回顾美国经济发展史，贸易保护在美国发展过程中发挥了重要的作用，美国的经济发展恰恰是得益于贸易保护。美国在建国后的很长一段时间里，都是依靠高关税等贸易保护政策，才扶持和促进了本国民族产业的发展。直到第二次世界大战结束，美国在国际经济中确立起霸权地位后，才开始推行自由贸易。美国利用其在资金、技术等方面的经济优势，通过自由贸易，获得了更多的利益。但在2008年爆发全球性金融危机后，美国政府意识到，随着世界经济格局的转变，自由贸易导致了本国利益的流失，于是决定放弃传统的经济理论，而转向保护主义。此举一方面暴露出主流经济学的局限，它仅仅是理论意义上的形式科学，与现实不符；另一方面也显示出，美国经济政策的制定，乃至国家职能的性质，完全是由占主导地位的资本集团的利益所决定的，当经济理论能维护其利益时就将其作为指导思想，不能维护其利益时就果断抛弃。实行自由贸易还是保护主义，完全是由资本集团的意志决定的。

第四章

资本主义市场经济模式的多样性

第三章遵循资本主义历史演进的过程，纵向考察了在资本主义发展的过程中，国家职能不断强化的趋势。伴随资本主义经济从自由竞争发展到垄断，西方主流经济学体系也发生了重大变化，在微观经济研究的基础上提出了宏观经济理论，虽然它仍存在局限，但也反映出一种趋势，即政府对经济发挥调控作用已成为市场经济国家发展的必然选择，国家职能问题也从经济学的视野之外进入经济学的研究范畴当中。“罗斯福新政”是发达国家干预经济，用“看得见的手”直接调控市场的一个重大实践，也是国家宏观调控的开端，它对整个西方世界所产生的影响是巨大的。第二次世界大战后，各发达资本主义国家都在不同程度上运用计划管理、财政政策、货币政策、产业政策、法律手段等，对经济进行调控。虽然各国普遍实行的都是市场经济体制，但其在不同的国家有不同的特点，显示出明显的国别性。本章从横向比较的视角，分析“二战”后西方主要资本主义国家实行的不同的市场经济模式，考察在不同模式下国家职能的具体表现，并得出一般性的认识，即在当代市场经济体系中，政府与市场、微观经济与宏观调控已紧密交织在一起，以市场和政府相结合的经济发展路径已成为各国的普遍选择。

第一节　美国自由市场经济模式

美国一直被视为自由市场经济的典范，但实际上，从“罗斯福新政”开始，政府干预就已成为社会经济发展过程中不可或缺的调节机制而发挥作用。所谓“自由市场经济”是相对的自由，而不是绝对的自由。美国是典型的以生产资料私有制为基础的市场经济国家，其经济模式的主要特征是：拥有雄厚资本实力的私人垄断资本集团是市场的主导力量；拥有现代化的生产方式；市场调节与国家干预相结合。美国以其雄厚的经济实力在世界经济发展中占有重要地位。

一、以私人垄断资本为主导的经济结构

（一）垄断企业在经济基础中的主体地位

19 世纪后期，美国出现了第一个垄断组织：美孚石油公司，19 世纪末，美国就被称为“托拉斯帝国”，经过 19 世纪末 20 世纪初、20 世纪 20 年代、20 世纪 60 年代后半期、20 世纪 70 年代末的几次大规模的企业兼并浪潮，其私人垄断资本的积累达到了空前的规模，在国民经济中占有绝对优势。

20 世纪 70 年代末，美国大约有 1700 万家企业，其中绝大多数是个人企业，合伙制企业约为 150 万家，销售额约占企业总销售额的 40%。从投资额，雇用人数，销售额以及政治、经济力量来看，几百家大企业具有绝对优势。[①] 1978 年，美国最大的 500 家工业企业的资产约占美国全部非金融资产的 40%，拥有的银行资产占全部银行资产的 1/3 以上，占全部人寿保险公司资产的 85%；它们的销售额占所有公司的一半以上；所获得的利润占所有公司利润总额的 70%。这 500 家公司中，较大的 200 家公司，拥有全国 20%～25%的生产性财富，资产总额超过 10 亿美元。[②] 随着美国垄断大企业规模的不断扩大，其资本输出的速度也逐渐加快，分布于海外的子公司数量不断增多。1980 年，在美国最大的 50 家制造业公

① 陈建．政府与市场［M］．北京：经济管理出版社，1995：10.

② ［美］罗伯特·L. 麦克坎普．美国经济概貌［M］．钟流，译．北京：世界知识出版社，1984：40.

司中，有33家跻身全球最大的50家跨国公司行列。[①]

从各个部门的情况来看，大企业的垄断程度也很高，特别是在钢铁、汽车等主要工业部门。美国钢铁公司在几十年的发展中，依靠贸易保护政策获取了丰厚的垄断利润。美国通用汽车、福特汽车、克莱斯勒汽车三大公司长期占据着美国汽车业的垄断地位。但随着20世纪80年代后经济全球化的快速发展和国际竞争的加剧，美国经济的传统工业即钢铁和汽车等产业的国际地位逐渐下降，面临技术革新的迫切需求。在美国传统产业衰退的同时，以半导体、计算机、软件产业等为代表的新经济形式迅速发展起来，为美国经济注入活力。20世纪末，一个英特尔公司就占据了美国绝大部分市场，到1994年，它占据了世界微零部件生产的31%。[②] 在计算机生产部门，IBM通过标准化零部件的生产，实现了规模经济，并有助于计算机行业的一体化发展。在电子技术与产品领域，美国企业成为国际的领导者。

在垄断问题上，美国政府力图协调好垄断与竞争的关系，既要维护一定的垄断，因为它是美国现代经济中必不可少的成分；也必须保证一定的竞争，以避免因经济过分集中而导致的机构庞大、效率低下、不顾社会效益乃至阻碍社会经济生活的现象蔓延。从具体措施来看，一方面，美国政府通过反垄断相关法规限制垄断，以促进竞争；但另一方面，也对一些行业的垄断给予保护和支持，特别是在国际市场上存在对外竞争的领域，美国政府曾制定相关法律，鼓励和支持本国企业或资本集团在国际市场上从事垄断经营活动。

（二）中小企业的重要作用

虽然美国经济是由大企业或企业集团主导，但中小企业作为补充，在经济发展过程中也发挥着不可或缺的重要作用。垄断并不能完全排除竞争，垄断集团经济实力的增强也并未完全挤占中小企业的生存空间，并没有形成“赢家通吃”的市场格局。事实上，美国的市场框架就像一座“金字塔”，处于顶部的是那些为数不多的大企业或企业集团，处于基部的则是大量的中小企业。根据美国商务部对企业的划分标准，雇员在500人以下或年销售额在10万美元以下的企业为

① 陈建．政府与市场［M］．北京：经济管理出版社，1995：11.

② ［美］乔纳森·休斯，路易斯·凯恩．美国经济史［M］．邸晓燕，邢露，译．北京：北京大学出版社，2011：621.

小企业，对于中等企业则没有确定的划分标准。[①] 战后，美国小企业数量的增长速度较快，1947 年美国小企业只有 806 万家，而 1970 年则增加到 1118 万家，1980 年又增加到 1620 万家，其总量一直占美国企业总数的 98%，在数量上处于绝对优势。[②] 1980~1983 年，小企业的增长速度竟高达 10.5%，而同期的大企业则没有较明显的增长。[③] 在服务业、石油化工等部门，小企业的发展尤为迅速。小企业所创造的产值占国民生产总值的比重长期以来一直保持在 50%左右，虽然 20 世纪 80 年代以后有所下降，但也在 40%上下。

长期以来，美国的小企业大量存在并不断发展是由许多客观因素决定的，如生产的专业化程度不断提高、企业分工越来越精细、消费需求日益多样化等，同时垄断组织对小企业的策略关系由兼并向依附、协作转变。另外，美国政府对小企业的大力扶持，也是小企业迅速发展的重要原因。

美国政府调控经济的基本原则是主张市场调节，保护竞争。遵循这一基本原则，美国政府出台了一系列支持小企业发展的法律法规，并且做了很多实践性工作，如成立小企业管理局、小企业委员会等机构，对小企业的经营状况和发展趋势进行研究，为小企业提供市场信息，向小企业提供贷款担保、资金支持等。20 世纪 80 年代初，美国政府就已向 45 万多家小企业提供了 50 多亿美元的贷款。[④]

在美国的经济发展过程中，小企业所起的推动作用是不可忽视的。第一，它极大地吸纳了就业人口，是解决美国就业问题的重要途径。美国每年就业机会的提供和劳动力的吸收主要依靠小企业，小企业每年能吸收几百万人就业，对社会经济发展和政治稳定都有较大的影响。第二，小企业在科技进步方面发挥显著的创新性作用。小企业虽然资金少、规模小，但其运营较为灵活，市场反应迅速，从专利发明数量上看，其比大企业多 3~5 倍。战后美国工业 61 项基本发明中有 45 项属于小企业，只有 16 项属于大企业。[⑤] 美国国家科学基金会于 20 世纪 70 年代中期发表的一项研究报告显示，美国的科技发明创造有 50%来自小企业。医学上的盘尼西林、航空领域的直升机、施乐的复印技术、柯达的彩色胶卷等，均

---

① 陈平．美国的小企业法［J］．渝州大学学报（社会科学版），1999（3）：61.

② 陈建．政府与市场［M］．北京：经济管理出版社，1995：13.

③ 陈平．美国的小企业法［J］．渝州大学学报（社会科学版），1999（3）：60.

④ 尚国光．解决财政难、银行难的出路在于搞活中小企业［J］．中国城市金融，1997（9）：16.

⑤ 李新中．小型企业在当代西方发达国家的新作用及其对我们的启示［J］．当代思潮，1996（4）：26.

属于20世纪以来美国小企业的发明。

此外，小企业还为美国区域经济的均衡发展做出了贡献。在一部分农村、资源丰富地区以及偏远落后地区，小企业不仅为当地提供简单的商品和服务，而且为当地的劳动力提供了就业机会，推动了地区经济的发展，同时还通过市场开发、技术转移、物流等途径，成为联结发达地区与落后地区的“经济纽带”。

综上所述，在美国的经济发展中，资本垄断集团占主导地位，发挥着引领作用，是整个国民经济的基础；而中小企业所起的作用也不容忽视，它在很多方面发挥着配合、帮助、补充大企业的职能。正是这种相互配合、相互依托的企业结构维持着美国经济的正常运转。

（三）国家所有制经济的地位

第二次世界大战期间，美国政府对经济的干预和调节不仅在规模和深度上超过第一次世界大战期间，而且国家所有制经济也较之前有了很大发展。战后，这种国家所有制经济迅速发展的势头大大减缓，与西欧、日本等其他发达国家相比，美国国有经济成分的比重相对较低。

美国的国有经济主要包括以下部分：①包括土地和各种建筑物在内的各种政府不动产；②由各级政府投资兴建的交通、桥梁、机场等基础设施；③政府兴建的国有企业和官私合营企业；④国家对科学研究的投资，它也是美国国家所有制的一个组成部分。2007年，这四种类型的国家所有制资产约占美国国家财富的23%，其中民用资产占14%，军用资产占9%，这一比重低于法国，而高于英国和德国。[①] 但如果从国有企业在美国经济中的比重来看，它在美国经济中是微不足道的。美国报刊统计，在20世纪80年代初，美国除邮政、公路全部属于国有外，铁路的国有部分仅占全国的25%，电力也只占25%，在国有企业中就业的人数仅占全国总就业人数的1.5%。[②]

美国政府完全控制、操纵并直接经营的企业，一部分是美国政府的独立机构；另一部分则隶属于政府各部门和其他独立机构。美国政府的独立机构最为著名的是成立于1933年，以全面治理和综合开发面积超过10万平方千米的田纳西河流域为主要任务的田纳西河流域管理局。该局采用企业经营管理体制，但不以

① 曹均伟，洪登永．国外国有资产监督模式的比较和借鉴［J］．世界经济研究，2007（6）：74.

② 刘建其．经济体制与产业结构［D］．厦门：厦门大学博士论文，2003：90.

营利为目的，除所经营的电力事业须自负盈亏外，其他各项计划主要依靠国会拨款。[①] 管理局的三名董事也由总统任命，参议院批准。另外，美国联邦存款保险公司、宾夕法尼亚大街发展公司、退休金福利保证公司、邮政总局等，也是美国政府的独立机构。隶属于政府各部门和其他独立机构的国家所有制企业，有美国盲人图书馆、商品信贷公司、联邦储蓄和贷款保险公司、海外私人投资公司、圣劳伦斯航道发展公司等。

在政府实行宏观调控以及与私人垄断资本合作经营的过程中，也出现了一些国家所有、私人经营，或混合所有、联合经营等方式的企业。这些类型的企业不仅能够保证国家持续获得垄断利润，而且可以有效加强国家对经济的调控，美国的原子能工业、航天工业就是由国家出资、私人经营的行业。自从 1946 年成立原子能委员会，并由政府公开投资在全国 48 个州大规模兴建原子能工厂以来，美国用于原子能方面的拨款由 1950 年的 7 亿美元增至 1979 年的 78. 9 亿美元；用于原子能工厂厂房的兴建和购买设备、原料等相关费用也由 1950 年的 25 亿美元增至 1974 年的 136 亿美元。但是，这些从厂房、设备、原料到成品都归国家所有的企业却基本上是由私人经营的。长期以来，这些企业的职员中，由经营承包商和工程设计承包商所雇用的人员一直占 90%以上，而由政府所委派和雇用的人员只占百分之几。[②] 美国航天工业也同样如此，该行业主要由美国国家航空和宇宙航行局与国防部负责主持。空间计划完全是国家投资，投资总额由 1960 年的 10. 7 亿美元增至 1983 年的 150 亿美元。主要承包商有美国通用电气公司、通用动力公司、麦克唐纳 · 道格拉斯公司、波音公司、洛克希德公司等近 20 家大垄断企业。[③]

此外，美国政府还通过各种途径，将国有经济引入竞争环境，促进其发展。例如，通过出售股票的方式将国有企业转为私人经营；放开部分由国家垄断的供水、供气等资源型行业，以及邮政等公共产品和服务领域，允许私人资本进入等。

在当今的美国所有制关系中，垄断大企业、小企业以及国营企业在生产资料所有权上相互渗透、相互补充，原来意义上的市场“自由企业”制度已经不复

① 张颖．美国公共产品供给演进轨迹研究［D］．沈阳：辽宁大学博士论文，2008：64.
② 张颖．美国公共产品供给演进轨迹研究［D］．沈阳：辽宁大学博士论文，2008：94.
③ 吴金明．基础设施领域的公企业研究［D］．北京：北京交通大学博士论文，2007：74.

存在，私人垄断程度有了进一步增强。这里，国家更加明显地充当着“总资本家”的角色，代表着垄断资产阶级的利益，并为之服务。

二、国家对经济的宏观调节

虽然美国经济整体上是通过市场机制来配置资源的，但在市场调节的基础上，政府也依然发挥着宏观调控的重要作用，通过法律手段以及财政、货币政策等工具，在社会经济运行过程中对宏观经济进行调节。美国政府对经济的宏观调节是广泛的、全面的，包括多方面的内容，调节的方式也是多种多样的，既有直接的，也有间接的；既采取经济手段，也采取行政命令手段。其中，财政和货币政策是宏观经济调节中主要的两大杠杆。

（一）财政政策

在现代的美国社会中，财政不仅是国家赖以生存的经济支柱，而且是国家直接干预经济生活、调节各种经济关系、保证社会再生产顺利进行的主要经济手段。政府的财政政策、财政收支状况，影响着整个国民经济的运转和发展。① 正因为财政在现代美国经济中所具有的这种特殊而又重要的地位，所以美国政府十分重视利用财政杠杆对经济进行宏观调节。美国政府调节经济活动的财政措施主要包括财政收入和财政支出政策。

1. 财政收入政策

在财政收入方面，美国政府所采取的措施就是通过税收政策调节经济。稳定的财政收入是政府实施财政政策的基础，只有财政收入达到一定规模，才有可能利用税收政策来调节经济关系，刺激经济发展。而且，财政支出虽可在一定程度上脱离财政收入的增长而增长，但却不能完全不顾财政收入的限制而无限扩大。因此，增加财政收入，才能从根本上保证各项支出政策的实施。

政府通过税收关系调节经济，具体来说是通过提高或降低税率，来抑制或刺激需求，影响人们的经济行为，包括消费、储蓄、投资等，从而调节经济过程中的供求对比关系。从政策效果上来看，增税能够直接增加政府的财政收入，从而有助于解决政府的赤字问题，或者起到抑制经济过热，减少消费、投资需求的作用；相反，减税可以起到鼓励消费、刺激投资的作用。但从实践上来看，财政政

① 吴金明．基础设施领域的公企业研究［D］．北京：北京交通大学博士论文，2007：5.

策的作用具有时滞性，政策的调整与改变一般都要经过立法程序，而这一过程需要耗费一定的时间，当政策通过立法时，现实的经济状况可能已经发生了转变，从而使政策达不到预期的效果。

财政收入主要来源于税收，从表面上看，法定纳税人是国家税收的承担者，但实际上纳税人并非都是负税人，后者才是税收的实际支付者。对于一般劳动者来说，纳税人与负税人是一致的；而对于工商企业来说，如消费税、营业税等，都可以通过各种途径进行税负转嫁，最终使广大劳动者成为税负的主要承担者。

随着经济的快速发展，美国垄断资本的规模不断扩大，实力不断增强，而与之相对立的是广大劳动者阶层的实际收入被限制在很低的水平上，严重抑制了需求的增长，从而导致了商品的相对过剩、资本的相对过剩和人口的相对过剩等一系列经济问题。为缓解市场供求关系的失衡，保证社会资本运行的顺利进行，“二战”后，艾森豪威尔政府、肯尼迪政府和里根政府都曾大规模减税，以刺激经济的发展。减税的形式多种多样，降低税率是最常见的方式，不同的减税政策对社会各阶层收入的实际影响不尽相同。肯尼迪总统认为，减税可以刺激需求，特别是消费需求，因此，减税的重点应放在广大居民身上；里根总统以供给学派的理论为依据，认为只有把减税重点放在高收入者和投资者身上，才能起到促进储蓄和投资的作用。另外，美国政府还通过减税政策对企业提供资助，如通过规定企业固定资产的折旧期，对提前进行固定资产更新的企业实行税收减免；对科研开发企业给予税收优惠。

当然，在需要增加财政收入、抑制需求时，美国政府也可采取相反的措施，即增加税收和延长固定资产折旧期等。20 世纪 90 年代初克林顿就实施了一项旨在重振美国经济的一揽子计划，对大企业、特殊利益集团和富裕阶层增加税收，同时实行一项新能源税，通过这些增税措施，美国政府的财政收入增加了上千亿美元。

总之，不论减税还是增税，都是国家针对社会经济运行状况进行的政策调整，其目的都是维护社会总资本运动。虽然一定时期美国政府实行了减税的政策，但从长期来看，其财政收入规模还是增加了，不过这仍无法满足作为“总资本家”的国家不断增长的财政支出的需求，从而不可避免地出现了财政赤字（见表 4-1）。为了弥补财政收入对支出的缺口，美国政府又通过发行国债的方式，以国家信用为担保，从社会上吸收资金。就国债的发行与偿还来看，政府举债的对象主要是以垄断资本为主体的金融组织和企业法人，而用于偿还国债利息的资本，仍然还是来自税收，来自对广大劳动者阶层创造的价值的占有。

表 4-1 1950~2015 年美国政府财政收入与支出情况

年份	财政收入（十亿美元）	财政收入占国内生产总值的比重（%）	财政支出（十亿美元）	财政支出占国内生产总值的比重（%）	财政赤字（十亿美元）
1950	39.5	14.1	42.6	15.3	3.1
1955	65.5	16.1	68.4	16.8	2.9
1960	92.5	17.3	92.2	17.2	0.3
1965	116.8	16.4	118.2	16.6	1.4
1970	192.8	18.4	195.6	18.6	2.8
1975	279.1	17.3	332.3	20.6	53.2
1980	517.1	18.5	590.9	21.1	73.8
1985	734.0	17.2	946.3	22.2	212.3
1990	1032.0	17.4	1253.0	21.2	221.0
1995	1351.8	17.8	1515.7	20.0	163.9
2000	2025.2	20.0	1789.0	17.6	236.2
2005	2153.6	16.7	2472.0	19.2	318.4
2010	2162.7	14.6	3457.1	23.4	1294.4
2015	3249.9	18.1	3688.4	20.5	438.5

资料来源：https：//www.whitehouse.gov/omb/historical-tables/。

2. 财政支出政策

在财政支出方面，美国政府采取的调节经济活动的政策主要包括：在和平时期也要维持庞大的军费开支；增加社会福利支出；直接投资促进科学、技术和生产力的发展等。支出政策的作用在于通过政府财政支出水平的提高，增加社会总需求，从而达到刺激经济增长、促进资本持续积累的效果。政府所掌握的财政资金十分庞大，美国政府（包括联邦、州及地方政府）财政支出占国民生产总值的 1/3，联邦政府的财政支出占国民生产总值的 1/5。政府预算的增加或减少，都会对国民经济活动产生很强的影响和调节作用。① “二战”后，美国政府的财

① 江春泽．美国政府在现代市场经济中的职能［J］．中国经济体制改革，1991（7）：61.

政支出迅速增长，从1950年的426亿美元，增加到1985年的9463亿美元，再增加到2005年的24720亿美元、2010年的34571亿美元（见表4-1），严重超过了财政收入的增长速度，从而导致赤字规模不断扩大。面对财政收支的严重不平衡，美国政府不得不通过大量循环举债、“寅吃卯粮”的方式予以应对。这种财政收支不平衡的状况是由资本主义经济关系所决定的收入分配不平衡以及再分配制度不合理所导致的。

首先，美国政府的军事支出，包括国防支出、退伍军人福利和服务支出、一般科学技术支出中与军事有关的部分，国债利息支付中用于过去战争借款付息的部分与国际事务和金融支出中与军事有关的部分，其中，国防支出是最大的项目。对于这方面的支出，美国政府所采取的方式主要是直接增加财政拨款，扩大对商品和劳务的采购。“二战”后，美国政府的军事开支占财政支出的比重虽然有所下降，但绝对量在不断增长。特别是从1999年处于后冷战时期的低谷以来，平均每年实际增加约10%，军费开支由1999年的2760亿美元增至2004年的4540亿美元；国防开支占GDP的比重由1999年的3.0%增加到2004年的3.9%；国防开支占政府总开支的比例由1999年的16.2%增加到2004年的19.8%。[①] 近年来，美国为了维护其逐渐衰落的霸权地位，继续不断增加军费开支。

这项支出相对稳定，一般不会受到经济形势的影响，从而一定程度上起到了扩大社会消费需求的作用。但大规模的军费开支，已严重超过了国家财政收入的分配能力，并且它并不符合广大美国人民的意志，而只是服从于占经济主导地位的私人垄断组织的利益。私人垄断资本集团与国家军事领域的结合是美国经济的重要特征，对于私人垄断资本集团来讲，美国军事支出的增加带来的是双赢的利益：一方面美国军事实力的增强，可维护美国的世界霸权地位，为垄断资本集团在国际领域攫取高额的垄断利润奠定基础；另一方面美国军事实力的增强以军事生产体系为依托，垄断资本集团通过与政府签订各种军火生产与交易合同，可从政府那里稳定获取巨额利益。另外，美国国防部门与军工垄断资本集团的关系密切，不仅通过经济链条结合在一起，而且通过“人事合作”即互派官员，形成强大的决策势力，从而可以影响甚至支配美国的国家战略。因此，美国庞大的军费开支的背后，是私人垄断资本集团的利益所在。

① 李停伟，等．美国军费支出研究［J］．中国集体经济，2010（6下）．

其次，增加社会福利开支是财政政策的重要组成部分，主要通过转移支付的方式，将政府的一部分财政收入资金发放给经济收入低下、需要得到社会帮扶的个人，如失业者、退休者、伤残者，以及需要医疗补贴、教育补贴、食品救济的人员。到20世纪80年代末，美国各级政府的财政开支中有44%为社会福利性开支。政府通过这些“转移支付”来增加私人消费，扩大社会购买力，不仅与个人所得税一同起到了调节经济的“自动稳定器”的作用，而且也在一定程度上发挥了缓和社会矛盾、促进社会稳定的作用。

最后，美国政府也比较重视科学技术以及教育事业的发展，直接投资发展科技教育事业，促进核物理、宇航和生物工程等基础科学的发展，并且注意完善社会经济基础设施。除此之外，美国政府还根据经济发展和施政的需要，通过不断改变具体的财政政策，如改变税收结构、调整税率、改变开支结构等，来改变消费基金和投资基金的流向，影响经济的发展。①

总之，美国作为发达资本主义国家的典型，其财政关系是以资本主义经济关系为基础的再分配关系的体现，本质上体现了国家作为社会总资本所有者的代表，对社会总体劳动者创造的价值和剩余价值的占有和支配，是为资本所有者的总体利益服务的。

（二）货币政策

货币政策是美国政府对经济进行干预和调节的重要手段，和财政手段相互依存，缺一不可。但一般来说，货币手段基本上还是处于配合和协调的地位，与财政手段在作用上尚不能等量齐观。

货币政策，主要指政府通过中央银行，对货币发行、信贷规模、贷款利率等进行调控的经济政策。其主要目的是通过货币和信贷供给的扩张和收缩，来刺激或抑制社会的总需求，从而为实现经济稳定发展创造条件。美国政府的货币政策主要由美国联邦储备系统的核心机构制定，通过各种货币金融政策工具来执行。

1. 美国联邦储备系统

美国联邦储备系统是根据美国国会1913年12月23日通过的《联邦储备法》建立的。它包括四个组成部分：①联邦储备委员会；②联邦公开市场委员会；③联邦储备银行；④联邦储备系统的会员银行。② 联邦储备系统在美国发挥着中

① 张鹏．论里根总统第一任期内的财政政策［D］．长沙：湖南师范大学硕士论文，2005：6.

② 李光生，胡宜联．美国的中央银行体系及其特点［J］．经济师，1994（2）：26.

央银行的作用，负责货币发行、代理国库事务、监督管理私人银行、制定和执行货币金融政策。美国联邦储备系统可以通过它所执行的政策直接影响整个国家的货币供应和信贷状况，从而对国民经济的各个方面产生影响。以下就美国联邦储备系统各部分的具体职能进行阐述。

联邦储备委员会负责全国主要货币政策的制定与执行，是美国各联邦储备银行的最高领导机构。该委员会由 7 名委员组成，全部委员均经参议院同意由总统任命。委员的任期为 15 年，不能连任。① 委员会主席和副主席由总统直接任命，任期为 4 年，可连选连任。委员会的主要职能有如下九项：全面监督各联邦储备银行；主持和领导联邦公开市场委员会的工作；规定联邦储备系统会员银行的法定准备金比率；调整联邦储备银行的贴现率；规定有价证券交易中现金支付的最低限额；规定联邦储备系统的会员银行在吸收定期和储蓄存款时支付存户利息的上限；管理银行持股公司（多银行以及独家银行持股公司）的业务活动；管理国民银行与各州银行间的接管和兼并业务；监督联邦储备系统会员银行的国际业务活动。②

联邦公开市场委员会也是联邦储备体系制定政策的重要机构。该委员会由 12 名委员组成，包括联邦储备委员会的 7 名委员、纽约联邦储备银行行长以及另外 4 家联邦储备银行的行长。③ 联邦公开市场委员会的具体职能是对联邦储备体系在公开市场中进行的政府债券交易进行管理，决定这一交易的数量，以达到影响经济伸缩的目的。该委员会每隔三星期在华盛顿召集一次全体会议，听取全国和各联邦储备区关于经济和金融情况的汇报，讨论并通过近期的货币政策。

联邦储备银行是美国的中央银行，但其与其他市场经济国家的中央银行的体制有很大不同。一是联邦储备银行属于私人股份资本，其资产完全由参加联邦储备系统的商业银行的股份组成。它一方面是私人性质的机构，但另一方面又是政府机构的组成部分，主要领导人要由美国总统任命，业务活动要与政府在各个时期的经济政策相配合。④ 二是《联邦储备法》规定，全国划分为 12 个储备区，每区设立一家联邦储备银行。这 12 家联邦储备银行之间是并行关系，它们共同

① 郑新立．它山之石　可以攻玉［J］．宏观经济管理，1993（6）：45.

② 李光生，胡宜联．美国的中央银行体系及其特点［J］．经济师，1994（2）：26.

③ 李光生，胡宜联．美国的中央银行体系及其特点［J］．经济师，1994（2）：26.

④ 李光生，胡宜联．美国的中央银行体系及其特点［J］．经济师，1994（2）：26.

履行对金融领域的监督管理责任，调节市场的货币流通量与信贷规模，对国家的对外金融业务进行管理，各联邦储备银行的经营活动又由联邦储备委员会统筹协调管理。

美国商业银行既可以在联邦注册，也可以在州注册。在联邦注册的一般称作国民银行，在州注册的称为州银行。根据《联邦储备法》，国民银行必须加入联邦储备体系成为会员银行，州银行则由其自行决定。1980 年美国参加联邦储备系统的会员银行共 5586 家，其中 1000 家为各州签发许可证的州商业银行。从全国范围来看，美国参加联邦储备系统的会员银行大约仅占全国商业银行的 1/3，但在联邦存款保险公司参加保险的商业银行约有 15000 家，占银行总数的 98%，因此，美国政府可以通过联邦储备系统以及联邦存款保险公司等机构，对所有商业银行实行某种程度的控制。①

2. 货币金融政策工具

货币金融政策，就是政府针对经济形势，相应采取扩张性或紧缩性措施对货币流通和信贷规模进行调节，从而发挥稳定经济运行的作用。美国联邦储备体系主要通过以下三种货币金融工具来实现对经济的调节职能。

第一，公开市场业务。公开市场业务指美联储根据经济形势，确定相应的经济政策目标，在政策目标的指导下，通过在金融市场买进或卖出各种公债券，从而增加或减少流通中的货币量，其中以短期国库券为主，起到刺激经济或抑制消费投资的政策目的。公开市场业务还可以通过债券价格的变化，进而对市场利率发挥调节作用。公开市场业务这一政策手段具有较强的灵活性，是美联储经常使用的一种货币政策工具。

第二，贴现率政策。“贴现”具有两种含义：一是指会员银行将顾客未到期的期票拿到储备银行进行“再贴现”，这在联邦储备体系成立时，是一种比较重要的贷款方式；二是指会员银行为弥补资金短缺或保证资金充足，向联邦储备银行按贴现率进行借款。一般情况下，贴现率越低，会员银行向联邦储备银行的借款量就会越大；而贴现率越高，情况则相反。因此，贴现率的变化可以直接影响会员银行的借款额，从而控制银行信贷规模。贴现率政策也具有灵活性特点，可以根据经济情况适时变动，也是政府货币政策的重要工具。

① 王昌范. 美国的中央银行体系及其特点 [J]. 管理现代化，1994（4）：59.

第三，法定准备金制度。按照《联邦储备法》的要求，美国联邦储备系统下的会员银行中，1980年3月之后，所有参加联邦存款保险的商业银行，都必须按照法定准备金率（法定准备金占银行全部存款的比率）提取一部分吸收的存款，存入联邦储备银行，剩余部分才可用于发放贷款。存款被提取的比例越大，商业银行可以用于发放的贷款就越小，也就是说，法定准备金比率较高时，商业银行的贷放能力便会减弱，反之则增强。联邦储备体系通过变动准备金比率可以达到控制金融活动的目的。如要刺激经济，可以调低存款准备金比率，使银行超额储备增加；如要抑制经济过分扩张，可以调高存款准备金比率，迫使银行收缩信贷和投资规模。法定准备金制度具有强制性的特点，在货币金融政策工具中效力最强，政策效果显著。但也正因为如此，容易造成经济活动不稳定的局面，对调节瞬息万变的经济活动缺少灵活性，所以美国联邦储备系统在采用这一金融政策工具时往往比较审慎小心，很少使用其作为管理金融活动的工具。

以上三种主要的货币金融政策工具之间是相互联系的，三种手段中无论使用哪一种都会使银行体系内的超额准备金增多或减少，从而使货币供应和信贷发放增多或减少。这三种主要手段既可以单独使用，也可以综合使用。

美国政府除了通过联邦储备系统的货币金融政策对宏观经济活动施加影响，还通过一些由政府建立和担保的金融机构对经济领域进行干预，以达到一定的目标。如美国进出口银行为外贸领域的企业提供资金支持，农业信贷体系为农业部门的经营者提供贷款或担保，住房信贷体系为住房建筑业的企业提供融资等。

美国政府除了运用财政和货币金融杠杆对整个国民经济进行宏观调节外，还会利用一些其他手段对各个经济部门的活动施加影响或直接干预。对于不同的行业，国家干预的方式和程度也有所不同。美国政府对公共事业部门、交通基础设施领域、能源行业以及金融业给予的政策支持较多，甚至直接干预，参与其经营活动；对于农业和服务业，也给予较强的政策扶持；而对于工业部门，则尽量不进行直接干预，更多的是为其创造平等竞争的良好环境，以间接的方式给予支持。

除了上述经济手段之外，美国政府也会利用行政手段按照国会通过的法令对各种经济活动进行一些干预，如对垄断进行限制，对竞争进行限制，制定严格的产品质量标准、卫生标准和安全标准，提出保护环境和防止污染的各种要求，采取保护本国工业的措施等。

总之，美国自称是“自由市场经济国家”，自由市场体制是社会经济运行的内在基础，但实际上，美国的经济发展一直伴随着国家的作用，并且随着垄断力量的增强和市场缺陷的显露，国家在社会经济发展中行使着越来越重要的职能。

第二节　德国社会市场经济模式

德国作为第二次世界大战的发起国，也是最后的战败国，在战争中遭受了沉重的打击，战后绝大多数城市成为废墟，全国1/4的房屋严重损毁，1/10的居民死亡，约1/4的领土丧失，国外资产损失殆尽，国内经济陷入极度困境，交通全面瘫痪，通货膨胀严重，粮食奇缺，黑市猖獗，货币金融体系一片混乱。

然而，自联邦德国成立以来，其经济增长速度急速提升，1950年工业生产指数恢复到1936年的113，达到了战前最高水平；1950~1957年，工业生产翻了一番；1958~1969年工业生产又翻了一番，按不变价格计算，20世纪50年代国民生产总值和工业总产值的平均增长率在发达资本主义国家中仅次于日本，分别为7.7%和9.5%，20世纪60年代初期，国民生产总值先后超过英国、法国，成为西方世界第二号经济大国。① 1950~1981年，联邦德国国民生产总值的年均增长率达5.2%，人均国民生产总值超过1万美元；1953~1982年，消费物价指数平均增长率为3.4%，外汇储备在30年内增加30倍，截至1979年9月30日，外汇和黄金储备达527亿美元，比同一时点的美国多1.6倍。截至20世纪80年代末，联邦德国总体的经济实力居世界第4位，对外贸易额居世界第2位，外汇储备居世界第1位，是西方世界通货膨胀率较低的国家，马克成为最坚挺的货币之一。②“二战”后的联邦德国在经济增长方面取得了巨大成功。

在战后世界经济发展史上，联邦德国以其长期稳定而又均衡的经济发展，受到了世人瞩目，特别是20世纪五六十年代经济的高速增长，被认为是“经济奇迹”。联邦德国在战后取得惊人的经济发展成就，原因是多方面的，但值得特别指出的是，联邦德国政府在一系列变革和调整的过程中，探索出了一套符合本国

① 田蓓．市场取向的经济政策研究［D］．长沙：湖南大学硕士论文，2002：17.
② 田蓓．市场取向的经济政策研究［D］．长沙：湖南大学硕士论文，2002：18.

国情、适合本国发展路径的独具特色的社会市场经济体制，其中包括一系列宏观管理手段。具有鲜明特征的联邦德国社会市场经济体制，引起了很多专家、学者的关注。一些学者将这种既不同于美国市场经济模式，也不同于日本市场经济模式的独特的社会市场经济体制，称为“莱茵模式”，并将其作为“欧洲模式”的典型。

一、社会市场经济理论

社会市场经济模式的理论渊源是弗莱堡学派的经济理论，主要代表是瓦尔特·欧肯、弗兰茨·伯姆，他们合作编辑了“经济秩序”系列丛书（1937 年），主张实行市场经济，但这种市场经济不能完全由市场机制自发调节，而是在尽可能发挥市场基础性调节作用的同时，国家在一定限度内对经济进行调控。他们认为应当运用国家的政策手段调控经济总体的状况，在此前提下，市场应以“自由”和“竞争”为基本原则，把各经济主体协调在统一的国民经济体系下。这种以市场自由竞争机制为核心，辅以政府适度调节的主张，为后来形成的社会市场经济体制奠定了重要的理论基础。

第二次世界大战后，路德维希·艾哈德等继承和发展了弗莱堡学派的观点，他们在吸收前人研究的基础上，积极探讨并形成新的社会市场经济理论，更加符合现实经济的发展趋势，尤其重视政策实施的效果，为市场经济制度的理论发展做出了贡献。艾哈德认为，社会市场经济是以自由竞争机制为基础的，但国家必须发挥适度的调节作用，并且要以不断完善的社会保障为条件。这种经济体制不是完全的自由市场经济，也不是政府集权的统制经济，而是探索出的“经济人道主义的第三条道路”。这一经济模式可以用公式概括为“市场经济+总体调节+社会保障”。社会市场经济理论主张以市场为调节经济的主要手段，强调国家对经济总体的调控职能，并重视社会保障在市场经济中的地位和作用。

在社会市场经济思想体系中，竞争是核心。这种来自国内市场和国际市场的双重竞争，可以活跃市场，防止经济停滞，提高劳动生产率。因此，竞争是经济发展的保证，是通往繁荣的必由之路。只有竞争，才能保证经济体系协调而又顺利地运行。凡是没有竞争的地方，也就没有进步。但在极力强调竞争的同时，艾哈德也并不排除政府在社会市场经济中的调节作用。他认为，20 世纪 30 年代后的自由竞争市场机制，已经完全不同于 19 世纪以前的毫无控制的自由放任，而是一种必须辅以必要的国家调节的市场机制。从理论上分析，这种竞争实际上是垄断条件下的竞争。他认为，如果政府只起“守夜人”的作用，那么就会错误地理解自由并葬送自由的原则。为此，他明确指出“国家仅处于监视地位的时代已经过去了”，“德国联邦银行与联邦政府负责保持货币的稳定”，“通常所采取的经济、金融和货币政策，其目的在于影响发展的趋势，使它向着制定的方向前进”。[①] 在社会市场经济体制中，政府的主要职能是研究制定适宜的经济政策，对私人资本的投资和发展方向给予引导与扶持，为市场经济的均衡稳定发展提供良好的外部环境。当然，国家在这里并不直接干预经济事务，而只是实行全面有效的总体调节。

二、德国社会市场经济体制

“二战”后，联邦德国明确将社会市场经济理论作为各界政府制定经济政策、使用各种调节手段的理论基础。从本质上讲，联邦德国所实行的社会市场经济体制就是一种以市场竞争为主要机制，辅以国家有限调节的资本主义市场经济。

（一）以生产资料私有制为基础，垄断资本占主导地位

与其他发达市场经济国家相同，在联邦德国的经济结构中，私人垄断资本占主导地位。1978 年，联邦德国雇员人数 500 人以上，营业额超过 1 亿马克的大企业约 2200 个，数量仅占全国 166 万个企业总数的 0. 1%，但其营业额却占全国企业营业总额的 45. 1%。[②] 在主要原材料市场部门（钢铁、有色金属、化学）、动力燃料部门（核材料、石油加工、采掘）、运输工具制造部门（汽车、船舶、飞机）、电器电子工业部门以及其他先进技术设备制造业（办公用机器、数据加工设备、航空航天技术设备）中，排名前 10 的企业的销售额占该部门或行业全部销售额的一半以上；如果把纺织工业等私人垄断所有制程度相对较低的部门都包括在内，那么私人垄断所有制企业占整个工业企业的比重则为 44. 2%。[③] 由此可见，私人垄断企业在各主要经济部门中都占有绝对优势，发挥着主导作用。

---

① ［西德］路德维希·艾哈德．来自竞争的繁荣［M］．祝世康，穆家骥，译．北京：商务印书馆，1983：174-175.

② ［美］阿兰·G. 格鲁奇．比较经济体制［M］．徐节义，王连生，刘泽曾，译．北京：中国社会科学出版社，1985：64-65.

③ 裘元伦．联邦德国经济：所有制形式和政策［J］．西欧研究，1987（8）：35.

（二）国家垄断所有制是重要补充

德国的国家所有制结构主要包括：①国家占有的“消费资料”，包括一大部分预算资金、动产与不动产等。这些“消费资料”不直接作为资本，但却是维护资本和创造生产剩余价值的条件所必需的。②国家占有的生产资料，包括交通通信网络、供电供水供煤气设施、军工厂和其他企业等。③经济基础设施，如道路、桥梁、运河等。④货币信贷领域内的资本，包括投资银行、信贷银行、储蓄银行和保险公司等。⑤社会基础设施，包括用于劳动力再生产的学校，保健、救济和养老的资金和设备等。⑥用来直接补助私人垄断资本和非垄断资本的资金。[①]

联邦德国月刊资料《经济与统计》显示，1978 年，联邦德国全国固定资本总额为 36587 亿马克，其中国家财产为 6534 亿马克，约占 18%。在国家财产中，大约 61%是经济基础设施，如道路、隧道、桥梁、港口设施等；32%是行政办公大楼和社会基础设施（学校、医院等）；只有 7%是设备和生产资料。总之，国有财产在全国建筑物中所占的比重较大，占 22%；而在设备和生产资料中占比很小，仅占 4%。

截至 20 世纪 80 年代中期，联邦德国的国家垄断所有制企业约 4000 家，固定资产投资额、就业人数、产值分别占全国企业固定资产投资额的 17.2%、就业总人数的 9%、总产值的 12.5%。[②] 从总体上看，国有经济在国民经济中的比重并不大，但在一些重要的经济部门，国有经济仍占有重要地位。1984 年，联邦德国的国营企业在电力生产方面几乎占 100%（包括国家少数参股的电力公司）；在煤气和水供应方面接近 100%；在市郊客运交通方面占 80%；港口设施、建筑物、内河运输设备、城市运输方面约占 95%；邮电、铁路运输方面占 99%；信贷机构业务量方面占 54%。[③]

三、国家对市场的宏观管理与调节

（一）宏观调控的四大政策目标

联邦德国于 1967 年通过的《经济稳定和增长促进法》（简称《经济稳定法》）是政府在推行经济稳定政策、宏观调控国民经济、缩短经济波动周期和减少经济波

① 裘元伦. 联邦德国经济：所有制形式和政策［J］. 西欧研究，1987（8）：36-37.

② 陈建. 政府与市场［M］. 北京：经济管理出版社，1995：195.

③ 裘元伦. 联邦德国经济：所有制形式和政策［J］. 西欧研究，1987（8）：37.

动幅度方面的重要法案。[①] 其是一项带有浓厚国家干预色彩的法律文件。

《经济稳定法》将保持充分就业条件下国民经济总量的供求平衡作为总目标，具体又包含四项子目标：物价稳定、充分就业、对外收支平衡、持续适度的经济增长，内容如下：

1. 物价稳定

在四项子目标中，最重要的是物价稳定，因为在社会市场经济体制下，市场机制是最基础的调节方式，必然要求市场价格的稳定以及货币币值的稳定，否则，难以保证市场经济平稳发展。同时，由于历史上发生过恶性通货膨胀，给社会发展和劳动人民都造成了严重伤害，因此，德国政府特别重视物价稳定这一目标。

当然，物价稳定也并非商品价格不上涨，而是指将物价上涨的幅度稳定在合理的限度内，尽可能实现最小幅度的上涨。联邦德国的物价指标不是由社会总产品的平均价格水平来确定，而是以私人家庭的生活消费指数来衡量。联邦德国政府经研究确认，经济政策的平衡机制若能将物价指数的年均上涨率保持在1.5%~3%这一范围内，物价稳定的目标就算基本达到了。

从联邦德国40年的经济发展进程来看，除建国初期若干年份之外，其余年份的价格水平是稳定的，基本上实现了物价稳定的目标。1948~1988年，联邦德国消费物价的年均上涨率仅为2.6%，物价总计上涨了183%，而同期法国上涨了1491%，英国上涨了1253%，日本上涨了713%，美国上涨了384%。[②] 可见，在发达资本主义国家中，联邦德国的物价上涨水平同期是最低的。1990年西德、东德统一后，德国政府仍然将物价稳定作为最重要的目标，使物价上涨率保持在3%以下。德国稳定的物价得益于高效运作的价格管理体系和严格审慎的货币政策。

2. 充分就业

充分就业是指社会经济过程中的生产要素，包括劳动力与资本，都能够得到最充分的利用，获得效率最优的配置。失业率是衡量就业状况的经济指标。在市场经济条件下，与物价稳定的目标类似，充分就业的目标也并非是指失业率为

① 王野秋．德国社会市场经济条件下的宏观调控［J］．山西煤炭管理干部学院学报，2010（8）：36.

② 陈建．政府与市场［M］．北京：经济管理出版社，1995：223.

零，而是尽可能将失业率维持在较低的水平。在西方发达工业国家中，德国政府设定的充分就业的目标是最高的。经济学界普遍的看法是，由于存在摩擦性失业和结构性失业，只要失业率不超过5%，就可以被看作充分就业，而联邦德国曾将失业率目标定为1%。

从总体来看，“二战”后联邦德国经历了较长时间的经济快速增长，失业率呈先降后增的趋势。1950~1960年，失业人数从158万下降到约20万，并在之后的十几年间，失业率一直控制在3%以下，实现了充分就业的目标。但从20世纪70年代中后期开始，失业人数不断增加，尤其是在1990年两德统一之后，德国的失业人数突破400万，高失业已成为难以解决的社会经济问题。[①] 德国政府为推动经济增长、促进就业，推行了一系列财政货币政策，虽然保持了基本良好的总体经济发展态势，但结构性失业问题一直较为严重。如2009年，德国失业时间超过一年的失业者高达46%，这种情况极大地加重了整个社会保障系统的负担。[②]

3. 对外收支平衡

保持对外经济平衡是联邦德国稳定发展经济的重要目标。联邦德国政府坚持“有进有出，双向平衡”的国际收支原则，并不追求积累大量的外汇储备。联邦德国自建国以来，对外贸易增长较快，进出口总额从1950年的197亿马克增加到1987年的9365亿马克，其中，出口额由84亿马克增加到5270亿马克，超过美国、日本两国，居世界第一位。1987年联邦德国的外贸顺差已达1175亿马克，经常性项目顺差也达到795.4亿马克，成为世界第一出口大国。[③] 1990年西德、东德统一后，德国经济发展更加迅猛，继续保持着世界第一出口大国的地位，进出口总额从1990年的549亿欧元，增加到2000年的608亿欧元，再增加到2007年的1994亿欧元。2008年全球性金融危机的爆发，对德国经济造成了极大影响，使德国出口大幅下降。但2010年德国对外贸易恢复了发展势头，出口额达到9519亿欧元，进口额为7976亿欧元，德国仍然保持着世界贸易强国的地位。长期以来，虽然德国保持着庞大的贸易顺差，但其资本项目的逆差也同样巨大，如2007年资本项目逆差为2195亿欧元，从而可以基本实现国际收支的平衡。[④]

---

① 陈凌，姚先国．试析德国的就业困境与就业创新［J］．欧洲，2001（2）：75.

② 史世伟，陈建平．德国经济数字地图2011［M］．北京：科学出版社，2012：189.

③ 陈建．政府与市场［M］．北京：经济管理出版社，1995：221.

④ 史世伟，陈建平．德国经济数字地图2011［M］．北京：科学出版社，2012：126-130.

4. 持续适度的经济增长

经济增长，从广义上讲，既包括一国商品和劳务数量的增长，也包括经济发展质量的提高；从狭义上讲，是指一国生产的商品和劳务总量的增加，为了便于测度，一般以一国的国民生产总值（GNP）为衡量指标。联邦德国对这一指标的规定是，要实现“持续适度的经济增长”，就要使 GNP 年均增长率保持在 4%~5%的水平。

1950~1973 年的 24 年间，联邦德国经济以较高速度持续增长，国内生产总值增长了 286.2%，年均增长率为 6.0%。[①] 20 世纪 70 年代后，受世界性通货膨胀、两次石油危机、需求不足及经济结构调整等不利影响，联邦德国经济增长速度放缓，甚至出现滞胀和下降现象。年均增长率 1971~1975 年为 2.1%，1976~1980 年为 3.6%，1981~1984 年为 0.9%。从总体上看，联邦德国的经济增长在不同时期并不平衡，也并不“适度”。[②] 20 世纪 70 年代以前经济增长速度较快，目标完成情况较好，70 年代以后经济增长速度明显降低，80 年代没有实现 4%的经济“适度”增长的目标。德国统一后，国民经济增长缓慢，经济增长率保持在 2%左右，2006~2007 年经济增长速度有所提升，达到了 4.6%，后受 2008 年全球性金融危机的影响，出现负增长，但到 2010 年后，德国经济又恢复了强劲动力，实现了 4.2%的增长率。[③]

这四个宏观调控目标之间既相互促进，又相互制约，共同指引社会经济发展的方向，过分强调某一目标，必然使其他一个或几个目标受到损害，不利于整个国民经济的健康发展。但在社会经济实践中，这四个目标也很难共同实现甚至出现矛盾，如物价稳定与经济增长就往往会背道而行，为了刺激经济增长，政府经常会采取扩张性经济政策，结果可能会导致通货膨胀；为了抑制物价上涨，政府一般会实行紧缩性政策，这又会使经济增长受到抑制。此起彼伏，此消彼长，相互制约，经济决策者面临两者必居其一的抉择，于是也就出现了何者优先考虑的问题。绝大多数实行市场经济的国家一般都将经济增长作为首要经济目标，而德国却把物价稳定放在第一位，并用法律的形式予以规定，这与其他国家相较具有鲜明的特征，可见德国政府稳定物价的决心。

---

① 裘元伦．联邦德国经济的稳定和均衡增长问题［J］．中国党政干部论坛，2012（8）：53.

② 裘元伦．联邦德国经济的稳定和均衡增长问题［J］．中国党政干部论坛，2012（8）：53.

③ 史世伟，陈建平．德国经济数字地图 2011［M］．北京：科学出版社，2012：10.

（二）国家经济计划的制订

德国的经济调节源于1966~1967年的经济危机，危机后，联邦德国政府开始制订并推行经济计划和财政计划，通过计划对国民经济进行相应的调节与引导。经济计划的制订，并不违背市场经济发展的基本原则，对微观经济主体没有任何强制性和约束力。政府只考察国民生产总值、就业、物价等宏观经济指标，而不规定具体指标；提出具有参考性意义的纲领性计划，而不是指令性的行政命令。政府不直接干预经济，只依靠经济政策的制定间接作用于社会经济过程和市场经济主体，其所发挥的作用仅是指导性的。与法国、日本等实行指导性计划管理的国家相比，联邦德国制订和实行经济计划的历程较短，并且从实践来看，经济计划对国民经济发展的导向性作用和约束力也相对较弱。

（三）宏观货币政策

联邦德国制定的货币政策的目标，仍然是与前述宏观调控四大政策的目标一致，物价稳定居于首要位置，这也是联邦德国货币政策与其他国家不相同之处（其他国家大多将经济增长置于首位）。联邦德国实行宏观货币政策的主要机构是德意志联邦银行，由于要实现物价稳定这一目标，必须保持货币政策的独立性，所以在世界各国中，德意志联邦银行是独立性最强的中央银行，其独立性在《德意志联邦银行法》中有充分体现，该法为德国中央银行的独立性地位提供了法律保证。《德意志联邦银行法》设专章对联邦银行与政府的关系做了规定，规定联邦银行在行使法律赋予的权利和活动时不受政府的干预，虽然政府代表有权出席联邦银行董事会，有权提出异议，但无表决权。同时，该法也规定，联邦银行在完成本身任务的前提下，有责任支持政府的一般经济政策。法律使德国央行能够有效完成法律所规定的包括稳定货币在内的一切任务，并在独立的基础上与政府保持紧密的合作关系。但在实践中，如前所述，稳定物价的货币政策与促进经济增长之间有可能出现矛盾。为了处理这些矛盾，政府通过相关法律规定，联邦银行实施政府促进经济增长的经济政策必须以物价稳定为前提，若政府的政策偏离了稳定物价的目标，联邦银行可以不支持其政策而独立行使货币政策权。由此可以看出，德国政府对物价稳定这一目标的高度重视。

德意志联邦银行（简称联邦银行）的货币政策工具主要包括再贴现政策、存款准备金政策和公开市场政策，这三项政策在实施过程中，都是通过影响流通中的货币量来发挥对国民经济运行的调控作用的。保持合理适度的货币流通量，是保证物价稳定、维护社会经济平稳发展的重要前提。

联邦银行自1974年开始提出货币量指标，此后每年12月底公布到下一年12月底的中央银行货币量指标。联邦银行所使用的货币量指标有两种：一种是货币量的年均增长率，称为“平均指标”；一种是1~12月可在一定限度内有变化的“进程指标”。1975~1978年，联邦银行使用的是“平均指标”，但从当时执行的结果来看，这种指标很难完成。从1979年起，联邦银行只使用“进程指标”，并成功地将货币量增长置于其控制之下。

在联邦德国，学界一般认为货币量主要包括M1（狭义货币）、M2（广义货币）、M3（M2+其他短期流动资产）和中央银行货币量这几个部分。其中，中央银行货币量由非银行和银行手中的现金以及银行对国内非银行负债的最低准备金额构成。对联邦银行来说，M1、M2、M3不容易直接控制，而中央银行货币量则比较容易直接控制。因为构成中央银行货币量组成部分的“非银行和银行手中的现金”都是联邦银行自己发行的；用来计算提存最低准备金的比率是由联邦银行自己确定的，它可以根据货币政策的需要随时变更这类比率。正是由于中央银行货币量在全国货币总量当中所占的重要比重，所以直至1987年，联邦银行一直将其作为货币量的控制指标。从1988年起，联邦银行决定改用M3为货币量的控制指标。这种变化并不意味着货币政策方向发生改变，长期以来这两种货币量一直是平行发展的。

从总体上看，建国后几十年来，联邦德国无论是货币量M1、M2、M3，还是中央银行货币量，其增长率都与国民生产总值增长率相差不远。就中央银行货币量而言，从20世纪60年代到80年代中期，按5年期平均数计算，其增长率都快于国民生产总值增长率（见表4-2）。在联邦德国的社会经济发展中，联邦银行严格控制货币量对稳定币值和促进经济增长的作用十分显著。控制货币量已成为国家协调经济平衡、规划经济发展的重要工具。

1. 再贴现政策

根据1957年颁布的《德意志联邦银行法》，联邦银行的主要任务是：稳定利率和贴现率；根据法律规定法定准备金率；制定信贷和公开市场业务的原则；在保卫通货的前提下，运用此法赋予的权限，管理和控制流通中的货币量以及向经济单位提供的信贷量，并安排银行系统的国内国际收支等。

表 4-2　联邦德国货币增长率同国民生产总值增长率比较　　单位:%

	货币量增长率				国民生产总值增长率
	M1	M2	M3	中央银行货币量	
1961~1965 年平均值	9.0	8.0	11.0	9.0	8.6
1966~1970 年平均值	6.6	10.2	10.1	7.5	6.7
1971~1975 年平均值	10.7	10.0	11.0	9.5	8.8
1976~1980 年平均值	7.5	9.5	8.5	8.0	7.6
1981~1985 年平均值	5.1	5.1	5.4	5.1	4.4

资料来源：陈建．政府与市场［M］. 北京：经济管理出版社，1995：241.

再贴现政策是联邦银行的重要货币工具，指的是联邦银行随时调整的购买汇票的条件，主要通过两个控制指标来表示，一个是再贴现率，另一个是再贴现额。这里，确定再贴现率是联邦银行利率政策的核心，它实际上决定了商业银行从联邦银行借钱时所付出的代价，自然也同时决定了商业银行对外贷款的利率，决定了货币市场和资本市场的利率，因此，它对整个利率水平具有决定性影响。

再贴现率是联邦银行放松或紧缩信用（银根）的重要政策手段。1974 年为应付世界性经济危机的冲击，联邦银行曾一度将再贴现率从 7%降至 3%；1979 年为了抑制世界传递性通货膨胀，再贴现率从 7 月的 4%提高到 11 月的 6%，1980 年 5 月继续提高到 7.5%。①

有时调整再贴现率的手段会受某些因素的影响而效果不明显，这时联邦银行就会使用限制再贴现额的措施。例如，1987 年 12 月联邦银行就在外国的压力下，在降低再贴现率的同时也削减了再贴现额，以防止银根过松而触发通货膨胀。

2. 存款准备金政策

存款准备金政策是联邦银行管理、调节信用和货币量的另一项重要手段。通过调整最低准备金率来影响各商业银行的贷款规模，是最低准备金政策的主要内容。具体来说，当采取紧缩银根的宏观政策时，就降低最低准备金率；反之，则提高最低准备金率。在联邦德国，存款准备金率的变动很频繁，而且视各银行负债（吸收存款）规模、存款种类而有所区别。

① 中国银行国际金融研究所．西德的货币与银行［M］. 北京：中国财政经济出版社，1981：59.

3. 公开市场业务政策

公开市场业务政策就是通过联邦银行在证券市场上买进或卖出债券、股票、商业票据等活动，调节流通中的货币量。再贴现率政策一般适用于商业银行的资金对联邦银行的依赖性较强的情况，而当这种依赖较小时，联邦银行就需直接干预证券市场作为再贴现率政策或准备金政策的辅助性政策。20 世纪 80 年代以来，联邦银行更多采用公开市场业务政策这一工具来调节银行的短期流动资金，而不愿利用最低准备金政策工具，因为准备金政策威力强大，会使市场和经济运行产生较大波动。

在具体实施经济政策时，联邦银行一般都会综合运用货币政策工具，以期达到最优效果。当经济高涨或发生通货膨胀时，联邦银行经常实行紧缩性政策，一是通过提高贴现率和抵押贷款利率，提高银行的信贷成本；二是通过降低再贴现额和抵押贷款限额，限制银行的贷款额度；三是在公开市场出售有价证券，减少货币流通量。当经济下滑或通货紧缩时，联邦银行则会实行相反的措施进行调节。面对不同的经济形势，联邦银行会同时运用多种手段进行调节，紧缩或扩张货币流通，从而平抑物价，稳定经济运行。

德国政府以其在物价稳定方面的政策实践与经验积累，在欧洲一体化与货币统一进程中发挥了重要的引领性作用。20 世纪 90 年代，欧洲一体化进程不断加快。1991 年年底，欧洲共同体马斯特里赫特首脑会议决定成立欧盟，1993 年《欧洲联盟条约》生效，1995 年年底确定欧洲统一货币为欧元，1998 年欧洲中央银行成立，1999 年欧元在欧盟成员国范围内正式发行，2002 年欧元正式流通。欧元是一种具有独立性和法定货币地位的超国家性质的货币，其纸币和硬币的印刷、铸造、发行、管理等工作，由欧洲中央银行和各欧元区国家的中央银行组成的欧洲中央银行系统负责管理。德国作为欧盟的主要成员国，由其主导建立的欧洲中央银行，对于保证和维护欧元区的物价稳定发挥了重要作用。欧洲中央银行的总部位于德国法兰克福，它基本上是按照德意志联邦银行的组织原则建立起来的，拥有独立制定货币政策的权力，不接受欧盟领导机构的指令，不受各国政府的监督。

（四）宏观财政政策的作用

财政政策，作为国家调节财政分配关系的基本准则，是联邦德国政府干预经济，实现宏观经济目标的主要方式。其具体的职能主要包括以下方面：

第一，调节社会总需求，保证国民经济稳定增长。政府要针对社会经济状况，判断所处经济周期的运行阶段，适时调整政策，运用相应的政策工具，有效调节总需求，从而实现稳定经济增长的目标。当经济“过热”或出现通货膨胀时，政府应实行紧缩性财政政策，一是根据法律推迟固定资产折旧期以及提高企业所得税，限制私人投资；二是提高个人所得税，最高为10%，从而限制需求，平抑物价；三是直接减少财政资金、延缓基建项目建设等。而当经济“过冷”，出现经济衰退或危机时，政府则应实行扩张性财政政策，其一，根据法律允许企业提前折旧固定资产，适当降低企业所得税税率，增加政府与企业共营的业务；其二，根据法律降低个人所得税税率，降幅小于10%，不超过1年；其三，通过增加联邦、州、地方各级政府的预算计划，直接扩大政府需求，以及采取发行债券的方式，增加货币供给，刺激需求。无论是实行紧缩性还是实行扩张性财政政策，其目的都是通过调节总需求而实现供求的总量平衡。

第二，调整经济结构，对产业发展发挥导向性作用。这一点是宏观财政政策在微观经济领域所产生的积极效果，通过一些措施减少产业结构转型升级过程中出现的问题，一方面支持“朝阳产业”的发展，另一方面解决“夕阳产业”产生的失业等问题。具体的政策手段除了一般的增税减税、变动折旧期、调控信贷规模等，还有一种重要的手段，即提供补助金，在实际运用这一政策手段时，往往又有不同的方式：一是提供无偿的补助金。政府的财政援助绝大部分都是无偿补助，这种无偿补助又分为两类，一类是日常的津贴，如为降低农产品生产和销售费用而提供给农业经营者的燃料津贴、运输津贴等；另一类是属于一次性的“转移支付”，如向采煤工业中停产关闭的煤矿企业发放奖金，向内河航运业中废弃、拆掉旧船的船主发放奖金等。二是提供部分性归还的补助金。这种部分性归还的补助金，主要用于促进技术研究与发展事业，一般都和企业革新活动的成果相联系。由于一些研究的风险特别大，政府给予部分性归还的补助金，实际上就等于分担了一部分风险，如政府对开展核技术、航空航天技术研究的企业或独立研究机构提供津贴和贷款等。三是提供补贴。政府通过提供利息补贴减轻贷款者在支付利息方面的负担。四是给予税收优惠。联邦德国实行的税收优惠形式主要有：免税，如对近海、深海作业的小型渔业企业免征营业税，对农业、林业企业的牵引机免征汽车税；部分收入免税，如小规模的农业、林业户在出售他们的“企业”时，所得收入可以部分免税，但超过一定数额时，仍需纳税；低税率征税，如对文化娱乐活动设置较低的增值税税率，对载重量大、运输里程远的大型挂斗减收汽车税；特别折旧，受扶植的企业通过特别折旧，可减少利润的纳税额，得到税收优惠，以鼓励这些方面的投资，如对保护环境的货物以及新建住宅实行特别高的折旧；投资津贴，鼓励企业向重点经济部门投资，投资津贴一般为7.5%，从应缴纳所得税中扣除。总之，发放补助金可以在扶持重要产业、促进产业结构升级的同时，对落后地区、落后产业提供援助，从而促进国民经济的稳定发展。

第三，保证社会经济均衡发展。首先是利用国民收入再分配政策，调节收入分配差距，这一政策由所得税、财政补贴、社会保障等多项内容组成。国民收入再分配的过程，主要是由国家财政部门和社会保险机构向就业者征收个人所得税、养老保险费等，再将这部分财政收入，通过失业保险、医疗保险、养老保险、公务员退休金、有子女家庭补贴、住房补贴、社会救济等项目，由国家转移支付给个人或各个社群。德国社保体制的覆盖面广，保障程度高，法定养老、医疗保险均涵盖了总人口的90%。[①] 国民收入再分配政策，能够为广大失业者和弱势群体提供基本的生活保障，这对于保持国家政治、经济稳定具有重要的意义。但是，随着社会保障规模的不断扩大，财政负担不断加重，同时伴随人口老龄化的加剧，医疗费用大幅度上升，导致财政收入难以支付巨额的社保支出的局面。面对这种状况，德国政府也相应实施了延迟退休、养老金来源多元化、减少失业救助金等一系列社保体制改革，在一定程度上缓解了财政压力，但也因福利标准降低，低收入群体的消费能力减弱，而拉大了贫富差距，不利于经济的发展。其次是财政支持基础设施建设。加强基础设施建设是保证经济发展必不可少的外部条件，由于获利不多、无利可图甚至赔本，私营企业一般无意问津，所以政府必须将其列入宏观调控的范围，在财政方面给予大力支持。经济领域，主要涉及供水、供电、供气、能源、交通运输、邮政通信等部门；社会发展方面，主要包括教育和科学事业、研究与发展事业等方面的内容。联邦德国的公共教育经费支出总额不断增加，从1965年的157亿马克增至1984年的836亿马克，其占国民生产总值的比重从3.4%增至近5.0%。[②] 2000年后德国的公共教育支出持续增长，占国内生产总值的比重一直保持在6.0%及以上（见表4-3）。同时，国家也特别

① 丁纯. 德国社会保障体制的现状与改革［J］. 国际经济评论，2000（3-4）：45.

② 陈建. 政府与市场［M］. 北京：经济管理出版社，1995：237.

重视对科研项目的支持，欧盟委员会的统计显示，德国的研发投入超过欧盟平均水平的20%，德国申请专利的数量排在欧盟第一位。德国财政对社会基础性领域的建设提供了大量支持，从而为社会经济的均衡、稳定、持续发展奠定了基础。

表 4-3　德国国内生产总值与公共教育支出

项目 年份	国内生产总值（亿欧元）	国内生产总值增长率（%）	公共教育支出总额（亿欧元）	公共教育支出增长率（%）	公共教育支出占国内生产总值比重（%）
2000	20630	2.5	1268	0.6	6.1
2001	21130	2.5	1305	2.9	6.2
2002	21430	1.4	1359	4.1	6.3
2003	21640	1.0	1371	0.9	6.3
2004	22110	2.2	1372	0.1	6.2
2005	22420	1.4	1387	1.1	6.2
2006	23270	3.7	1427	2.9	6.1
2007	24320	4.4	1478	3.6	6.1
2008	24810	2.8	1494	1.1	6.0
2009	23970	-3.5	1582	5.9	6.6

资料来源：史世伟，陈建平．德国经济数字地图 2011［M］．北京：科学出版社，2012：10，108.

综上所述，社会市场经济体制下国家行使经济干预或调节职能的重要方式，就是宏观货币政策和财政政策，这些经济政策都主要通过德意志联邦银行施行，正是这个既独立于联邦政府，又独立于众多商业银行，拥有制定与实施货币政策法律权限的德意志联邦银行，宏观经济政策才得以顺利实行并取得成效。

第三节　日本“政府导向型”市场经济模式

日本市场经济模式是经过第二次世界大战后（20世纪五六十年代）在美国的扶持和帮助下经济逐渐恢复，以及20世纪80年代经济高速增长的过程，而形成的独具特点的市场经济模式。这一模式依然是以市场机制为调节市场经济运行的基本原则，但在此基础上，日本政府对经济发展发挥了重要的导向性作用，通过制定和实施一系列的全国性经济计划和产业政策，对社会经济进行管理和引导，因而可以称为“政府导向型”市场经济模式。在这一模式下，政府、市场、企业三者紧密结合，相辅相成，互相配合，创造出了良好的经济效益。

日本市场经济模式坚持新古典综合派的观点，以自由市场理论为核心，这一点与其他发达的市场经济国家基本一致，但在国家经济职能方面，又有很大不同。日本的市场经济模式，虽然是以自由市场制度为基础，但政府干预经济的范围和力度都明显要比其他发达市场经济国家要强。这是其最大的特点，也是其最大的优点，能够使企业的利润目标与国家的整体发展目标相结合，通过制定的产业政策，将国家的宏观调控与企业的微观经营有机结合起来，有效地实现了对企业的“导航”作用。

但随着日本政府对社会经济过程干预程度的加强，其负面影响也在显现，财政赤字不断增加，官僚主义日益盛行。对此，社会各界及民众表现出普遍不满，要求进行行政机构改革，缩小政府对经济进行干预的范围。20 世纪 80 年代中期，日本中曾根内阁开始推行一系列行政、财政改革，包括将日本烟草专卖公社、日本电信电话公社和日本国有铁道这三家国营大公司转为私营，实行了一次由官转民的体制改革。这一系列重大改革和调整，在一定程度上标志着日本市场经济体制向着减少国家干预、增强市场竞争的方向演进。

一、以大企业为主导的私有制基础

日本的经济结构以生产资料私有制为基础，私人资本投资的企业占企业总数的比重超过了 90%，其中，以企业集团为核心的大企业又占据了经济的主导地位，发挥着重要的基础性作用。

（一）以企业集团为主体的大企业

按照《日本中小企业基本法》（1963 年）的规定，日本企业按规模可划分为大企业和中小企业。大企业一般指：在制造业中资本额超过 1 亿日元，从业人员 300 人以上；零售商资本额在 1000 万日元以上，从业人员 50 人以上；批发商资本额在 3000 万日元以上，从业人员 100 人以上的企业。除此之外的企业则为中小企业。根据此标准，“二战”后日本的大企业占企业总数的比重不足 1%，中小企业在企业总数中的占比超过 99%。但如果从企业销售额来看，大企业的销售额就占了日本企业销售总额的六成多，而中小企业占比不足四成。由此可以看出，大企业在日本经济中的地位是主体性的。

具体来讲，日本的大企业又以企业集团为主导，企业集团可以分为两种类型：一种是以大企业间的横向联合为特征，集团内部企业之间通过协议相结合，是一种平行关系，集团以“经理会”为最高权力机构，但没有统一的管理组织，本身也不具有独立的法人地位，因而它只是一种结构松散的法人企业联合体；另一种是以大企业间的纵向联合为标志，即通过上下游企业间的联合，形成一个包括母公司、子公司、关联公司、承包公司等在内的企业集团，集团内企业相互独立，但又互相依存，联系较为密切。日本的六大集团掌握着国家的经济命脉，它们分别是：三菱集团、三井集团、住友集团、富士（又称芙蓉）集团、第一劝银集团、三和集团，这六大集团基本上控制了日本的金融、工业、农业、运输、商业等主要经济领域。这些集团与日本政府关系密切，其经营者在日本政界都有很强的影响力。

日本企业集团资本组织形式的重要特征是集团内成员企业之间相互持股，如三菱集团旗下的三菱银行、东京海上日动火灾保险、三菱化学、三菱重工业、三菱商事等股份有限公司之间相互持有股份；住友集团内部的住友银行、住友金属工业、住友化学等股份有限公司间相互持股。20 世纪 70 年代，三菱集团内部成员企业之间的相互持股率为 27.6%，三井集团为 14.3%，住友集团为 24.7%，富士集团为 13.1%，第一劝银集团为 20.5%，三和集团为 14.7%，这六大企业集团内部成员企业之间的平均相互持股率为 18.8%。[①] 集团企业间相互持股，形成一体化的产业链系统，可以有效降低交易成本，提高经济效益，并通过互派人员，进行及时有效的沟通、协调、监督与反馈，形成联系紧密、较为稳固的“互惠型”网络关系，从而有助于保持资本运行的高效性和稳定性。需要指出的是，在日本企业所有制结构中，公司法人股东占主体地位，私人或家庭持股比重相对较低。例如，1990 年在工业、金融、保险领域中，公司法人持股率在 70% 以上，个人及家庭持股率仅占 24%。这种企业持股结构，与美国和欧洲国家的股份公司都有明显不同。

日本企业集团资本运营的另一特征是集团内部融资。集团一般都以大城市银

① ［日］山崎隆三．现代日本经济史［M］．东京：有斐阁，1985：206.

行或金融保险机构为核心，核心银行和金融保险机构为实现集团利益最大化，会向集团成员企业提供贷款。1971 年，企业集团金融机构对其集团内部企业的贷款比率分别是：三菱集团为 26%，三井集团为 22%，住友集团为 35%，富士集团为 21%，第一劝银集团为 14%，三和集团为 21%。这六大企业集团平均的内部融资比率为 22%，[①] 之后虽略有降低，但 1990 年三菱银行、三菱信托银行等三菱集团的金融机构对其集团内部企业的贷款比率仍达 19.43%。[②] 集团内部融资是日本企业集团的特征，与欧美国家的企业集团也是不同的。

但 20 世纪末 21 世纪初，受世界经济环境的影响，日本企业集团受到了来自国际金融危机和经济波动的巨大冲击，逐步分化与解体，但这并不意味着这一组织形式的衰败与消亡，而是向着新一轮的结构调整与体制改革的方向演进。首先是改变融资体系，由传统的集团内部融资向开放式融资转变，一方面广泛吸收直接融资，另一方面开放融资渠道，允许集团外甚至国际资本进入，从而推动了企业集团融资主导体制的变革。其次是企业集团内外的合并与重组，通过跨行业的资本兼并与重新组合，逐步实现从集团化向市场主体化的转变。但由于这一过程是迫于国际经济形势变化而做出的被动调整，其间充满了与日本传统文化、体制、结构的矛盾与冲突，所以必然遇到诸多的困难与障碍，这些都会对日本经济发展造成长期的影响。

日本企业集团在管理方式上的特点是实行人事交流和总经理会议制。人事交流是指集团内部的企业间，为提高企业的经营和管理效率、加强沟通与联系，而彼此派遣管理人员的制度。总经理会议制是在集团内部，各成员企业的社长（总经理）定期举办会议，交流信息、商讨经济形势，制定企业经营策略等，如三菱集团的“金曜会”、三井集团的“二木会”、住友集团的“白水会”、富士集团的“芙蓉会”、第一劝银的“三金会”、三和集团的“三水会”等。这些集团的社长会都只是对集团的运营做出指导性的决策和规划，而没有下达指令性命令的权力。受国际经济环境和企业集团体制转变的影响，虽然“社长会”制度仍应存在，但其成员企业间的关系由紧密变得相对松散，集团内部的企业作为法人主体的独立性增强，其经营决策并不受社长会的制约。

① ［日］山崎隆三．现代日本经济史［M］．东京：有斐阁，1985：206.

② 刘景竹．日本企业系列化的特点及其对日本经济的影响［J］．世界经济，1993（5）：65.

（二）众多中小企业的补充作用

虽然以企业集团为核心的大企业占据着日本经济的主导地位，但中小企业也在日本经济发展中发挥着重要的推动作用。“二战”后，日本经济快速恢复并实现增长，在这一过程中，中小企业发挥了不可替代的作用。一方面，日本的中小企业数量众多，在全部企业中占绝对优势，比重一直保持在99%以上；另一方面，中小企业多属劳动密集型产业，在吸纳劳动力、促进就业方面也发挥了重要作用（见表4-4）。中小企业通过与大企业之间的分工与互补，共同促进日本经济的发展。

表4-4　1960~2001年日本中小企业情况

项目＼年份	1960	1972	1981	1991	2001
中小企业数量（万家）	344.7	510.5	623	653.2	611.4
中小企业占全部企业的比重（%）	99.9	99.8	99.4	99.8	99.8
中小企业从业人数（人）	1914	3267	3721	4820	4829
中小企业从业人数占全国非第一产业人数的比重（%）	82.6	84.2	88.4	87.9	88.3

注：中小企业指非第一产业中的299人以下的企业。

资料来源：李玉潭．日本中小企业的历史地位及其在经济再生中的作用［J］．现代日本经济，2003（6）：11-12.

“二战”后，随着日本经济的恢复与发展，中小企业与大企业之间的“二重”结构性矛盾逐渐缓和，它们之间通过产业链关系结成利益伙伴，合作拓展到“原材料供给—零配件生产—产品组装—销售—服务”全产业链的各个环节。在战后的几个重要历史时期，如20世纪70年代的“尼克松冲击”以及两次石油危机时期，众多中小企业都以其灵活多变的企业发展战略、良好的适应能力和坚实的技术力量，对推动日本经济的持续高速增长，起到了积极的推动作用。但20世纪80年代以来，随着国际经济形势的变化，大企业与中小企业之间的关系也出现了一些变化，主要表现在中小企业利用自身的适应性、灵活性以及小规模优势，逐渐摆脱大企业的束缚，改变以大企业为中心的承包关系，开始进行彼此的横向合作，研究新技术，开发新产品，提供新服务，占领新市场，逐步形成一种小企业具有独立的经济主体地位、不断拓展交易空间的新的经济网络。

战后几十年来日本中小企业的蓬勃发展，离不开日本政府的大力扶持。1948年日本政府设立了中小企业厅，专门负责中小企业事务，其主要职能是制定、调整、监督、实施各项中小企业法，通过陆续设立中小企业金融公库、中小企业投资事业团、中小企业信用保证协会、中小企业总和事业团、中小企业经营和技术协会、中小企业大学校、中小企业信息中心等各类服务机构，为中小企业的发展提供资金保障、智力支持和信息服务。经过多年实践，日本政府为壮大中小企业，建立起了较为完备的法律、金融、财税、保险、教育、信息等服务体系，使中小企业充满生机，稳定发展。进入21世纪后，日本中小企业也因受到国际经济形势变化和国内经济体制改革的影响而出现困难，但其以经营的独立性、灵活性和创新性，仍然保持着生命的活力。通过与高校、科研机构建立协作关系，促进新科技成果向市场转化；通过新产品“研发—生产—销售—运输—服务”一体化战略联盟的建立，实现产品的集约化经营。总之，中小企业顺应国内外市场变化的趋势，利用组织形式和经营模式的创新，不断探寻适合自身的发展路径。

二、公营企业的形式与地位

虽然在日本的经济结构中，公营企业的比例很小，私人企业占绝对优势地位，但公营企业在公共事业领域发挥着重要作用，同时也对私人企业的发展提供了极大的支持。

（一）公营企业的主要经营形式

在自由竞争的市场经济制度下，市场活动的行为主体是私营企业，但为了充实并完善市场经济制度，政府部门也从事各种事业活动，这种事业活动及其实施主体称为公益事业或公共企业（亦称公营企业）。日本的公营企业（事业）按经营方式大致可分为以下四类：

一是国家或地方政府直接经营的企业。国家直营的企业主要涉及以下领域：货币制造、邮电通信、印刷业、国有林区、酒类专卖；地方政府直营企业的经营范围较广，主要包括自来水和工业用水的供应、铁路和汽车运输、电能传输和配置、煤气的生产与应用等。直营企业一般都引入市场化的经营机制，实行公司制管理，财务独立核算。

二是依据国家法律建立的特殊法人企业。这类企业是按照国家特别法律规定，为满足社会发展的公共需求或特殊需要而专门设立的。这类企业涉及的经济领域广泛，主要有运输、邮电、广播、电视、农地开发、资源利用、城市建设、金融、科研等部门，其组织形式主要有公社、公团、事业团、公库、金库、特殊银行、营团、特殊公司，以及各种特殊的基金会、协会等。日本的国有铁道、专卖公社、电信电话公社，是公共性较强的企业，全部由国家投资建设经营，财务预算决算、投资计划、发展规划等都必须提交国会，经内阁会议决定，公社总裁也由内阁任命。

三是由国家和地方政府、公共团体、私营企业共同投资的企业。这类企业一般以股份公司或有限公司等形式为主，经营范围主要是城市建设及地区资源开发和利用方面。在这类企业的投资结构中，政府的投资额一般都会超过1/4。

四是受政府委托提供某些公共服务的企业。这类企业的经营主要包括电能的生产与配置、煤气的开发与利用、地方铁路运输、地方公路运输等领域。鉴于这类企业的公共性，政府会对这些企业的运行进行严格的监督和管制，以保证其公益性的实现。

（二）公营企业的私有化改革

20世纪70年代末80年代初，西方发达国家为摆脱“滞胀”困境，在英国、美国的带动下，普遍出现了自由化、市场化、私营化的趋势。日本也受这股浪潮的影响，开始了公营企业的私有化改革。

虽然日本的“滞胀”情况不明显，但经济增长率也趋于下降，并且政府的财政赤字不断增加，国有企业效益低下，同时日本长期的对外贸易顺差，招致了欧美国家的极大不满，要求日本打破政府对铁路、烟草、电信等行业的垄断。1982年11月，日本中曾根内阁上台，开始推行一系列私有化改革。这次改革的对象，主要是烟草专卖、电信、铁路等领域具有垄断性的几个大型国有企业，改革就是对这些企业进行股份制改革，甚至将其转为私人经营。这一系列改革对日本国民经济的发展和经济结构的调整产生了重要作用。

首先是对日本专卖制度的改革。1949年，日本政府依据法律全额出资组建了日本专卖公社，在当时日本政府主管财税工作的大藏省的监督管理下进行生产经营活动。专卖公社具有法人资格，独立经营，主要负责烟草和盐的生产和销售。1985年，日本政府废除了烟草专卖制度，将专卖公社改制为烟草产业株式会社（烟草产业股份有限公司），该企业的资本总量约1000亿日元，将之分为

200 万股，通过股份制改造，出售了 1/3 的股份，[①] 政府与企业的关系也从之前的行政隶属关系，转变为股东与企业之间的经济利益关系。改制后的企业关停了部分效益低下的生产线，缩小了烟草种植范围，并减少了员工数量。通过改革，企业的经营成本降低了 1/10，净资产从 8600 亿日元增长到 9900 亿日元；国家的财政收入较之前有了提高，一方面政府以股东的角色，可以分享企业红利，另一方面政府通过企业所得税等税收方式，向企业收取税金，充实国库。

其次是日本电信业的改革。在日本，电信事业历来由政府管理，1952 年日本政府全资组建了电信电话公社，公社的财务预算和决算情况需提交国会，但在遵守公司法的前提下，公社自主经营，在资金运作上具有一定权力，享有独立法人资格。公社的经营主要包括：确立科学合理的公众电信通信事业体制，经营其业务及附属业务（设备的建设、管理、经营）；受邮政大臣委托，从事电气通信设施的安装、维护及其他业务。1985 年，日本政府按照相关法律对电信电话公社进行改制，成立日本电信电话株式会社（日本电信电话股份有限公司），将公司 1/3 的股份保留在政府手中，2/3 的股份全部上市向社会出售。上市后的股票价格高涨，一个月内，每股票面价格竟由 120 万日元涨至 300 万日元，涨幅达 150%。改制后的企业，业务范围逐渐拓广，市场竞争力不断增强，服务费用趋于下降，同时电信电话株式会社同美国的国际商业机器公司（IBM）合资创设了日本信息通信公司，与本国计算机制造商合资创设了各种增值网（VAN）公司，组成全国通信网络等，业务有了极大发展。

最后是日本铁路事业的改革。这项改革难度巨大，改革的过程也较为艰难。日本的铁路事业最初有国营和私营两种体制。“二战”前，日本为了统一管理，规定除了小规模的以地方交通为目的的事业外，铁路均为国家所有。战后，日本政府根据《日本国有铁道法》建立了日本国有铁道（简称国铁），全部由国家投资，主要负责国内客运干线铁路的运营和货物运输，以及与铁路事业相关的附属事业，包括航船联运、汽车运输、石油管道等。同时允许私营铁路企业经营，但与国铁有明确的分工，其主要负责城市之间和周边的近距离的铁路运输业务。但自 20 世纪 60 年代后期开始，日本国有铁路公社的经营状况恶化，难以依靠自有资金维持，负债增加，利息负担也不断加重，开始亏损，甚至发展到濒于破产的

① 陈建．政府与市场［M］．北京：经济管理出版社，1995：254.

境地，成为日本政府沉重的财政负担。日本国铁经营长期恶化的原因，主要有以下几点：政府限制严格，经营者缺乏自主权，不能按每个时期的环境条件决定票价和工人工资，职工年龄构成偏高，工资费用负担重；由于政治家的压力，其被迫进行不顾经济核算的建设和运行；机构庞大，同时要管理全国铁路干线的客货运输，难免顾此失彼，运转艰难；职工捧“铁饭碗”，吃“大锅饭”，缺乏压力和竞争，服务质量低；缺乏多种经营意识，除了经营铁路之外，再也没有其他资金来源，一切都需国家拨款；高速公路的建成和国内海运的发达，使铁路货物运输萧条等。对于国铁的这些情况，日本政府曾采取过许多“合理化”对策，如允许其多次提高票价，大量裁减职工，减少行政开支，扩大经营范围等。但始终收效甚微，经营状态仍没有得到改善，巨额赤字有增无减。1985 年，继日本专卖公社和日本电信电话公社实行私营化之后，日本政府决定自 1987 年开始对国铁实行分割化和私营化。

1987 年 4 月，日本政府正式对国铁进行私营化改革。对国内原有的两万多千米国有铁路（包括新干线）进行分割，划分为 6 个区段：九州、四国、西日本、东日本、东海、北海道，分别由 6 家私营铁路客运公司和 1 家私营货运铁路公司承运。将原国铁的 4000 多亿日元的资产分为 900 多万股，分配给上述 7 家私营铁路公司分期分批向社会发售。按照国家的财政收支预算安排，这 7 家私营铁路公司要将第一年经营总收入的 1%上缴国库，用于偿还负债。日本铁路事业实行私营化改革之后，出现了激烈的市场竞争，私营铁路公司拥有了充分的经营自主权，各企业纷纷改装车厢，调整优化运营时刻表，增加服务项目，提高服务质量，实行多种经营。通过改革，铁路事业的经济效益明显提高，政府因原国有铁路公社亏损而长期背负的巨额债务也逐年减少。

三、日本政府在市场经济中的调控作用

在日本企业所有制结构中，私营企业约占 90%，具有绝对优势，而公营企业占比较小，仅有 10%。但日本政府通过经济计划、产业政策、财政和金融政策，对私人资本投向的引导性非常大，相比欧美国家，日本政府对经济过程的干预程度更强。

（一）日本政府调控经济的主要机构

日本内阁（政府）原是 1 府 22 省厅的行政体制，经过 1998 年的行政体制改

革后，于2002年改为1府12省的新体制。具体包括：内阁府、总务省、文部科学省、厚生劳动省、财务省、经济产业省、环境省、法务省、外务省、农林水产省、国土交通省、防卫省、国家公安委员会。通过这次行政体制改革，将职能相近、关系密切的机构进行了重组，使各部门之间结构合理、分工细致、权责明确，形成了一个有机的经济调控体系。

1. 财务省

财务省的前身是大藏省，大藏省早在明治政府时期（1869年）就已设立，主要负责国家财政、税收、货币、金融等方面的政策制定和管理。其内部机构不断优化调整，目前设立9个厅局：大臣官房和主计局、主税局、理财局、银行局、证券局、关税局、国际金融局、选币局和印刷局，其具体职能包括：在财政税收方面，负责进行政府财政收入与支出预算，制定、修改、完善税务制度，发行国债，使用国库资金等；在货币金融方面，负责货币发行，控制货币发行数量，监督、管理政府银行、保险公司等金融机构的资金运作，对证券交易市场的交易、运行进行调整和规范；在国际交往方面，负责制定外汇政策，以及引进外资、对外投资等国际性经贸活动。

2. 经济产业省

经济产业省是主要负责制定、监督、执行资源能源政策、产业政策、贸易政策的职能部门。其内部设有大臣官房和对产业、贸易领域进行调控的各个局，各局按职能关系又可划分为两部分：一部分是包括基础产业局、机械情报产业局、生活产业局在内的纵向职能部门，主要负责特定产业和物资的调控；另一部分是包括通商政策局、贸易局、产业政策局、新厂配置公害局在内的横向职能部门，主要负责政府直接管辖之外的产业领域，根据行业部门制定相关的产业政策和商业政策。通商产业省作为制定产业发展政策的综合性职能机构，对日本的产业发展具有极大的指导性作用，在日本经济发展的主要阶段，发挥过重要的推动作用。

3. 农林水产省

农林水产省是主要负责粮食政策和农林水产行业发展政策的职能部门。其内部机构按职能关系也可划分为两部分：一部分是对农、林、水产等不同行业进行管理、调控的机构，包括总合食料局、生产局、村野厅、水产厅等；另一部分是对各行业进行综合性管理的部门，包括经营局、农业振兴局、消费安全局等。农林水产省通过品种改良、产业指导、产业扶持等措施，对日本的农业、林业、水产业发展起到了积极的促进作用，增进了这些部门劳动者的福利，对保证粮食产业稳步发展、市场稳定供应发挥了重要作用。

4. 经济企划厅

经济企划厅是负责编制经济计划、制定和调整经济政策的经济职能部门。其前身是“二战”结束后（1946 年）为实行统制经济和推进各种稳定经济的措施而设置的“经济安定本部”，后改编为“经济审议厅”，1955 年设置为“经济企划厅”，目前是总理府下设的综合性经济管理部门，是日本政府实施计划诱导职能的最主要机构。其内部设有长官官房和调整局、国民生活局、物价局、综合计划局、综合开发局、调查局，以及经济审议会和经济研究所等咨询机构，在日本政府的宏观经济管理活动中发挥着重要作用。①

日本内阁按照相关法律规定在各省厅下又设有各类审议厅，作为各省厅的附属机构。审议厅并没有决策权，只是通过合议制的形式，参与国民经济的宏观调控。审议厅的成员一般是由企业界、学术界等社会各界代表或知名人士组成，经内阁相关部门负责人任命后任职 1~2 年。审议厅总会下设各级分会和小委员会，有的仅有临时性，在相关工作结束后随即取消。审议厅的具体职能是进行信息咨询、参与经济计划与政策的制定、参与经济问题的审查与调停等，对各职能部门工作的顺利推进发挥着重要的辅助和配合作用。

（二）日本政府调控经济的主要方式

日本政府是对社会经济过程进行调控的主体，拥有制订国民经济发展计划和进行经济决策的权力。与欧美国家相同，日本内阁一般也不直接干预经济，政府对经济的调控作用主要通过经济计划引导和推行经济政策来实现。但与欧美国家不同的是，日本政府所制订的经济计划和经济政策对经济过程的导向性很强，虽然不具有指令性，但对社会经济运动过程发挥着重要的引导作用。而且，日本政府实行的是一种自下而上的决策机制，这种决策机制是先按照察议制度，由主管“课”根据经济状况提出决策议案，充分讨论确定后向上逐级申报，经审议会审议通过，再由相关省厅进行审核，最终确定议案。重要提案需召集机构领导人进行协商，取得一致意见后才能审定。此外，决策议案的审议、确定和实施，还受到民间组织的质询和监督，从而使整个决策过程具有较高的科学性和民主性。日

① 丁煌．日本政府成功履行其宏观经济管理职能的体制保证［J］．国际技术经济研究，2001（4）：23.

本政府调控市场经济的方式，主要有以下三个方面。

1. 经济计划

日本政府制订的经济计划，不是行政命令，不具有强制效力，但它对社会经济活动的指导性作用却是非常强的。它申明政府的政策主张，指明未来社会经济发展的趋势，为私人资本的投资引导方向，是日本政府对经济过程进行调控的重要手段。

首先，在日本的经济计划体系中，最重要的是由经济企划厅制订的中长期经济计划，计划期一般为5~10年，20世纪50年代以来，日本经济企划厅陆续制订了十几项中长期经济计划，明确了社会经济发展方向和目标。其具体作用表现在以下三方面：一是通过周期性的经济预测，对民间资本投资进行引导；二是对民间经济活动进行长期的支持；三是调节各种经济利益关系等。

其次，日本政府制订国土综合开发计划，这一计划最初是1940年日本政府制定的“国土开发纲要”。1950年，日本又制定了“国土综合开发法”，标志着日本国土综合开发计划进入法制化程序。该法规明确，日本的国土综合开发计划共分为全国综合开发计划、地方综合开发计划、都道府县综合开发计划、特定地区综合开发计划四种类型。

最后，短期经济计划。短期经济计划一般是指政府的年度经济预测，计划期为本年4月至下年3月。短期经济计划最早制订于第二次世界大战期间，当时的大藏省在草拟国家资金计划的时候会推算每年的国民收入生产额，后来这种计划形式一度中断。1946年，大藏省着手恢复这项工作，并于当年将这项工作交给经济安定本部（经济企划厅的前身）负责，之后即由经济企划厅一直负责这项工作。从1952年起，短期经济计划作为政府编制预算及安排各项工作的主要依据，每年都经内阁会议讨论通过后正式发表。短期经济计划的内容主要包括当年经济形势概述、下年度经济运营的基本态度以及下年度经济的展望三方面。做经济展望所使用的主要经济指标包括国民生产总值、就业率、生产者价格指数、居民消费价格指数、国民收入、国际收支及对外贸易额等。

2. 产业政策

日本的产业政策是市场经济国家中独具特点的政府调控手段，由日本政府依据经济发展目标而制定，通过配合使用税收、金融等政策工具引导私人资本投资。日本产业政策的具体内容包括：①产业税收制度和补助金政策。政府有针对性地对相关产业实行税收减免、直接提供补助金等政策，以促进产业结构转型升级，鼓励出口和增加设备投资，保护和扶持特殊产业发展。②产业金融政策。政府通过日本开发银行、日本进出口银行、中小企业金融公库等各种金融机构，对政府鼓励发展的相关产业制定特殊优惠的贷款政策，给予资金方面的支持。③产业技术政策。政府为鼓励私营企业增加研发投入、积极开展科研活动、增强其研发能力，对私营企业的一些重大技术开发项目给予专项补助金支持，实施税收减免政策。④进出口政策。政府为扶持一些对国民经济发展具有重要意义，但发展还不成熟、国际竞争力弱的产业，采取限制进口的措施；为推动本国优势产品出口，相应采取鼓励出口的政策。⑤政企恳谈制度。政府为加强与企业的交流与合作，定期与企业代表召开有关经济议题的恳谈会，目的是了解企业的政策需求，为企业发展提供相应的支持，推动企业经济结构调整与技术进步。

在促进产业发展方面，日本政府除了制定相关的产业政策，还周期性地制定产业结构设想，发挥引导产业发展方向的作用。它通常是由通商产业省的下属机构产业结构审议会根据产业调研情况制定，审议会成员由学术界、企业界等各界代表组成。与国民经济计划相比，产业结构设想与企业发展的关系更为密切，虽然它没有任何强制性作用，但对私营企业的发展具有重要的导向性。20 世纪 60 年代以来，日本政府制定了若干个产业结构设想，对产业结构调整、企业技术进步发挥了积极的推动作用。

“二战”后，日本政府通过有效实施产业政策，培育出了一大批具有国际竞争力的大型企业集团，促进了企业合并和资本集中，有利于日本企业参与国际竞争，在国际经济中占据重要地位。

3. 财政和金融政策

财政和金融政策是市场经济国家普遍采取的经济调控方式，日本经济的发展，也离不开财政和金融政策的支持。首先，日本的财政政策对市场经济发展发挥三方面的作用：支持国民经济基础设施建设，提供国防和社会安全保障；向低收入群体提供基本的生活保障，提高国民的整体福利水平；根据经济发展形势相机抉择，采用适宜的财政工具调控经济，以保证经济的平稳发展。其次，日本的金融政策主要是通过控制货币供应量，保证国民经济的稳定增长。具体是由日本中央银行即日本银行通过公开市场业务、调整贴现率、法定准备金率等货币工具，制定相应的金融政策，控制信贷规模，以调节货币供应量，从而间接调控经济。财政和金融政策使用得当，能够促进经济发展，但如果政策失误，也会引起经济混乱，如日本在20世纪70年代初和80年代末发生的两次经济波动，都与财政金融政策不当有直接关系。

由此可见，日本政府对经济的干预是多方面的，经济计划的制订有助于改变自由市场经济条件下生产的无政府状态，使企业明确发展目标，促进市场经济活动有序运行；产业政策有助于经济资源的有效配置，推动产业结构的优化调整；适宜的财政和金融政策，能够在一定程度上抚平经济周期带来的负面影响，促进社会经济的均衡发展。此外，日本政府在经济调控方面，还辅以行政指导以及物价、环境、社保、外贸、反垄断等方面的一整套措施，保证了国民经济的稳步运行。

（三）日本经济体制问题与金融体制改革

日本政府导向型的市场经济模式，使日本在20世纪80年代实现了经济的迅猛增长，创造了连续18年高增长的奇迹，一跃成为世界第二经济大国。但进入20世纪90年代后，日本经济却陷入了长期的经济停滞甚至衰退的困境。

首先，日本政府对企业给予了过多的保护和扶持，严重弱化了企业的竞争能力，使企业缺乏活力。市场经济的原则是自由、平等、开放、竞争、有序，而日本的经济模式却背离了这些基本原则。政府制定的对企业的保护和扶持政策，多是针对大型企业集团的，从经济计划的制订，到产业政策的引导，再到财政货币政策的支持，都倾向于大型企业集团，有的甚至以牺牲中小企业的利益为代价。政府通过各种排外的规章制度，保护大企业的发展。企业集团之间和集团内部交叉持股，形成了长期的战略联盟，有助于共同利益的实现，但由于高筑进入壁垒，从而限制了国内外竞争者的进入，导致本国企业竞争力弱化、效率下降。而且，这种政企关系使政府难以建立有效的监管机制，导致政府官员、企业家的各种丑闻不断出现。

其次，日本政府长期实行赤字政策，使国家财政陷入困境。日本政府在执行对企业的保护和扶持政策的过程中，每年都需要负担庞大的财政支出，如日本国铁的巨额赤字，有体制方面的原因，但更为重要的是由于大企业提供廉价的运输服务导致的。日本国铁在1964~1979年，连年赤字，损失金额从300亿日元增加到8218亿日元，约增加了26倍，累计赤字66175亿日元。[①] 巨额的赤字，政府

① 张艳梅．日本政府导向型市场经济模式的评价及其调整［J］．日本研究，2004（3）：25.

难以负担，最终不得不对国铁进行私有化改革。除了公营企业的财政负担，日本政府还承担着各项公共工程项目的财政预算，庞大的公共工程预算使政府官员与相关企业结成利益共同体，造成各类公共工程项目的财政预算规模难以缩减。在财政制度方面，日本中央政府在财权划分上，掌握了60%的税收收入，而在事权划分上，地方政府的权力占了60%，地方政府往往会追求预算规模的增加，而非公共财政的有效配置。为了刺激经济增长，日本政府长期实行扩张性财政政策，财政预算连年增加，政府负债日益沉重。在多种因素的共同作用下，日本政府的财政预算规模有增无减。而随着日本政府财政状况的恶化，特别是公共债务负担的加重，政府财政政策的作用日益减弱。通过赤字政策刺激经济的做法，很难发挥刺激需求的作用。

最后，日本政府对金融机构的过度扶植与保护，造成其缺乏创新意识、主动精神，竞争力不断减弱。住宅金融公库、国民生活金融公库、中小企业金融公库等大型金融机构是日本经济发展的重要支撑，若这些机构出现问题，日本政府就会倾力帮扶，通过相关机构出台相关措施，给予其政策上和资金上的支持。日本政府对金融机构的保护，致使这些金融机构对政府的依赖性不断增强，自身的发展能力退化。同时，由于日本的金融制度缺乏透明度，政府对金融机构的运营监管不到位，导致这些金融机构的不良资产规模不断扩大。20 世纪 80 年代末 90 年代初，日本金融机构的呆坏账等不良债权逐渐增加。1998 年间，整个日本银行体系的不良债权在当时已达 76.7 万亿日元，占其贷款总额的 12%。[①] 同时，受到亚洲金融危机的强烈影响，很多金融机构破产倒闭，日本金融机构在国际金融市场中的地位快速下降，外国银行和企业进入日本东京金融市场的数量也逐渐减少。

日本政府也深刻认识到了自身面临的金融问题，于是 1996 年桥本龙太郎首相提出了金融体制改革（1997~2001 年）的构想，确立了自由、公正、国际化的基本原则，目的是把日本的金融市场建设成为一个由市场机制充分发挥作用、高度透明、责任自负、对外高度开放的金融市场。改革的主要措施包括：增强中央银行特别是货币政策委员会的地位和作用，确保央行的公开独立性；重组政府金融监管体系，通过信用评级、规定资本率、公开资产负债表等方式，提高金融机

① 项卫星，李玉蓉．日本金融体制的结构性缺陷与金融危机［J］．东北亚论坛，2000（2）：52.

构的透明度，保障金融体系安全；允许银行、证券公司、保险公司混业经营，促进市场竞争，增强企业活力；开放外汇市场，废除外汇交易许可证制度，实行外汇交易自由化，推动金融衍生品市场发展等。这一系列改革，旨在减少政府对金融领域的行政干预，促进金融机构综合化发展，增强金融机构的竞争力，顺应自由化、国际化的趋势，恢复东京国际金融中心的地位。

日本金融体制改革的方向是正确的，但从实施过程与结果来看，成效并不明显。一方面，体制变革的时机不佳，导致改革无法达到预期的效果。日本政府是在经济持续疲弱的情况下实施金融体制改革的，但日本的金融机构在宏观经济低迷的状态下，无法通过自身的盈利来弥补亏损，为确保自身的安全性与稳定性，金融机构不得不收缩资产规模，减少海外投资。同时，亚洲金融危机的爆发，进一步加重了日本经济的困难。作为当时对东南亚国家最大的出口国，日本出口和投资于东南亚的资本总额约占日本出口总额的一半，然而危机的爆发使日本的出口和投资难以回收，不良债权增加，从而削弱了金融机构顺应体制改革，提高经营效益的能力。另一方面，政府未能通过有效的宏观经济政策，为金融机构的创新发展营造良好的外部环境。为刺激经济增长，日本政府实行了低利率政策，但却实行了与货币政策方向不一致的财政政策，1997 年日本政府为削减财政赤字，将消费税率从3%提高到5%，并提高了养老保险费和医疗保险费，严重削弱了国内消费。[①] 国内外市场需求的下降，导致日本经济增长乏力，在这种环境下，金融机构更是难以提高利润水平。在宏观经济状况不良的状态下，日本政府强制地实行金融改革，并没有实现提高金融机构经营能力的目标。进入 21 世纪，日本经济经过不断的政策调整与结构优化，逐步实现了缓慢经济增长。2002～2007 年，GDP 增长率都在2%左右，但2008 年又遭遇了全球性金融危机的冲击，经济增长率又变为了负值（2008 年为-0.6%）。[②] 虽然没有爆发剧烈的金融动荡，但受到世界经济衰退的影响，过度依赖于出口的日本经济再度陷入困境。

“二战”后，日本的经济模式曾成为很多国家效仿的“楷模”，但在之后世界经济快速发展、发生巨大变化的背景下，日本政府没有及时进行改革，从而遇到了发展障碍。日本政府需要分析形成障碍的深层次原因，进行有效的经济体制改革，进一步开放市场，努力探索新的发展之路。

---

① 关龙，王家红．日本金融体制改革失败的政府责任［J］．黑龙江金融，2004（11）：19.

② 江瑞平．当前日本经济衰退的主要特征［J］．日本学刊，2009（4）：31.

主要发达资本主义国家的市场经济发展模式除以上所述之外，还有北欧市场经济、荷兰市场经济等其他模式，鉴于分析的复杂性，本书仅选取了典型的、具有代表性特征、经济总量较大的三个发达国家的经济模式进行阐述，以下对这三种主要模式进行比较与综合分析。

第四节　不同市场经济模式下国家经济职能比较

从前三节的内容可以看出，虽然各主要资本主义国家从经济体制上看都选择了市场经济模式，国家调控职能的发挥都以市场经济为基础，但从各国市场经济发展模式的内部结构和运行机制来看，各国的市场经济又都各具特点。各个国家经济发展的文化背景不同、历史条件不同、发展路径不同，从而形成了不同特征的市场经济模式，在这些模式下，各国政府在市场经济中所发挥的职能作用也是不尽相同的。

首先，通过对美国、德国和日本不同市场经济模式的分析，可以认识到以它们为代表的资本主义国家社会经济发展的一般特征：

一是各国政府都将市场机制作为调节社会经济运行的主要机制，将遵循市场经济运动规律作为国家履行经济职能的基础。美、德、日三国都具备较为健全的市场经济体系，包括商品市场和各种生产要素市场，其中，商品市场、资本市场和劳动力市场是市场体系的核心。市场体系普遍具有统一性、开放性、竞争性、有序性等特征。资源配置主要靠市场这只“看不见的手”来调节，价格、竞争、供求等市场机制充分发挥对市场的调节作用。在此基础上，国家通过制定各种法律，如“反不正当竞争法”“反垄断法”“银行法”“证券法”等，有效规范市场秩序，为市场经济的健康发展创造良好的外部环境。尽管企业有充分的经营自主权，但它们必须在各国法律允许的制度框架下运行，国家对企业的管理也依法进行。

二是国家履行经济职能是维护市场经济稳定运行的内在要求。各国的经济发展都以竞争性市场机制发挥基础性资源配置作用，但同时也存在市场调节失效的情况，从而就显现出了国家干预经济的必要性。各国市场经济实行的都是“混合经济”模式，即国家干预与市场机制相混合或者融合发挥作用。通过本章纵向考察主要资本主义国家发展的历史可以看出，各国政府的经济职能都有逐渐强化的趋势，国家对经济的干预程度不断增强。政府在选择、调控本国的经济发展路径，调节市场的冷热变化，缩小贫富差距，稳定社会发展等方面都发挥着越来越重要的作用。虽然国家干预不可能完全消除市场经济发展的不稳定性，但可以适度调节经济周期波动的时间、程度、方向等，政府调控职能的发挥可以在一定程度上抑制经济高涨和通货膨胀，或经济衰退和通货紧缩，从而发挥“熨平”经济周期的作用。在国家发挥调控作用的同时，各主要资本主义国家的市场体系也不断完善，市场对经济调节的基础性作用也更加稳固。政府职能的发挥与市场机制的调节相辅相成，共同促进社会经济向前发展。

其次，通过对美国、德国和日本不同市场经济模式的比较可以看出，自由市场经济是各国经济运行的共同基础，三者的区别主要体现在国家职能的目标和具体内容上。

一是从总体上看，各国实行市场经济制度所追求的目标有所不同。美国社会崇尚个人主义，政府的执政纲领以新自由主义为指导思想，在职能上显示出对个人自由的尊重与保护，尽可能不直接干预自由市场经济的运行过程，市场活动主要以资本为主导，并且资本还受到政府的保护与扶持，追求利润最大化成为市场经济发展的动力和目标。德国的市场经济模式建立在深厚的社会市场经济理论的基础上，追求的是社会经济的可持续和均衡发展，并且重视基于社会平等原则的社会保障制度的建设，强调政府通过经济法规和政策等干预手段，防止自由竞争可能导致的贫富分化、垄断等问题。日本市场经济体制的最大特点是，政府以强有力的经济计划和产业政策，对资源配置发挥导向性作用，目的是实现经济增长。日本作为后发展起来的发达资本主义国家，在发展中基于之前经济落后的状况实行赶超战略，政府职能服从于这一国家目标，从而在市场经济中发挥了重要的引导作用，其国家干预的程度相比于欧美国家更大，但后来随着经济增长趋缓，日本也朝着减少国家干预、增加市场竞争的方向对市场经济体制进行探索与改革。

二是从宏观经济政策的具体内容上看，各国都受到“凯恩斯主义”的影响，政府在行使宏观经济调控职能时都大量使用财政政策、货币政策、产业政策等手段，但这些政策在各个国家以及各国发展的不同历史时期则有所不同。

相较而言，美国的宏观经济政策的目标是经济增长和充分就业，在不同时期显示出较大的灵活性。“二战”后，美国通过“军转民”一系列政策顺利实现了经济的平稳转轨，并凭借其雄厚的经济实力，通过“杜鲁门主义”“马歇尔计划”的实施，建立起了世界霸主地位，以及由其主导的国际经济秩序。但至20世纪70年代，西方发达资本主义国家普遍出现了“滞胀”，在“高通胀”和“高失业”的情况下，美国政府运用传统的宏观经济政策却往往顾此失彼，难以有效克服危机，凯恩斯主义逐渐被抛弃。20世纪80年代后，美国紧随英国转变经济政策，实行了一整套以新自由主义为导向的经济体制改革，宏观经济政策的重点转向了以反通胀和刺激经济增长为目标的“供给主义”管理。通过政策的有力实施，美国经济逐渐摆脱“滞胀”，走出困境。20世纪90年代后，美国政府又进一步强化了在科技方面的产业政策，增加科技投入，提高经济增长率。但在经历了20多年的经济增长之后，由于市场过度自由化，导致了金融资本的无限扩张和资产泡沫的形成，最终引发了2008年全球性金融危机。面对危机，美国政府又举国家之力采取了一系列反危机措施，通过极强的国家干预手段来拯救金融市场，稳定经济。美国政府采取了所谓“量化宽松”极度扩张性的财政和货币政策，来维持社会经济的正常运转，但同时又使赤字规模不断扩大，导致国家财政状况恶化。不过，美国可以凭借美元在国际货币体系中的霸权地位，以及在国际经济关系中的优势作用，来缓解和转移危机对美国经济造成的负面影响。从美国政府宏观经济政策的“钟摆式运动”可以看出，美国的经济政策往往是根据经济形势的变化而被动做出调整，这些措施只能暂时地缓解社会经济运行中的冲突，而不能从根本上消除资本主义经济的矛盾。另外，在2008年全球性金融危机后，西方主流经济学的地位下降，它虽然在形式上看似科学，但在实践中却提不出一套能够有效解决现实经济问题的长效措施，西方经济学理论亟待修正、改革与创新。

德国对经济的宏观调节主要以稳定发展为导向，注重考虑经济政策和社会政策的相互作用，采用的政策手段相对稳定。德国社会普遍认同社会公平、公正的价值观念，在以市场为基本的经济制度和经济调节原则的前提下，政府注重对市场秩序进行维护，对于市场失灵的领域，政府更强调以积极的经济政策进行干预。德国政府不仅通过制定法规、设置专门的执法机构限制和监管垄断行为，还通过调整利率、补贴等基金政策扶持中小企业的发展，改善中小企业在市场竞争中的地位，促进市场环境的改善。对于市场竞争引发的贫富分化、地区发展失衡等问题，政府通过不断完善的社会保障制度和财政税收手段进行调节，追求社会的稳定与发展。另外，德国政府加大对公共事业部门的财政投入，并以投资入股的方式参与国民经济支柱性产业的发展，从而为社会经济的稳定发展创造了有利的环境。但由于长期实行“大而全”的社会保障制度，德国社会福利开支规模巨大，政府的财政负担不断加重。高福利制度一方面削弱了国家调节经济的能力，另一方面又抑制了劳动者的工作积极性，从而使“福利国家”与资本主义发展之间的矛盾不断深化。

日本的宏观经济政策具有鲜明的政府主导性特征，日本政府对经济发展经常采取强制性的政策，通过国家政权机构制定并实施相应的法律和政策，以达到优化资源配置、引导经济运行的目的。在这种模式下，市场竞争在社会经济发展中发挥基础性调节作用，但同时，政府对经济运行的干预作用也是很明显的。国家经济职能的发挥首先表现为制订指导性经济计划，日本政府主要根据不同时期的社会发展状况和经济运动趋势，确定总体的发展战略，然后通过产业、财政、金融等政策手段，对经济运行过程进行调节，特别是对重点产业进行扶持，着重运用产业政策对企业进行引导。例如，“二战”后，日本政府通过对煤炭、钢铁等行业实施产业倾斜政策，极大地促进了重工业的恢复与发展，之后又对重化工业进行大规模的产业结构调整，并提出了发展创造性知识密集型产业的政策，进一步促进了产业结构的优化和国民经济的全面增长。在实行产业政策的同时，日本政府也积极运用财政和金融政策促进经济稳定增长。但是，日本政府长期对企业的保护与扶持，使作为微观经济主体的企业主动性丧失、竞争力减弱、创新能力下降，严重依赖于政府的金融机构发展能力退化，内部严重腐化，导致日本经济从20世纪90年代后陷入长期停滞的状态。日本经济的持续衰退，也体现出了政府过度干预经济的负面影响。

最后，从美国、德国、日本不同的市场经济运行过程来看，政府与市场相互影响，共同发挥作用，已成为各个国家经济发展的普遍趋势，但从具体特征来看，政府职能在政策目标、导向、侧重点、作用程度等方面都有所不同，并且各国的市场经济模式都存在明显缺陷和弊端，每个国家都在实践中努力探索着适合本国经济发展的理论与路径。正是由于资本主义国家经济制度上的缺陷，决定了中国作为社会主义发展中国家，不能沿袭发达资本主义国家的发展路径，而应开拓一条属于自己的发展道路。中国政府也正立足于现实，对社会主义的发展方式进行深入的理论探讨，一方面在借鉴西方发达资本主义国家市场经济发展经验的同时，深刻认识其制度缺陷，积极探讨市场经济发展的一般性规律；另一方面立足于本国国情，对中华人民共和国成立以来社会主义建设中的经验和教训进行理论上的概括和总结，努力探寻符合中国实际的发展道路，从而逐步建立起不断成熟的社会主义市场经济模式。

第五章

社会主义国家职能的构建与完善

国家职能是国家本质的体现，不同性质的国家，其职能也必然存在差异。前文已对资本主义国家的职能演变过程进行了分析，阐述了资本主义不同发展阶段国家职能的具体体现。同样，社会主义国家的职能也随着经济基础的变化经历了一个变迁的过程。资本主义国家基本上都是从忽视国家的作用、推崇“市场万能论”，逐步转向以市场为基础引入国家干预，重视国家职能的发挥，国家开始从宏观层面对资本主义经济进行调节与控制。发展到垄断资本主义阶段之后，资本主义国家和垄断资本相融合，国家对经济的干预和指导无论是在深度上还是在广度上都日益加深。但这种国家与资本的结合，其根本目的是服务于垄断资本、服务于资产阶级的整体利益、服务于社会中的少数人的。

同资本主义国家的发展历史相对比，社会主义国家是20世纪初才出现的新生事物，1917年十月革命胜利，建立了世界上第一个社会主义国家政权——俄罗斯苏维埃联邦社会主义共和国。社会主义国家同资本主义国家在制度性质上有着根本性的差异，基本的政治制度和经济制度均有所不同。因此，服从于国家性质的社会主义国家职能，也同资本主义国家有着本质区别。社会主义国家的职能是服务于广大劳动者，服务于劳动人民的整体利益，服务于社会中的绝大多数人的。

随着社会主义国家苏联的建立，社会主义国家的职能正式开启。随后，东欧一些国家，越南、中国、古巴、朝鲜等国家也相继建立起社会主义制度，社会主义国家阵营不断壮大。所有社会主义国家在建立之初，都选择了高度集中的计划经济体制，国家全方位介入生产、交换、分配、消费等各经济环节。计划经济体制下的国家职能，在社会主义国家建立之初都发挥了积极的作用。但是随着社会经济的进一步发展，计划经济越来越不适应生产力的提高，反推国家开始进行经济体制改革，由计划经济向市场经济转变，政府职能也随之发生变化。国家开始逐渐从具体的经济事务中摆脱出来，由微观经营者转变为宏观调控者。在市场机制发挥作用的同时，我国政府也在不断探索符合中国国情的国家职能行使形式与合理性边界。

第一节　社会主义国家的本质与职能

按照马克思主义国家理论的科学认识，国家本质是国家职能的基础，国家职能是国家本质的体现，是国家本质的外化和直接表现形式。社会主义国家的职能是由国家本质决定的，也是社会主义国家本质的外化与表现。一般来说，根据国家管理的领域不同，可将社会主义国家的职能分为政治职能、经济职能、文化职能、其他社会管理职能等方面。根据职能作用的空间范围，社会主义国家的职能也可以分为对内职能和对外职能。本章以我国为典型，主要研究社会主义国家的经济职能，具体分析社会主义国家的本质、国家与政府的关系、政府与市场的关系、社会主义国家职能的划分，以及社会主义国家职能的完善等问题。

一、国家的本质及与政府的关系

马克思主义国家理论认为，国家的本质是阶级统治的工具，但从职能上讲，国家不只是“一个阶级用以镇压另一个阶级的暴力”，其还要调节阶级矛盾并管理社会的公共事务。“政治统治到处都是以执行某种社会职能为基础，而且政治统治只有在它执行了它的这种社会职能时才能持续下去。”① 恩格斯认为，国家最终的核心职能是维护社会利益的公共管理职能，并且公共权力最终复归于人民的权力，丧失其政治属性，“政治国家以及政治权威将由于未来的社会革命而消失，这就是说，公共职能将失去其政治性质。”② 按照马克思、恩格斯的国家理

① 马克思，恩格斯．马克思恩格斯选集：第3卷［M］．北京：人民出版社，2012：559-560.

② 马克思，恩格斯．马克思恩格斯选集：第3卷［M］．北京：人民出版社，2012：277.

论，国家职能是国家本质的体现，是国家本质外在的表现形式。因此，国家本质与国家职能是紧密联系的，对国家本质的认识不同，就会导致对国家职能认识的差异。

国家是一个抽象层面的“范畴”，它并没有行为能力，所以其职能是由国家的代理人即“政府”这一具体的政治组织机构来执行的，由此，政府的行为体现的是国家的意志。基于马克思主义的观点看，国家来自社会并在社会中享有主权，它是功能最强的一种政治组织。国家主权又通过政府来实现和行使，作为国家的代理人，政府具有两个最根本的属性和规定，即管理国家主权和行使国家主权，通过对国家主权的管理和进一步组织，实现国家主权的有效、有序、合理运行。由此，管理国家主权的活动和行使国家主权的活动也就构成了政府的全部活动。[①] 从这个意义上看，政府的经济职能履行的是国家的经济职能。当然，这里的政府是广义的政府，包括了所有的政治组织机构。

政府对国民经济的总体管理，是一个国家政府特别是中央政府的经济职能。它是国家在经济运行中，对社会经济总体的调节与控制。一般而言，国家的经济职能可以概括为五个方面：维护经济秩序、稳定经济运行、提升产业结构层次、协调国际经济关系、维护经济可持续发展的条件。[②]

二、社会主义国家本质及与国家职能的关系

社会主义国家同资本主义国家在最一般意义上有相同的属性，但从社会制度性质和社会运行目标来看，两类国家有着本质的区别。社会主义国家，是人民群众的总代表和代言人。以我国为典型，《中华人民共和国宪法》明确指出：“中华人民共和国是工人阶级领导的、以工农联盟为基础的人民民主专政的社会主义国家。社会主义制度是中华人民共和国的根本制度。中国共产党领导是中国特色社会主义最本质的特征。禁止任何组织或者个人破坏社会主义制度”，“中华人民共和国的一切权力属于人民。人民行使国家权力的机关是全国人民代表大会和地方各级人民代表大会”[③]。《中华人民共和国宪法》还对我国的社会主义经济制度做了基本规定：“中华人民共和国的社会主义经济制度的基础是生产资料的社

① 商红日．国家与政府：概念的再界定——兼论国家与政府的区别［J］．北方论丛，2001（3）：39-45.
② 池元吉．论市场与政府［J］．经济评论，2001（6）：3-6.
③ 中华人民共和国宪法［Z］．北京：人民出版社，2014：7-8.

会主义公有制，即全民所有制和劳动群众集体所有制。社会主义公有制消灭人剥削人的制度，实行各尽所能、按劳分配的原则。”①

社会主义是共产主义的初级形态，社会主义国家的本质是一切权力属于人民，人民的政党执政并实施社会主义制度。在政治制度上人民当家做主，在经济制度上实施公有制，由社会拥有和控制公有资源、公有财产，然后基于人民的整体利益进行管理和分配。国家的权力由全体人民通过选举人民代表的方式来间接行使。马克思和恩格斯在《共产党宣言》里公开申明：“共产党人可以用一句话把自己的理论概括起来：消灭私有制。”马克思认为，社会主义必须实行个人消费品的按劳分配，要对社会成员生活资料实行“等量劳动时间领取等量报酬”的原则，这是社会主义社会基本的分配规律。

国家是阶级矛盾不可调和的产物，是阶级压迫的工具，国家的本质决定了国家的阶级职能。国家自产生之日起，最先行使的是阶级统治与阶级压迫的职能。无产阶级专政的国家从建立之日起就承担着镇压剥削阶级反抗和破坏的职能。但是，国家“凌驾于”剥削阶级和被剥削阶级之上，起着缓和阶级矛盾的作用。如当剥削阶级和被剥削阶级势均力敌时，或者当无产阶级已夺取政权，无产阶级的经济力量还不够强大，剥削阶级的经济形式在社会发展中仍发挥某种积极作用时，国家还要发挥协调阶级关系的职能。

社会主义国家的职能，是社会主义国家本质的外化，与资本主义国家职能有着本质的区别，在发展阶段上还有待进一步成熟和完善。社会主义国家于20世纪初才登上人类历史舞台，社会主义革命与建设有成功，也有失败，我国对于社会主义道路的探索也只有半个多世纪，而资本主义国家从资本主义萌芽时期起则走过了几百年的历程。作为一种新生事物和制度形式，社会主义国家在社会生产力相对落后的条件下如何发展经济？我国的社会主义建设如何通过国家经济职能的完善来实现社会主义本质？诸多问题值得关注和深入研究。

三、社会主义国家职能的确立

国内外学术界对国家职能有各种不同的分类，综合来看，从地域角度，国家的职能可以划分为对内职能和对外职能。国家的对内职能表现为政府执行统治阶

① 中华人民共和国宪法［Z］. 北京：人民出版社，2014：10.

级的意志、路线、方针和政策，具体又可以分为政治、经济、文化等多方面职能。国家的对外职能，执行的是统治阶级的外交路线和外交政策，维护国家主权，组织抵御外国的侵略和颠覆活动，在政治、经济、文化等方面发展同外国的关系。一般来说，对外职能是对内职能的扩展与延伸。从人类社会生活的各个领域看，国家职能又可以分为政治职能、经济职能、文化教育职能和其他社会管理职能。两种分类方式下的国家职能相互交错，就我国社会主义初级阶段的国家职能而言，具体内容如表 5-1 所示。

表 5-1　社会主义国家职能的划分及主要内容

职能划分	对内职能	对外职能
政治职能	实行人民民主专政，维护人民群众的根本利益，坚决打击破坏社会主义制度的势力，执行符合广大人民总体利益的政治路线、方针、政策	维护国家主权和领土完整，抵御外国侵略与颠覆活动，执行符合人民总体利益的外交路线与政策
经济职能	经济发展以“人民”利益为根本，确立与维护以公有制为主体的社会主义经济制度；通过制定法律政策，维护市场经济秩序；保证公有制经济的主导性地位和对公共产品的供给；制订指导性经济计划，通过财政货币政策，对经济过程进行宏观调控；制定产业政策，提升产业结构等	积极参与国际竞争与合作，努力提高社会主义国家的国际经济地位；合理引进外资、技术、人才、管理经验，并警惕和防御外资对公有制经济的侵蚀与兼并，维护国家经济安全
文化职能	加强社会主义精神文明建设，发展教育、科学、文化、卫生事业，提高广大人民的文化素质、精神素质和技能素质，构建平等、民主、文明、和谐的社会文化氛围	坚持社会主义核心价值观，增强社会主义文化自信，合理吸收世界各国科学文明成果，抵御西方文化入侵
其他社会管理职能	加强社会服务体系建设，完善社会保障制度，保护自然资源和生态环境，促进社会经济的协调可持续发展	加强社会各领域的对外交流与合作，吸收国外先进管理经验，抵制国外敌对势力的渗透

※以上资料为作者归纳总结。

根据马克思主义国家职能二重性理论，社会主义国家的职能，首先从根本上看，是阶级统治职能，社会主义国家是人民民主专政的国家，要维护人民群众的根本利益，这一本质属性决定了国家职能的性质和内容；其次是社会管理职能，包含了社会主义国家在政治、经济、文化和其他社会管理方面的具体职能。我国是社会主义国家的典型代表。在目前以和平与发展为主题的社会环境下，我国所处的社会主义初级阶段的现实条件决定国家要先发挥经济职能，要坚持以公有制为主体的社会主义经济制度，通过合理制定与有效实施各项经济政策、法律，对社会经济进行宏观调控，并保证公有制经济的主导性地位，壮大社会主义经济力量，同时充分调动非公有制经济的积极性，发挥市场促进竞争的作用，推动社会经济的稳定发展和人民生活水平的不断提高，最终实现共同富裕。在履行经济职能的同时，社会主义国家在政治建设、文化建设与其他社会管理方面都要发挥应有的作用。这些具体职能都是从属和服务于社会主义国家根本职能的。

虽然本书主要研究国家的经济职能，但事实上各种具体职能之间紧密联系，如国家的经济职能、文化职能都要以国家的政治稳定为前提，政治职能、文化职能要以经济安全和经济发展为基础；其他社会管理职能涉及社会保障、教育、卫生、体育、医疗、生态保护等各方面，这些都是政府公共服务领域中政治、经济职能的具体体现。

从社会实践的角度来考察，国家职能随着国家的建立与发展、人类社会的不断发展而不断演变。在人类社会的各个历史阶段，每个国家或政府都有着不同的功能和作用，从而形成了不同的国家职能或政府职能模式。国家职能或政府职能的历史变迁与社会发展阶段紧密相连，国家职能所包含的内容、国家职能的重心或核心，以及国家职能的具体实现方式与模式，都因国家内外部条件的不同而有所差异。社会主义国家职能是随着社会主义国家的建立而确立的。

第二节　社会主义计划经济体制下国家职能的体现

社会主义国家在成立之初大多采用了马克思、恩格斯经典著作中对未来社会主义社会的设想，实施公有制和计划经济。在计划经济时代，社会主义国家最重要的职能就是计划职能，并且通过国营企业制度执行中央部门的各种计划。这种计划经济体制使国家的职能得到全面的发挥，优势明显，在社会主义生产关系建立过程中发挥了重要作用。

一、计划经济时期社会主义国家职能的特殊性

在计划经济条件下，国家经济职能的发展，主要体现在国营企业制度上，企业经营以国家目标为导向。政府职能全面渗透到经济活动各个环节中，包括生产、分配、交换和消费各个领域，大到国家的宏观经济发展方向与决策，小到居民的“吃、穿、住、用、行”，都包括在国家的计划生产与分配中。这种体制在我国成立之初，对于构建社会主义生产体系的基础、解决人民的温饱问题，都发挥了重要作用。

国家实行计划管理，从社会生产的角度看，生产什么、生产多少、如何生产等重大决策是由中央计划部门做出的，通过指令性计划层层下达企业；从劳动力资源配置看，劳动力资源由国家根据发展计划统一管理、统一调配；从资金运动看，国家实行统收统支和统一调拨，企业营收上缴国家，国家再根据企业的预算下拨到企业；从市场流通环节看，国家直接管理生产资料和消费品的流通，在生产水平偏低、消费品不足的情况下，通过发放粮票、油票、布票等定量供应的方式实现生活必需品的供应，保证人民基本生活需要；从企业自身运行看，企业作为国家的企业，即国营企业（现在称国有企业），作为一个生产单位服从国家计划管理，属于计划职能的执行者，发挥着保障产品供应的重要职能。计划经济体制下，国家直接参与到生产、交换、分配、消费各微观经济领域中，而对于宏观的经济运行，则是通过制订三年计划、五年计划和十年计划等计划管理的方式，推动整个社会经济的协调发展。

苏联是世界上第一个社会主义国家，从 1922 年成立到 1991 年解体实行的就是高度集中的计划经济体制，其曾为苏联成为世界第二大工业强国奠定了重要基础。如今，我国作为目前世界上最大的社会主义国家，从 1949 年成立到现在也已经走过了 70 多年的历程，成为继苏联之后最典型的社会主义大国。同样，我国也经历过计划经济体制时期，这一时期也为我国的工业发展发挥过重要的历史作用。1949 年中华人民共和国成立，标志着中国社会主义国家的诞生，但社会主义的基本经济制度是在 1956 年“三大改造”① 完成后才确立起来的。当时确立计划经济制度受到多种因素的影响，首先是面对严峻的国际环境，资本主义国

① “三大改造”指中华人民共和国成立后，政府对农业、手工业和资本主义工商业进行的社会主义改造。

家对社会主义中国在政治上实行孤立，在经济上进行封锁，在军事上实行干涉；其次是国内教条地对待马克思主义思想，认为社会主义国家必须实施计划经济体制；最后是苏联作为社会主义“老大哥”，其高度集中的计划经济体制也为我国树立了榜样。新中国在成立之初，整体的经济十分落后，社会主义的生产关系没有完全建立，是在物质财富极其匮乏、生产力水平极其落后的情况下建设社会主义。当时，我国的国民经济体系还没有形成，经济本身缺乏自我组织和自我发展的能力，在很大程度上依赖于外在的推动力和组织力。[①] 因此，为了与所处的经济社会形势相适应，我国选择了高度集中的计划经济体制。

二、计划经济体制下国家职能的作用

计划经济体制最早是在苏联开始实行，是当时特定历史条件下的一种必然的选择。1949 年后，严峻的国际国内环境和紧迫的经济建设任务，使社会主义中国也选择了集中的计划经济体制。在当时高度集中的计划经济体制中，中央计划部门成为我国经济运转的核心，经济运行依靠命令、权威等运转。这种通过统一的中央部门配置社会资源的方式，在中华人民共和国成立之初发挥了重要作用。

首先，在严峻的国内与国际经济形势下，计划经济体制可使中国在短时间内集中力量建立健全工业体系，通过发展重工业振兴中国经济，完成国民经济发展的总体战略。其次，在经济文化十分落后，又面临帝国主义封锁包围的情况下，中国的工业化必须从优先发展重工业开始，这有利于迅速完成国民经济体系的恢复，在国民经济的粗放经营阶段，能保证国民经济的重大比例关系协调和经济的稳定增长。中央计划部门集中和统一配置社会资源，可以迅速建立起工业体系，依靠国家的力量集中有限的资源进行大规模的建设，运用税收、信贷、价格等手段，把分散的资金集中起来统一使用。[②] 最后，在人民生活水平普遍较低的情况下，有利于解决社会成员的温饱问题。高度集中的计划经济体制，在中国经济运行初期显示出了它的优越性，在特定历史条件下有着积极的作用。

三、计划经济向市场经济转轨及国家职能转变的必然性

随着经济和社会的发展，政府的作用全方位地渗透到经济运行的各个方面，

---

① 许静．论政府机构经济职能的转换［J］．江西社会科学，1995（4）：64-67.

② 张宇．中国特色社会主义政治经济学［M］．北京：中国人民大学出版社，2018：85.

计划经济体制的局限日渐显现，越来越不利于社会生产力的快速、健康发展，同时也导致社会主义制度的优越性没有得到应有的体现。所以，我国政府在科学探索社会经济发展规律的基础上，开始对计划经济体制进行改革，由计划经济向市场经济转轨，国家职能也由此发生转变。

西方发达资本主义国家市场经济发展的实践充分证明，市场经济体制在促进经济活力方面发挥了有效作用。发挥市场或市场机制在资源配置中的基础性作用，能够有力促进社会生产力的发展。与此同时，社会主义国家中以往将计划经济等同于社会主义制度、市场经济等同于资本主义制度的看法也开始转变，人们对计划与市场的关系、市场经济与公有制经济兼容的认识也不断深化。市场经济作为一种资源配置的方式并不是资本主义特有的产物，社会主义国家也可以有市场；计划经济也并不是社会主义国家特有的产物，资本主义国家也可以有计划。对市场经济的正确认识，使市场经济体制在我国及其他一些社会主义国家逐步建立。

20 世纪 50 年代，苏联、东欧社会主义国家开始对计划经济体制进行改革，到了 20 世纪七八十年代，大部分社会主义国家都开始了市场化改革的进程。我国于 1978 年开始对计划经济体制进行改革，实施改革开放；越南效仿我国于 1986 年进行了革新开放，发展社会主义定向市场经济。

计划经济体制在运行过程中出现了经济短缺的现象，人民生活水平低下，但贫穷不是社会主义，社会主义的本质要求重新选择经济体制，以推动社会生产力的发展。只要是符合“三个有利于”[①] 的方法和手段都可以为社会主义国家所用，市场经济作为一种资源配置的方式和手段，能够优化资源配置，调动微观主体生产和消费的积极性，推动社会生产力的发展，因此可以建立社会主义市场化经济体制。我国的主要矛盾在很长的一段时期里都是人民群众日益增长的物质文化需要同落后的社会生产之间的矛盾，而要解决这一矛盾就要以经济建设为中心，不断发展生产力，提高人民群众的物质文化生活水平。

在计划经济向市场经济转轨的过程中，社会主义的国家职能也必然发生转变。社会主义国家成立后，并不明确如何有效发挥国家职能、如何组织经济建设，而是把国家经济职能的发挥与政府机构直接管理经营企业相等同，认为社会

① “三个有利于”指 1992 年邓小平提出的衡量工作是非得失的判断标准，即是否有利于发展社会主义社会的生产力、是否有利于增强社会主义国家的综合国力、是否有利于提高人民的生活水平。

主义国家管理经济，就是政府机构直接管理企业的生产经营，直接控制和指挥企业的人、财、物和供、产、销。国家的各级经济管理部门都直接管理企业，每个企业都在行政上隶属于一定的部门或地区，所以企业分为不同等级。企业不论规模大小，基本上都要按它直属的上级领导机关的指令办事。这样既削弱了政府机构本身应发挥的经济调控的能力，又抑制了企业的活力，使企业不能根据实际情况调整运行方式，缺乏生产的自主性与灵活性，从而出现微观不活、效率低下的局面。同时，在宏观决策方面，政府机构不可能掌握从宏观到微观的全部经济信息，这就导致其无法科学决策。因而，逐渐出现国民经济比例失调等问题，国家对经济的计划管理，越来越难以与经济运动复杂的实际情况相吻合，反而成为对社会生产力的一种束缚，必须对这种计划经济体制下的国家经济职能进行调整与转换。① 在国民经济越过恢复阶段而发展到一定规模、程度之后，国家或政府机构应该转变角色，执行其社会管理的职能。

第三节 社会主义市场经济发展中的国家经济职能演变

随着我国不同时期社会经济发展状况的变化，国家经济职能也不断演变。改革开放后，根据我国各阶段社会生产力发展的要求，以及社会生产关系发生的变化与调整，国家经济职能的演变过程可以划分为以下四个阶段。

一、计划经济向市场经济转轨时期的国家经济职能（1978~1991 年）

1978 年 12 月召开的党的十一届三中全会，可以说是中华人民共和国成立以来，国家经济职能的重要转折点，这次会议的召开，开启了我国改革开放的新时期。在之后的经济体制改革中，政府提出了有计划的商品经济理论，计划经济时期的单一所有制形式向多种所有制经济并存的形式转变，原来的计划经济逐渐向市场经济转型。

① 许静．论政府机构经济职能的转换［J］．江西社会科学，1995（4）：64-67.

1978～1984年，国家经济职能发生了重大转变。在这一阶段，政府逐渐认识到市场的重要作用，在计划经济的基础上引入了市场机制，重视价值规律的作用。1979年中央经济工作会议提出了以计划经济为主，同时充分重视市场调节辅助作用的工作思路。之后，我国政府在农村陆续推行了家庭联产承包责任制，让农民获得了土地自主经营的权利。1981年6月，党的十一届六中全会提出，在公有制基础上实行计划经济，同时发挥市场调节的辅助作用。1982年，党的十二大正式提出以计划经济为主，市场经济调节为辅的原则。这一原则的提出，使政府与市场的关系有了历史性突破，开启了国家经济职能改革的新阶段。

1984～1987年，我国进一步认识到商品经济发展的重要性。1984年10月，中共十二届三中全会提出，社会主义计划经济是在公有制基础上的有计划的商品经济，要求即使是指令性计划也必须运用价值规律，并适当缩小指令性计划的作用范围，逐步扩大靠经济杠杆运作的指导性计划。这一论断，改变了计划经济与商品经济的对立关系，强调了市场的作用，并重点概括了国家经济职能的内容，具体包括制定经济和社会发展战略和政策等；制定资源开发、技术改造和智力开发的方案；协助地区、部门、企业之间的发展计划和经济关系；掌握运用经济调节手段；管理对外经济技术交流等。国家经济职能具体内容的变化，是对计划经济职能的重大调整。

1987～1988年，我国对计划与市场的内在统一性展开了讨论。1987年，中共十三大明确提出“国家调节市场，市场引导企业”的经济治理模式，这一重大决策向市场经济改革迈进了一步，确立了改革方向，即以市场经济为目标，政府采取行政、经济和法律等手段，增强国家宏观调控能力，从而减少政府直接经营企业活动的职能，为国民经济的良好发展提供有利条件。

1988～1991年，我国强调计划经济与市场调节相结合。1988年，中共十三届三中全会提出“治理经济环境、整顿经济秩序”，通过采取一系列措施，如紧缩财政、紧缩银根等措施来整顿经济。1989年11月，中共十三届五中全会又提出了“计划经济与市场调节相结合”的原则，但由于对现代市场经济规律认识不够充分，这一时期的改革动力并不充足。

总之，从1978年改革开放开始，我国政府改变了传统计划经济时期的思想，认识到经济规律的作用，政府与市场的关系也逐步发生变化。通过市场机制的引入，政府逐步明确了与市场的职能边界，国家经济职能的内容也发生了相应转变，具体表现为：由微观管理向宏观管理转变；由直接管理向间接管理转变；由部门管理向全行业管理转变。概括地说，改革开放以后，我国政府的经济职能逐渐转变，政府经济管理的权力和范围逐渐缩小，退出对部分经济领域的控制，放权让利，给企业提供自主发展的空间，市场的作用在这一时期逐步被强化。

二、社会主义市场经济建设时期的国家经济职能（1992~2002年）

1992年，邓小平南方谈话和中国共产党第十四次全国代表大会的召开，是社会主义市场经济体制建立的开端。1992年10月，党的十四大提出要建立社会主义市场经济体制，这是我国社会主义经济体制从计划经济转向市场经济的标志，是政府经济职能在理论探索和实践路径上的又一次重大转变。党的十四大对政府职能进行了全面阐述，提出政企分开是职能转变的根本途径，并将“统筹规划，掌握政策，信息引导，组织协调，提供服务和检查监督”概括为政府职能的主要内容。1993年11月，党的十四届三中全会通过了《中共中央关于建立社会主义市场经济体制若干问题的决定》，不仅提出了建立社会主义市场经济体制的理论框架，而且对政府经济职能方面也做了相关论述，认为政府的经济职能主要是制定和执行宏观调控政策，搞好基础建设，创造良好的经济发展环境，同时要培育市场体系、监督市场运行和维护平等竞争，调节社会分配和组织社会保障，控制人口增长，保护自然资源和生态环境，管理国有资产和监督国有资产经营，实现国家的经济和社会发展目标。

1997年，党的十五大提出要按照社会主义市场经济的要求，转变政府职能，实现政企分开，把企业生产经营管理的权力切实交给企业。2000年，党的十五届五中全会提出，政府要集中精力搞好宏观经济调控和创造良好的市场环境，不直接干预企业经营活动，减少对经济事务的行政性审批。2002年，党的十六大进一步将政府职能概括为“经济调节、市场监管、社会管理、公共服务”，认为政府职能以“调节、监督、管理和服务”为主。

总之，在这一阶段，随着我国社会主义市场经济体制的逐步确立，国家经济职能在内容和结构上都做出相应调整，主要归纳为两个方面：一是彻底调整和改革国有经济，推动国有经济在市场中自我完善，自我发展；二是政府积极构建与市场经济相适应的管理体制。

三、社会主义市场经济体制完善阶段的国家经济职能（2003~2016年）

2003年，《中共中央关于完善社会主义市场经济体制若干问题的决定》指出："切实把政府经济管理职能转到主要为市场主体服务和创造良好发展环境上来。"2004年，《全面推进依法行政实施纲要》强调政企分开，全面推进依法行政。在这一阶段，各项政府经济职能的演进均有成效，市场在资源配置中的基础性作用明显增强，初步形成经济调节体系，经济增长方式也发生了改变，由粗放型逐渐向集约型转变。

2007年，党的十七大指出，要深化对社会主义市场经济规律的认识，从制度上更好地发挥市场在资源配置中的基础性作用，形成有利于科学发展的宏观调控体系。2012年，党的十八大报告提出："深化改革是加快转变经济发展方式的关键。经济体制改革的核心问题是处理好政府和市场的关系，必须更加尊重市场规律，更好发挥政府作用。"2013年11月，党的十八届三中全会召开，指出我国深化经济体制改革要紧紧围绕使市场在资源配置中起决定性作用，坚持和完善基本经济制度，加快完善现代市场体系、宏观调控体系、开放型经济体系，加快转变经济发展方式，加快建设创新型国家，推动经济更有效率、更加公平、更可持续发展。2014年5月，习近平在河南考察时首次提出"新常态"重要论断。他指出："我们要增强信心，从当前我国经济发展的阶段性特征出发，适应新常态，保持战略上的平常心态。""新常态"重要论断的提出，意味着我国经济发展不再单纯追求经济增长速度，更重要的是追求经济可持续、有质量、有竞争力的赶超型增长。中国经济进入新常态的实质是指中国经济增长进入中高速阶段，经济结构调整进入关键时期，经济增长动力进入新的发展阶段。

四、新时代中国特色社会主义时期的国家经济职能（2017年至今）

2017年，党的十九大报告提出，"经过长期努力，中国特色社会主义进入了新时代，这是我国发展新的历史方位"，这标志着我国迈进了中国特色社会主义新时代。随着我国社会发展进入新阶段，党的执政方式、基本方略有了新改变，发展方式和发展理念有了新转变，发展环境和发展条件也有了新完善，发展水平和目标更是有了新要求。

在经济发展方面，我国经济已由高速增长阶段转向高质量发展阶段。随着国内外经济环境的变化，政府的经济职能也应该做出相应调整，在尊重和顺应市场规律的前提下，更好地把握政府与市场的边界关系，为指导我国经济高质量发展发挥重要作用。2019 年，党的十九届四中全会明确将“社会主义市场经济体制”纳入我国基本经济制度，其本质内涵就是要在新时代推进国家治理现代化的背景下重新定位好政府和市场的关系。2020 年，党的十九届五中全会提出，要“坚持和完善社会主义基本经济制度，充分发挥市场在资源配置中的决定性作用，更好发挥政府作用，推动有效市场和有为政府更好结合”。此次会议明确提出市场和政府要更好结合，强调政府与市场两者对于经济发展，尤其是新时代高质量经济发展所发挥的重要作用，两者缺一不可。可以说，这是国家经济职能在演变中的又一跃升。2021 年，党的十九届六中全会强调加强党对经济工作的战略谋划和统一领导，不断深化对共产党执政规律、社会主义建设规律、人类社会发展规律的认识，贯彻新发展理念，构建新发展格局，完善宏观经济治理，增强宏观政策自主性，强化市场监管和反垄断规制，防止资本无序扩张，维护市场秩序。

总体来看，我国之所以能在社会主义建设、改革与发展中取得重大成就，不仅仅是因为市场化改革激发了经济活力，更重要的是因为我国中央领导集体能够坚持以马克思主义理论为指导，能够科学认识社会经济运行规律，能够正确明晰国家与市场、国家与社会的关系，能够深刻把握中国作为发展中的社会主义国家未来改革与发展的方向。我国社会主义建设所取得的成果，充分说明我国政府在社会改革与发展中发挥了导向性、统筹性和协调性作用，国家治理体系和治理能力不断完善、增强。

五、中国特色社会主义国家经济职能的独特性质

随着中国特色社会主义国家治理理念的提出，国家职能更加注重发挥在发展计划、发展战略、发展目标、全局统筹、结构调整、利益协调等方面的作用。与西方资本主义国家相比，中国特色社会主义国家的职能具有独特的属性。

首先，国家治理坚持中国共产党的集中统一领导，坚持人的自由全面发展理念，这也是中国特色社会主义制度的最大优势。中国共产党是在长期的阶级斗争中成长起来的政党，是代表中国人民利益的政党，是工人阶级的先锋队组织。中国共产党将追求人的全面发展视为最高理想，将努力实现人民对美好生活的向往作为奋斗目标，不断完善中国特色社会主义制度，不断推进国家治理，目的在于

进一步创造有利于促进人民全面发展的政治、经济、文化、社会、生态环境，最大限度地提升人民生活的获得感、幸福感、安全感。中国共产党的集中统一领导，能够把握正确的政治方向，决策重大的社会事务，协调各方的利益关系，充分体现“民主集中制”的决策民主化和科学化，在社会主义建设与发展中实现理论探索与实践行动的有机统一。

其次，国家治理模式的制度基础，是中国特色社会主义制度。政治方面，人民代表大会制度根植于人民群众，代表最广大人民的共同意志和根本利益。中国的国家治理是以人民为主体的治理，人民依法通过各种途径和形式，管理国家事务，管理经济文化事业，管理社会事务，充分体现人民是社会的主人。经济方面，根据社会主义初级阶段的基本国情，确立以公有制为主体、多种所有制经济共同发展的基本经济制度，在此基础上实行以国家调节为主导、市场调节为基础的双重调节模式，发挥市场在资源配置中的决定性作用，同时充分发挥政府的宏观调控职能。国有企业在国家发展中发挥着支柱性作用，是国家发挥经济职能的重要基础。

最后，在中国特色社会主义国家职能的演进过程中，国家进行的是渐进式改革，其重要特征是自上而下的强制性制度转变与自下而上的诱致性制度变迁相结合。改革前，原有僵化的计划经济体制，严重抑制了劳动者的生产积极性，基层群众基于自身利益自主进行改革，自下而上为政府提供了实践经验与改革思路。党和政府通过深入研究社会经济运行规律，总结基层改革实践成果，以制度化的方式将改革经验提升为国家战略，形成社会主义改革的顶层设计。政府通过顶层设计进行自上而下的改革，不仅能够打破旧体制下固化的利益格局，协调改革中复杂的利益关系，而且能够保证中国特色社会主义的发展方向。我国的改革政策具有高度的科学性、系统性、协同性和延续性，国家根据社会主义建设的成就和国情的转变，合理划分社会主义发展的不同阶段，科学制定各阶段的改革策略，准确把握时代的历史方位和主要矛盾，积极推进产业结构调整和经济转型，全面统筹协调各地区、各部门的经济发展格局，引领社会主义发展的大局和方向，不断完善国家治理体系。在对外关系中，对外开放战略的设计、从实验到推广、从沿海到内地的对外开放格局的形成凸显出国家在国际经济关系中的重要作用，特别是 2013 年中国提出的“一带一路”（“丝绸之路经济带”和“21 世纪海上丝绸之路”）倡议，被认为是中国顶层设计的典型体现，该倡议得到了国际社会的广泛认可和大力支持。

第四节 新形势与新技术对社会主义国家职能的挑战

经历几十年的改革开放和国家职能演变的过程，国家职能不断优化与合理化，国家同市场关系的边界日渐清晰，分工日益合理。但这一过程并无止境，国家职能随着国内经济形势、国际经济形势、政治关系、技术变革、组织变革等多方面因素的变化而变化。在演进过程中，我国社会主义国家职能不会改变，但其作用的范围和规模却将随之改变，国家职能的效果和行使的方式，也将不断调整与完善。

一、社会主义国家职能在新时代的动态演进

国家与市场关系的边界，需要根据国家的社会经济发展状况、国际经济政治环境等多种因素不断调整和优化。国家职能不断优化，才能更好地发挥市场在资源配置中的基础性作用，实现市场与政府的互补，促进社会经济的最优发展。

从国内经济发展环境来看，我国经济发展从高速增长转为高质量增长，总体来讲，国内经济发展稳中向好，前景光明。但是大环境的总体向好并不代表国内经济发展不存在任何问题，事实上，进入新时代以来，我国经济发展不平衡不充分，在环境和资源方面以及公共物品供给方面存在明显不足。经济下行压力明显，区域发展不协调，互联网、大数据普及的同时也给市场资源配置带来信息不对称、垄断等问题，国家需要不断调整自己的职能应对这些挑战，解决这些问题。因此，这一系列问题都可看作国家经济职能在新时代演变的内在动力。在国内动力作用的助推下，国家经济职能不断演变。

从国际经济形势的变化来看，当今世界正经历百年未有之大变局，随着世界经济的发展和我国在世界经济中地位的持续上升，我国同世界经济的联系更加紧密。在经济全球化背景下，国家职能的界定需要考虑国际经济的一些新形势，如国际垄断的形成与扩张、国家间发展的不平衡性增强、单边主义和保护主义的盛行，以及局部战争等对国家安全的影响。在这种情况下，以往针对国内经济发展

的一些国家职能需要放置于国际环境中考量。国家职能在优化过程中可能也会面临一系列问题，如国家原有职能的惯性作用、政府体制的滞后性、政府对经济活动把握的非专业性会阻碍国家职能优化的进程，政府充当经济活动和资源配置主体时在一定程度上会限制市场基础性作用的发挥，政府追求的目标，有可能同经济社会发展目标不一致等。

因此，在国内外多重因素的作用下，我国政府经济职能不断演变。数字经济的迅猛发展，互联网的普遍应用，大数据、云计算等技术的渗透，拓展了国家行使经济职能的范围和领域；PPP（政府和社会资本合作）模式的应用和发展、国家之间的经济摩擦等，要求各个国家思考如何更有效地推进国家经济职能；公共卫生事件、全球气候变化、生态环境污染等问题，又提醒着每个国家守护同一片天空，不论国家性质、经济职能的差异，各国都有待共建“命运共同体、利益共同体、责任共同体”。国内外环境的一系列变化，都对新时代下我国政府经济职能的演变提出挑战。

二、经济全球化与资源环境约束对社会主义国家职能的考验

经济全球化是经济活动跨越国界在全球范围内开展，并且成为一种常态。经济全球化的突出表现就是商品、货币、生产过程在全球流动和配置，形成了国际贸易、国际金融和全球生产网络，管理人才和技术人才随着生产过程的全球配置进行国际流动。这种常态化的经济全球化对民族国家的主权及其职能的发挥产生了一定影响。

经济全球化背景下，民族国家进入全球市场，同跨国公司以及一些非政府组织等一道成为全球经济中的行为主体。为了维护本国的利益，民族国家就要积极参与国际规则的制定，同其他民族国家进行谈判，对进驻本国的跨国公司进行相应的属地管理等。[①] 社会主义国家在国际上并不占主流，因此社会主义国家在全球化背景下将面临更多的挑战：如何维护本国的利益、能否参与国际规则的制定、能否有自己的话语权等。

全球化过程本质上是利益重新分配的过程，以美国为代表的西方发达国家具有规则制定权，自 20 世纪初开始积极倡导经济全球化。在全球化过程中，发达

① 钱谊．论经济全球化对政府职能转换的影响［J］．世界经济研究，2007（8）：15-21.

国家由于各类资源更具流动性，因此获取了全球化更多的好处，而欠发达国家在其中则较为被动，往往处于不利地位。因此，对于欠发达国家、转型国家而言，能够在经济全球化过程中分享国际交换的成果，维护好本国的利益，是一项重要的国家职能。

全球化不仅是利益重新分配的过程，同时也是争夺有限资源的过程。英国、美国的工业化成本低，几乎没有遇到外来的约束，顺利地完成了工业化过程。但随着大多数国家都进入工业社会，工业化所需的资源短缺，气候变化导致各国面临节能减排的压力，使得各国不得不进行产业结构的调整，以及对绿色技术进行研究与应用。

就欠发达国家、社会主义国家而言，工业化进程晚于发达国家，不仅面临着高成本，而且还面临着资源环境带来的压力，进行节能减排已成为一种必然。我国作为社会主义国家承担起了大国责任，承诺了节能减排的目标。但节能减排意味着经济活动成本的提高，以及经济发展压力的日益增大，国家对产能落后、污染严重的企业进行关停并转，也出现了一些新的问题。

如何治理本国的环境、如何使用好有限的资源，不断考验着社会主义国家的应对能力。我国早在2012年中国共产党第十八次代表大会上就提出了“五位一体”① 的总体布局，生态文明成为“五位一体”总体布局的重要组成部分。这是对党的十六大报告中的“三位一体”、党的十七大报告中的“四位一体”的重要发展，生态文明建设是“五位一体”总布局的基础，中国经济要发展，但是也要“绿水青山”。2015年，党的十八届五中全会又提出了创新、协调、绿色、开放和共享的新发展理念，该理念的提出不仅符合我国国情和时代要求，而且对破解发展难题、增强发展动力具有重要的指导意义。

生态文明建设是一个高度复杂的系统，包含各个层面的内容，包括思想观念、物质基础、绿色技术、生态环境，以及制度、机制等层面的内容。在市场发挥基础性作用的经济过程中，市场主体都在追求自身利益的最大化，不承担环境污染和生态破坏的外部成本，因此他们没有动力建设生态文明，所以国家需要自上而下地推动生态文明建设。社会主义国家执行生态文明建设的职能被认为是对

① “五位一体”指中国共产党第十八次全国代表大会提出的社会主义现代化建设事业总体布局，包括经济建设、政治建设、文化建设、社会建设、生态文明建设。

马克思主义国家职能理论的深化和发展，① 也是社会主义国家推动经济建设的重要内容。

三、“大数据”时代为社会主义国家职能的发挥提供技术支持

毫无疑问，随着互联网向社会生产生活的渗透，整个社会的信息化程度不断提高。目前，“云计算”技术、“大数据”技术被广泛应用到各个领域，包括产品营销、财政、金融、教育、医疗、城市管理、政府管理等众多领域。大数据的广泛应用对国家职能也产生了巨大的挑战，最突出的一点就是大数据是否为计划经济的实行提供了可能性。如今，“大数据”和“云计算”时代的到来，为经济的计划管理提供了技术支撑。

早在2016年，马云就指出，未来30年计划经济会越来越大。“大数据”时代为透析国家经济、世界经济提供了技术工具。马云认为“大数据”为计划经济提供了技术基础，在“物联网”、“云计算”与“大数据”强大的数据获取能力下，人类对经济、对市场和对世界的认识都得到极大的提高，计划与预判成为可能。马云的理论被称为新计划经济论。

新计划经济论提出后，引发了经济学界的争论，主流经济学家对此予以批判。但也有学者对马云的观点持赞成态度，认为信息技术的发展提供了实现计划经济的可能性，“大数据”时代，可以构建计划主导型的市场经济体制。该体制以“大数据”为基础，发挥国有企业主导运营的平台经济、统筹民主计划和集中计划的关系，最终实现市场在资源配置中的决定性作用。② 信息技术革命能够重构计划管理的模式，通过计算机对海量的微观经济主体的信息进行搜集、传输、挖掘和处理，建立起生产信息与需求信息之间的传导机制，使生产部门按需生产，最终实现市场均衡。这种市场均衡是在坚持公有制和市场机制兼容的前提下，先实现微观层面的供求平衡，再进而从局部均衡到一般均衡。③

抛开“大数据”为计划经济提供可能性的争论，可以肯定的是，“大数据”

---

① 王文莉．生态文明建设与马克思国家职能观的时代解读［J］．社会主义研究，2009（2）：1-5.

② 王彬彬，李晓燕．大数据、平台经济与市场竞争——构建信息时代计划主导型市场经济体制的初步探索［J］．马克思主义研究，2017（3）：84-95.

③ 冯科，杨威．信息技术革命与社会主义经济计算［J］．首都师范大学学报（社会科学版），2018（3）：61-71.

为所有市场主体提供了足够的信息，有助于他们科学决策。决策是经济行为的前提和基础，“大数据”不仅为市场的微观主体提供了科学决策的依据，而且也为宏观调控主体——国家提供了掌握全局、统领全局的数据信息，为创新发展和协调发展提供了技术基础。这意味着，“大数据”支撑了国家职能的有效行使。“大数据”对于国家在执行计划统筹、宏观调控职能时，更有利于政府做出科学决策，对经济进行协调。

此外，“大数据”为信息开放提供了技术基础，在一定程度上提高了政府的透明度和公信力。政府是掌握巨大社会资源的机构，尤其是在“强”国家的职能形式中，国家职能的行使如果能做到科学、合理和透明化，接受公众监督，依法行政，就可打造“阳光政府”，提高政府透明度。由公众监督政府权力的运行，可以有效抵制腐败的滋生①，从而促进国家职能效率的提升。

“大数据”能够全面反映经济运行状况、行业发展状况，国家掌握相关数据后可以做到精准管理、扶持与服务，避免资源浪费，有利于国民经济总量平衡和结构优化。在“大数据”技术的支撑下，国家职能不仅会日益集中化，而且会更加精准化。

四、社会资本的介入对国家职能转变的促进作用

随着市场在资源配置中不断发挥基础性作用，国家职能的边界不断收缩，行政管理的流程也不断精简。西方发达国家对政府职能进行区分，允许社会资本参与行使部分政府职能。市场主体参与改善和优化国家的职能及职能机构已经成为一种世界性趋势，有学者甚至把私营部门履行公共和行政的任务看作一种新的公共行政范式，形成了一种新的公私合作伙伴关系（Public-Private-Partnership，PPP）。

从经济角度来看，国家公共部门同私营部门能够形成一种有效的合作，如国家公共职能的发挥需要巨额资金做后盾，引入私营部门能够缓解国家的财政压力。国家公共部门将一些非核心领域的职责交由社会资本承担，能够充分调动社会资本的积极性并有效利用社会资源，提高社会运行效率。但并不是国家或政府的所有职能都能够外包，体现国家本质的基本职能依然要由国家及其政府机构来

① 张冰剑．大数据背景下政府数据公开的障碍分析与对策［J］．法制与社会，2018（12）：122-124.

履行。

PPP 是目前世界上很多国家普遍实施的一种公共服务的供给方式，是政府同私营部门之间通过签订合同，共同承担责任、共担风险、共享收益的一种模式。从其运行方式来看，PPP 是一种项目融资手段，但从本质上看，这是一种涉及投资、监管、财政等多个领域的体制改革。在这种模式中，政府不再是单纯的提供者，开始向合作者和监督者的身份转变。政府以监管者、准提供者和合作者的三重身份同私营部门一起向社会提供公共服务，双方各司其职、合理运行，以实现公共服务供给的合理配置。①

PPP 模式不仅对社会主义国家的职能转变具有积极的作用，而且对其他资本主义国家也起到了积极作用。从历史角度看，早在 20 世纪八九十年代，英国、加拿大和澳大利亚等国家就已经开始通过 PPP 模式吸收社会资本参与国家的基础设施建设；智利于 1994 年实行该模式，从社会上融资进行基础设施建设；日本在 20 世纪 90 年代开始通过 PFI 推进委员会展开对基础设施建设项目的管理；2004 年，巴西开始运行 PPP 模式，将许多以前由国家完成的重大建设项目公开向社会招标，涉及港口、水库、公路、铁路等方面的 20 多项工程。2013 年以来，中国也出台了若干有关 PPP 政策的文件和示范项目，PPP 模式在中国开始稳步推进。

PPP 模式是将政府职能与市场作用融为一体的模式，是国家利用市场力量做好基础设施建设等公共服务的供给，虽然是政府和私营部门合作，但也具有典型的公共物品的性质。推广和应用 PPP 模式，能够建立起新型政商关系，但 PPP 模式在运行中也存在诸多风险，包括立项不规范、项目评估不科学、项目论证不充分导致的潜在风险，以及绩效评价指标不完善等问题。因此，尽管 PPP 模式从运行角度来看，可以促进国家职能的转变，也能推动政府“瘦身”，从全社会层面减少非生产性支出，但是国家依然需要从立项、评估、评价与监督等各方面做好服务工作，使 PPP 模式真正发挥作用。

---

① 张宇润，孙锦程 . PPP 模式中的政府职能定位［J］. 绍兴文理学院学报，2018（7）：103-108.

第五节　国家职能演变研究的结论与启示

纵观西方主要资本主义国家的职能演变过程，可以认识到：资本主义建立与发展的每个阶段都离不开国家的作用，国家职能的发挥贯穿于整个资本主义经济的发展过程。在资本主义从萌芽时期的小商品经济向市场经济转变的过程中，国家通过发挥其暴力强制职能，促成了资本的原始积累，为资本主义生产方式和市场经济的建立奠定了基础；之后在资本主义建立与发展的过程中，国家利用其统治地位，通过制定政策、法律，为自由市场秩序的建立创造了必要条件，推动资本主义经济进入自由竞争时期，但随着资本主义固有基本矛盾的不断加深，市场供求关系严重失衡，导致了经济危机的周期性爆发。为维护资产阶级的统治地位，作为“总资本家”的资本主义国家被迫出面干预经济。为了解决日益严重的社会总需求不足的问题，资本主义国家逐渐介入社会经济过程中，越来越多地承担起生产者、购买者、分配者、消费者的角色，资本主义经济进入国家垄断资本主义阶段。但国家干预过多，又导致了新的危机形式，即“滞胀”的出现。随后，新自由主义兴起，资本主义国家职能又开始向私有化、市场化转变。不过，政府减少对市场的干预，并不是国家职能的弱化，反而体现的是资本主义国家根据变化了的经济基础而对职能做出的自觉调整，是国家职能在具体方式、途径、手段、规模、程度等方面的转变。随着资本主义经济的自由化发展，金融资本无限扩张，其负面作用不断积累，最终导致了2008年全球性金融危机的爆发。金融危机爆发后，资本主义国家职能又不得不转向国家干预，甚至走向保护主义。

表面上看，资本主义经济的建立与发展似乎是由市场本身的作用推动的，但实际上，资本主义国家职能一直都是与市场作用结合在一起的，两者相互影响，对立统一，共同促进了资本主义社会的演进。同时，随着资本主义社会生产力的发展和经济基础的变化，资本主义国家职能呈现出不断强化的趋势。通过横向考察当代资本主义国家不同的市场经济模式，也同样可以认识到这一点。在当代资本主义国家的市场体系中，国家职能与市场作用紧密交织在一起。当然，资本主义国家对经济的干预，并不能完全消除市场调节的弊端；市场机制的作用也不能完全弥补政府调节的局限。两者相矛盾时，就会迫使国家转变职能以适应经济内在的发展趋势；两者相吻合时，就会促进社会经济阶段性地发展。各个国家也都在市场经济发展的实践中，根据不断发展变化的生产力和经济基础，深入考察、探寻属于自己的经济发展路径，制定符合自身发展状况的经济政策，寻找国家与市场相结合的最优边界，努力寻求两者的统一。但是，资本主义国家职能的调整，也终究不能弥补资本主义市场经济的缺陷，它仅仅可以使市场调节的自发性、经济的外部性、市场垄断等问题得到一定程度的缓解，资本主义的基本矛盾，即马克思所揭示的资本主义生产资料私有制与生产社会化之间的矛盾，决定了资本主义经济必然出现商品过剩、劳动过剩、资本过剩，乃至经济危机的现象，这都是由资本主义经济的本质决定的。虽然资本主义国家职能不断强化，但它发挥的仅仅是缓解矛盾、缓和冲突、减轻危机破坏性的作用，不可能彻底消除矛盾和危机。每一次危机的爆发，都迫使资本主义国家职能做出转变，但失衡、矛盾、冲突、危机又会在更高层次上积累，持续困扰着资本主义经济的发展。这正是由资本主义国家基本制度所造成的局限，也必然暴露出资本主义国家职能的本质。

综观社会主义国家职能的演变过程则会发现：它正好是与资本主义国家职能演变相对立的运动过程。资本主义国家职能的变化是一个从忽视政府作用到逐步加强政府作用的过程；而社会主义国家职能的转变是一个从政府“包办”到政府逐步“退出”的过程。社会主义国家以中国为典型，其在成立之初建立的高度集中的计划体制为当时社会主义经济体系的初步建立做出了巨大贡献，但随着经济基础的变化，其弊端逐步显现，促使国家职能不断做出调整。中国进行了以政府为主导的经济体制改革，由计划经济走向市场经济。通过40多年的改革开放和体制转轨，中国逐步实现了经济运行方式的转变，从以计划命令配置资源为主，转变为市场在资源配置中起基础性调节作用。社会主义国家的职能也从深度介入经济的微观领域和过程，转变到计划统筹、宏观调控以及总量控制等方面。政府不断从事务性的工作中摆脱出来，逐步厘清同市场的关系与边界，职能不断趋向优化。同计划经济时期的国家职能相比，市场经济条件下的社会主义国家职能逐步完善。从总体上看，目前社会主义国家的经济形态是一种混合经济，既体现市场的基础性调节作用，又发挥国家的导向性职能，是一种以政府为主导的市场经济体制。中国的改革使社会主义国家职能从“事无巨细”转变为统领全局，从政府全面介入经济过程转变为宏观管理，由“管得多、管得全、管得严”转变为“管全局、管战略、管总量”。当然，在政府“退出”的过程中，公有制经济依然保持着主体性地位。作为社会主义经济的主导力量，公有制经济通过体制改革，不断顺应生产社会化的发展趋势，逐步体现出社会主义生产协作的优越性，彰显出中国作为社会主义国家的制度优势。

综合资本主义国家职能演变过程和社会主义国家职能演变过程可以发现：两种性质的国家职能从相对的起点出发，却似乎走向了共同的方向，都以市场机制为基础，充分发挥国家对经济的调控职能。虽然两类国家的职能从表面上看似乎有殊途同归的趋势，但在本质上却有着明显的区别：资本主义国家的职能是以“总资本家”的利益为基础的，对经济运动的调节作用必然受到资本集团的操纵或控制，从根本上说，它是为资产阶级利益服务的；而社会主义国家的职能是以广大劳动者的利益为基础的，对经济过程的调控服务于社会的全面发展和人民生活水平的提高，从根本上说，它是为人民群众的整体利益服务的。

而今，无论是社会主义国家还是资本主义国家，都面临着资源与环境约束的挑战、“大数据”和信息技术的挑战、全球化和逆全球化的挑战、政府和社会资本合作关系的挑战。在这些共同因素的作用下，不论是社会主义国家职能还是资本主义国家职能，都将会产生新的变化。资本主义国家在信息技术的作用下，经济调控能力不断强化，而占主导地位的垄断资本集团借助于现代信息技术，也能进一步增强生产和销售的组织性和计划性。社会主义国家职能本身就是从计划经济中脱胎而来，虽然转型到市场经济，但计划统筹仍然是社会主义市场经济国家的重要职能之一，借助于“大数据”和信息技术，社会主义国家的计划统筹职能将会进一步优化。虽然在国内外经济形势不断变化的背景下，我国政府的经济职能面临诸多挑战，但挑战同时也是机遇，为进一步转变和完善国家职能提供了契机。信息技术的发展，为国家职能的转变提供了技术上的支持；PPP 模式的改进，为公共产品领域注入新的活力；中美贸易摩擦，会进一步增强我国发展的内在动力，推动科技创新；新冠肺炎疫情的持续，会进一步强化公共卫生与疾控体系的建设；全球气候变化，会进一步推动绿色能源开发，促进低碳经济发展。我国政府有能力通过完善国家发展战略、转变国家职能、调整经济政策等手段应对各方挑战，化挑战为机遇，变压力为动力，从而实现中国特色社会主义现代化建设新的跨越。

在未来的发展中，我国虽面临诸多不确定性因素，但仍然充满希望。在经济方面，我国具有独特的制度优势、雄厚的物质基础、广阔的市场潜力，国家职能具有不断调整与完善的内在机制，国家治理体系具有显著的优越性，我国的中央领导集体具有强大而科学的组织力、领导力、协调力与创新力。在国际化和高水平对外开放的背景下，我国有能力进一步深化对经济形势的认识与把握，进一步深入对社会主义市场经济理论与实践进行探索，进一步提高国家的宏观调控水平，使政府与市场相互融合、相互支撑，从摩擦对立走向协调统一，使中国经济向着绿色、稳定、开放、共享的方向健康发展。

参考文献

马克思主义经典著作：

［1］马克思．资本论［M］．北京：人民出版社，1975.

［2］马克思，恩格斯．马克思恩格斯选集［M］．北京：人民出版社，1995.

［3］马克思，恩格斯．马克思恩格斯文集［M］．北京：人民出版社，2009.

［4］马克思，恩格斯．马克思恩格斯全集［M］．北京：人民出版社，1956~1985.

［5］列宁．列宁全集［M］．北京：人民出版社，1955~1963.

［6］列宁．列宁选集［M］．北京：人民出版社，1972.

国内文献：

［1］陈炳辉．西方马克思主义国家理论［M］．北京：中央编程出版社，2004.

［2］陈建．政府与市场［M］．北京：经济管理出版社，1995.

［3］程建华．当代资本主义经济［M］．北京：高等教育出版社，2002.

［4］邓加荣，赵瑞．资本原始积累［M］．长春：吉林人民出版社，1981.

［5］董磊．战后经济发展之路：日本篇［M］．北京：经济科学出版社，2012.

［6］樊亢．资本主义兴衰史［M］．北京：北京出版社，1984.

［7］樊亢，宋则行，池元吉，等．主要资本主义国家经济简史［M］．北京：人民出版社，1973.

［8］高德步，王珏．世界经济史［M］．北京：中国人民大学出版社，2005.

［9］龚维敬．当代垄断资本主义经济［M］．上海：三联书店，1991.

［10］顾海良，张雷声．20世纪国外马克思主义经济思想史［M］．北京：经济科学出版社，2006.

［11］何子英．杰索普国家理论研究［M］．杭州：浙江大学出版社，2010.

［12］金波．主要资本主义国家近现代经济发展史［M］．北京：当代中国出版社，1994.

［13］李琮．当代资本主义阶段性发展与世界巨变［M］．北京：社会科学文献出版社，2013.

［14］李琮．当代资本主义世界经济发展史略［M］．北京：社会科学文献出版社，1991.

［15］李世安．欧美资本主义发展史［M］．北京：中国人民大学出版社，2004.

［16］穆良平．主要工业国家近现代经济史［M］．成都：西南财经大学出版社，2005.

［17］史世伟，陈建平．德国经济数字地图 2011［M］．北京：科学出版社，2012.

［18］宋则行，樊亢．世界经济史［M］．北京：经济科学出版社，1998.

［19］汤在新．《资本论》续篇探索：关于马克思计划写的六册经济学著作［M］．北京：中国金融出版社，1995.

［20］王章辉．英国经济史［M］．北京：中国社会科学出版社，2013.

［21］王章耀，牟瀛，杜厚文．世界经济概论［M］．北京：中国人民大学出版社，1986.

［22］王正毅，张岩贵．国际政治经济学［M］．北京：商务印书馆，2003.

［23］吴惕安，俞可平．当代西方国家理论评析［M］．西安：陕西人民出版社，1994.

［24］吴易风，等．马克思主义经济学与西方经济学比较研究［M］．北京：中国人民大学出版社，2009.

［25］肖国亮，隋福民．世界经济史［M］．北京：北京大学出版，2007.

［26］徐崇温．当代资本主义新变化［M］．重庆：重庆出版社，2006.

［27］徐崇温．当代国外马克思主义研究名著提要［M］．重庆：重庆出版

社，1997.

［28］徐大同．现代西方政治思潮［M］. 北京：高等教育出版社，2006.

［29］许兴亚．马克思的国际经济理论［M］. 北京：中国经济出版社，2003.

［30］许兴亚．马克思主义经济学与中国经济问题探索［M］. 北京：社会科学文献出版社，2005.

［31］杨干忠．社会主义市场经济概论［M］. 北京：中国人民大学出版社，2000.

［32］姚开健．马克思主义经济学说史［M］. 北京：中国人民大学出版社，2010.

［33］尹树广．西方马克思主义的国家理论批判［M］. 哈尔滨：黑龙江人民出版社，2003.

［34］于金富．生产方式，经典理论与当代现实［M］. 北京：中国社会科学文献出版社，2008.

［35］郁建兴．马克思国家理论与现时代［M］. 北京：东方出版中心，2007.

［36］张国昀，巩军全．马克思主义经济学框架下的国家理论研究［M］. 北京：中国社会科学出版社，2013.

［37］张宇．中国特色社会主义政治经济学［M］. 北京：中国人民大学出版社，2018.

［38］《战后美国经济》编写组．战后美国经济［M］. 上海：上海人民出版社，1974.

［39］郑永．全球化与中国国家转型［M］. 杭州：浙江人民出版社，2009.

［40］志君．重新解读资本主义的历史演化［M］. 北京：中国社会科学出版社，2018.

［41］周启乾．日本近现代经济简史［M］. 北京：昆仑出版社，2006.

［42］朱天飚．比较政治经济学［M］. 北京：北京大学出版社，2006.

［43］邹永贤．国家学说史［M］. 福州：福建人民出版社，1999.

［44］中国银行国际金融研究所．西德的货币与银行［M］. 北京：中国财政经济出版社，1981.

［45］毕洪海．本质上政府的职能［J］．行政法学研究，2015（1）．

［46］曹均伟，洪登永．国外国有资产监督模式的比较和借鉴［J］．世界经济研究，2007（6）．

［47］车耳．法国经济计划执行情况简介［J］．欧洲研究，1998（4）．

［48］陈平．美国的小企业法［J］．渝州大学学报（社会科学版），1999（3）．

［49］陈其人．国家垄断资本主义条件下经济危机变形的原因［J］．经济研究，1984（7）．

［50］陈享光．金融资本的积累与当前国际金融危机［J］．中国人民大学学报，2010（2）．

［51］成十．经济萧条中的美国小企业［J］．国外社会科学情况，1993（11）．

［52］程耀明．市场对资源起决定性作用与政府职能定位：全球化背景下的一种政府生态系统分析［J］．管理世界，2014（9）．

［53］池元吉．论市场与政府［J］．经济评论，2001（6）．

［54］崔朝东．20世纪主要资本主义国家两次大的自我调整及其影响和启示［J］．太平洋学报，2005（5）．

［55］邓正来．关于“国家与市民社会”框架的反思与批判［J］．吉林大学社会科学学报，2006（3）．

［56］段进朋，韩卫．我国政府的职能转变［J］．经营与管理，2007（9）．

［57］冯科，杨威．信息技术革命与社会主义经济计算：再论兰格—米塞斯争论［J］．首都师范大学学报（社会科学版），2018（3）．

［58］龚维敬．资本集中在现代资本主义发展过程中的地位和作用［J］．复旦学报（社会科学版），1980（5）．

［59］关龙，王家红．日本金融体制改革失败的政府责任［J］．黑龙江金融，2004（11）．

［60］郭殿生，张丽．“非商品化”与福利国家的改革［J］．当代经济研究，2009（9）．

［61］何秉承．当代资本主义的新发展：由国家垄断向国际金融资本垄断过渡［J］．红旗文稿，2010（3）．

[62] 何畏. 国家职能的嬗变与资本主义的国家调节：詹姆斯·奥康纳的国家财政危机理论 [J]. 学术研究，2010（6）.

[63] 胡钧，贾凯君. 马克思公共产品理论与西方公共产品理论比较研究 [J]. 教学与研究，2008（2）.

[64] 黄新华. 马克思主义国家学说与新制度经济学国家理论之比较分析 [J]. 宁夏大学学报，2002（2）.

[65] 江春泽. 美国政府在现代市场经济中的职能 [J]. 中国经济体制改革，1991（7）.

[66] 雷达. 经济全球化和国家职能——如何应对经济全球化 [J]. 世界经济与政治，2002（7）.

[67] 李滨. 经济全球化与国家的作用 [J]. 世界经济与政治，1997（12）.

[68] 李光生，胡宜联. 美国的中央银行体系及其特点 [J]. 经济师，1994（2）.

[69] 李新中. 小型企业在当代西方发达国家的新作用及其对我们的启示 [J]. 当代思潮，1996（4）.

[70] 李智贞. 资本主义制度与"福利国家"[J]. 厦门大学学报（哲学社会科学版），1987（3）.

[71] 凌星光. 发达资本主义国家滞胀的产生、现状及发展趋势 [J]. 世界经济，1984（12）.

[72] 刘景竹. 日本企业系列化的特点及其对日本经济的影响 [J]. 世界经济，1993（5）.

[73] 刘军. 马克思国家观的三大理论创新 [J]. 河北学刊，2006（11）.

[74] 刘先江，李长真. 论马克思主义国家理论视域中的政府体制创新 [J]. 改革研究，2005（11）.

[75] 罗峰. 国家理论之比较分析：马克思主义与新制度主义 [J]. 上海行政学院学报，2000（2）.

[76] 吕薇洲. 发达资本主义国家的模式：共同特征、主要区别与矛盾对立 [J]. 当代世界与社会主义，2005（4）.

[77] 马慎萧. 信息网络时代的社会主义经济计划是否可行 [J]. 学习与探索，2015（10）.

[78] 齐昊，李钟瑾．以新自由主义挽救新自由主义：美国危机治理政策批判［J］．马克思主义与现实，2012（4）．

[79] 钱谊．论经济全球化对政府职能转换的影响［J］．世界经济研究，2007（8）．

[80] 乔翔．国家神话的消解与现代国家的建构——马克思对黑格尔国家理想主义的批判及其启示［J］．学习与实践，2008（9）．

[81] 邱海平．马克思的生产社会化理论研究［J］．当代经济研究，2002（7）．

[82] 邱海平．正确认识马克思的经济学理论与资本主义发展的关系——兼谈马克思的“丧钟论”与“扬弃论”的关系［J］．教学与研究，2007（7）．

[83] 邱海平，王娟．发达国家社会结构的新变化与政治经济学的创新［J］．经济纵横，2010（7）．

[84] 邱海平，吴俊．资本主义多样性：马克思主义的解释［J］．当代经济研究，2014（6）．

[85] 裘元伦．联邦德国经济：所有制形式和政策［J］．西欧研究，1987（8）．

[86] 商红日．国家与政府：概念的再界定——兼论国家与政府的区别［J］．北方论丛，2001（1）．

[87] 尚国光．解决财政难、银行难的出路在于搞活中小企业［J］．中国城市金融，1997（9）．

[88] 束顺民．WTO 与中国政府的职能再构［J］．党政干部学刊，2003（5）．

[89] 孙涛，臧秀玲．欧债危机与资本主义福利国家新变化［J］．财经科学，2012（6）．

[90] 孙晓．PPP 的中国实践：内涵、困境与出路［J］．湖北经济学院学报（人文社会科学版），2018（10）．

[91] 谭雅玲．小企业：美国经济发展中的支柱［J］．银行家，2002（10）．

[92] 王彬彬，李晓燕．大数据、平台经济与市场竞争——构建信息时代计划主导型市场经济体制的初步探索［J］．马克思主义研究，2017（3）．

[93] 王昌范．美国的中央银行体系及其特点［J］．管理现代化，1994

(4).

[94] 王贵贤.《德意志意识形态》中的国家观 [J]. 马克思主义与现实,2006 (4).

[95] 王野秋. 德国社会市场经济条件下的宏观调控 [J]. 山西煤炭管理干部学院学报,2010 (8).

[96] 吴汉洪. 微观经济领域和宏观经济领域干预主义与自由主义论争的比较 [J]. 北京工商大学学报(社会科学版),2009 (11).

[97] 吴易风,王晗霞. 国际金融危机和经济危机背景下西方国家干预主义和新自由主义的论争 [J]. 政治经济学评论,2011 (10).

[98] 肖扬东. 走向一种唯物主义的国家理论——资本逻辑学派简论 [J]. 肇庆学院学报,2010 (1).

[99] 谢德元. "福利国家"与资本主义经济 [J]. 中国社会科学,1986 (1).

[100] 谢地. 发达资本主义国家化解自身基本矛盾的历史轨迹及启示 [J]. 政治经济学评论,2012 (4).

[101] 谢富胜,李安. 国外学者对马克思国际价值理论的新探讨 [J]. 中国人民大学学报,2010 (2).

[102] 谢富胜,李安,朱安东. 马克思主义危机理论和 1975—2008 年美国经济的利润率 [J]. 中国社会科学,2010 (5).

[103] 熊德仁. 二重国家——对国家本质的再认识 [J]. 湖北师范学院学报,2002 (1).

[104] 徐崇温. 当代资本主义和国家的干预与调节 [J]. 理论前沿,2000 (24).

[105] 许红兵,张瑞. 新制度主义国家观与马克思主义国家观之比较 [J]. 前沿,2002 (3).

[106] 许静. 论政府机构经济职能的转换 [J]. 江西社会科学,1995 (4).

[107] 许兴亚. 马克思经济学著作的"六册计划"与《资本论》[J]. 中国社会科学,1997 (3).

[108] 许兴亚. 以马克思主义为指导　繁荣与发展我国理论经济学——兼论中国马克思主义经济学者的历史使命 [J]. 当代经济研究,2004 (9).

［109］许毅．重新认识社会主义国家职能和财政职能　发展完善“国家分配论”［J］．财政研究，1998（1）．

［110］杨静．马克思主义视角下的西方公共产品理论批判性解读［J］．教学与研究，2009（8）．

［111］杨龙．国家的悖论与政府的失灵［J］．理论与现代化，2000（10）．

［112］杨明佳，潘文辉．恩格斯晚年对马克思主义国家学说的完善与发展［J］．湖北师范学院学报，2006（2）．

［113］杨谦，郭强．论马克思社会与国家关系思想的双重论域及其当代价值［J］．理论学刊，2009（5）．

［114］杨雪冬．国家与市场：国际政治经济学的观点［J］．世界经济与政治，1997（9）．

［115］于东林．发达资本主义国家的经济模式：上［J］．国外社会科学，1992（8）．

［116］于东林．发达资本主义国家的经济模式：下［J］．国外社会科学，1992（9）．

［117］余慧芬，周莉．马克思与诺思：两种国家理论的比较分析［J］．当代世界与社会主义，2006（2）．

［118］余万里．跨国公司的国际政治经济学［J］．国际经济评论，2003（2）．

［119］郁建兴．国家理论的复兴和马克思主义国家理论［J］．东南学术，2001（5）．

［120］郁建兴．治理与国家建构的张力［J］．马克思主义与现实，2008（1）．

［121］张冰剑．大数据背景下政府数据公开的障碍分析与对策［J］．法制与社会，2018（12）．

［122］张春敏．国际金融危机是国际金融资本主导的世界经济体系危机［J］．河北经贸大学学报，2010（5）．

［123］张国昀．马克思主义经济学视域中的资本主义国家本质研究［J］．经济经纬，2010（6）．

［124］张国昀．西方马克思主义国家理论研究现状与评析［J］．天水师范学

院学报，2012（1）．

［125］张锐．当代资本主义国家结构性危机透析［J］．教学与研究，1994（5）．

［126］张新光．农业资本主义演进的“美国式道路”及其新发展［J］．新疆大学学报（哲学·人文社会科学版），2008（7）．

［127］张艳梅．日本政府导向型市场经济模式的评价及其调整［J］．日本研究，2004（3）．

［128］张宇．金融危机、新自由主义与中国的道路［J］．经济学动态，2009（4）．

［129］张宇，张晨．社会主义市场经济下国家的作用［J］．经济纵横，2009（6）．

［130］张宇润，孙锦程．PPP 模式中的政府职能定位［J］．绍兴文理学院学报，2018（7）．

［131］张宇燕．个人理性与制度悖论：对国家兴衰的尝试性探索［J］．经济研究，2003（5）．

［132］郑新立．它山之石　可以攻玉——郑新立赴美考察归来谈宏观调控［J］．宏观经济管理，1993（6）．

［133］朱炳元，赖风．资本主义发达国家应对国际金融危机的政策和举措［J］．经济理论与实践，2010（7）．

［134］朱德米．创建市场：当代资本主义国家职能的转变［J］．福建论坛（经济社会版），2001（3）．

［135］朱华，钱陈．国家的起源、作用与演变——关于国家理论的比较分析［J］．浙江工程学院学报，2004（12）．

［136］朱艳圣．西方国家资本主义的历史与现状［J］．国外理论动态，2013（3）．

［137］刘建其．经济体制与产业结构［D］．厦门：厦门大学博士论文，2003.

［138］田蓓．市场取向的经济政策研究［D］．长沙：湖南大学硕士论文，2002.

［139］吴金明．基础设施领域的公企业研究［D］．北京：北京交通大学博

士论文，2007.

[140] 张颖．美国公共产品供给演进轨迹研究［D］．沈阳：辽宁大学博士论文，2008.

[141] 张鹏．论里根总统第一任期内的财政政策［D］．长沙：湖南师范大学硕士论文，2005.

[142] 习近平．决胜全面建成小康社会　夺取新时代中国特色社会主义伟大胜利——中国共产党第十九次全国代表大会报告［M］．北京：人民出版社，2017.

国外文献：

[1]［美］阿兰·G. 格鲁奇．比较经济体制［M］．徐节义，王连生，刘泽曾，译．北京：中国社会科学出版社，1985.

[2]［英］阿诺德·汤因比．历史研究［M］．刘北成，译．上海：上海人民出版社，2005.

[3]［法］阿尔弗雷德·格罗塞．战后欧美关系［M］．刘其中，唐雪葆，付荫，等译．上海：上海译文出版社，1986.

[4]［挪威］埃里克·S. 赖纳特．富国为什么富　穷国为什么穷［M］．杨虎涛，译．北京：中国人民大学出版社，2010.

[5]［英］安东尼·吉登斯．第三条道路：社会民主主义的复兴［M］．郑戈，译．北京：北京大学出版社，2000.

[6]［英］安东尼·吉登斯．民族—国家与暴力［M］．胡宗泽，赵力涛，王铭铭，译．上海：三联书店，1998.

[7]［英］安东尼·吉登斯．现代性的后果［M］．田禾，译．南京：译林出版社，2011.

[8]［美］巴里·克拉克．政治经济学——比较的视点［M］．王询，译．北京：经济科学出版社，2001.

[9]［美］保罗·巴兰，保罗·斯威齐．垄断资本——论美国的经济和社会秩序［M］．杨敬年，译．北京：商务印书馆，1977.

[10]［美］保罗·巴兰．增长的政治经济学［M］．蔡中兴，杨宇光，译．北京：商务印书馆，2000.

[11]［美］保罗·斯威齐．资本主义发展论——马克思主义政治经济学原

理［M］. 陈观烈，秦亚男，译. 北京：商务印书馆，2006.

［12］［美］保罗·斯威齐，［法］夏尔·贝特兰. 论向社会主义过渡［M］. 尚政，译. 北京：商务印书馆，1975.

［13］［英］本·法因，劳伦斯·哈里斯. 重读《资本论》［M］. 魏埙，张彤玉，曹付，等译. 济南：山东人民出版社，1993.

［14］［英］彼得·马赛厄斯，悉尼·波拉德. 剑桥欧洲经济史：第 8 卷［M］. 王宏伟，译. 北京：经济科学出版社，2002.

［15］［法］波朗查斯. 政治权力与社会阶级［M］. 叶林，译. 北京：中国社会科学出版社，1982.

［16］［美］布坎南. 自由、市场和国家［M］. 吴良健，译. 北京：北京经济学院出版社，1988.

［17］［英］布鲁厄. 马克思的帝国主义理论［M］. 陆俊，译. 重庆：重庆出版社，2003.

［18］［波］布鲁斯，拉斯基. 从马克思到市场：社会主义对经济体制的求索［M］. 银温泉，译. 上海：上海人民出版社，三联书店，2010.

［19］［美］查尔斯·金德尔伯格. 1929—1939 年世界经济萧条［M］. 宋承先，洪文达，译. 上海：上海译文出版社，1986.

［20］［英］戴维·麦克莱伦. 马克思以后的马克思主义［M］. 李智，译. 北京：中国人民大学出版社，2004.

［21］［美］道格拉斯·C. 诺思. 经济史中的结构和变革［M］. 陈郁，罗华平，等译. 上海：上海人民出版社，1994.

［22］［比利时］厄尔奈斯特·曼德尔. 晚期资本主义［M］. 马清文，译. 哈尔滨：黑龙江人民出版社，1983.

［23］［法］法共中央经济部. 国家垄断资本主义［M］. 宇泉，沈一民，等译. 北京：商务印书馆，1982.

［24］［美］弗里德曼. 资本主义与自由［M］. 张瑞玉，译. 北京：商务印书馆，1988.

［25］［德］哈贝马斯. 合法化危机［M］. 刘北成，曹卫东，译. 上海：上海人民出版社，2009.

［26］［美］哈里·布雷弗曼. 劳动与垄断资本［M］. 方生，朱基俊，吴忆

萱，等译．北京：商务印书馆，1978.

［27］［美］哈耶克．通往奴役之路［M］．王明毅，冯兴元，译．北京：中国社会科学出版社，1997.

［28］［美］赫伯特·马尔库塞．单向度的人［M］．刘继，译．重庆：重庆出版社，1990.

［29］［德］黑格尔．法哲学原理［M］．范扬，张企泰，译．北京：商务印书馆，1961.

［30］［英］霍布斯．利维坦［M］．黎思复，黎廷弼，译．北京：商务印书馆，1985.

［31］［英］卡尔·波兰尼．大转型：我们时代的政治与经济起源［M］．冯钢，刘阳，译．杭州：浙江人民出版社，2007.

［32］［德］克劳斯·奥菲．福利国家的矛盾［M］．郭忠华，译．长春：吉林人民出版社，2011.

［33］［英］恩斯特·拉克劳，查特尔·墨菲．领导权与社会主义的策略［M］．尹树广，鉴传今，译．哈尔滨：黑龙江人民出版社，2003.

［34］［德］李斯特．政治经济学的国民体系［M］．陈万煦，译．北京：商务印书馆，1991.

［35］［法］列菲弗尔．论国家［M］．李青宜，等译．重庆：重庆出版社，1988.

［36］［德］鲁道夫·希法亭．金融资本——资本主义最新发展的研究［M］．福民，等译．北京：商务印书馆，1997.

［37］［西德］路德维希·艾哈德．来自竞争的繁荣［M］．祝世康，穆家骥，译．北京：商务印书馆，1983.

［38］［加拿大］罗伯特·W. 考克斯．生产、权力和世界秩序：社会力量在缔造历史中的作用［M］．林华，译．北京：世界知识出版社，2004.

［39］［美］罗伯特·L. 麦克坎普．美国经济概貌［M］．钟流，译．北京：世界知识出版社，1984.

［40］［德］罗莎·卢森堡，［苏］尼·布哈林．帝国主义与资本积累［M］．柴金如，梁丙添，译．哈尔滨：黑龙江人民出版社，1982.

［41］［英］洛克．政府论［M］．叶启芳，瞿菊农，译．北京：商务印书

馆，1964.

［42］［德］马克斯·韦伯．新教伦理与资本主义精神［M］．简惠美，康乐，译．桂林：广西师范大学出版社，2007.

［43］［美］梅纳德·凯恩斯．就业、利息和货币通论［M］．楚建海，译．北京：光明日报出版社，2010.

［44］［苏］门德尔逊．经济危机和周期的理论和历史［M］．吴纪先，郭吴新，赵德演，译．北京：三联书店，1976.

［45］［美］米尔顿·弗里德曼．资本主义与自由［M］．张瑞玉，译．北京：商务印书馆，1986.

［46］［英］密里本德．资本主义社会的国家［M］．沈汉，陈祖洲，蔡玲，译．北京：商务印书馆，1997.

［47］［美］乔纳森·休斯，路易斯·P. 凯恩．美国经济史［M］．邸晓燕，邢露，译．北京：北京大学出版社，2011.

［48］［美］塞缪尔·鲍尔斯，理查德·爱德华兹，弗兰克·罗斯福，等．理解资本主义：竞争、统制与变革［M］．孟捷，赵准，徐华，译．北京：中国人民大学出版社，2010.

［49］［美］塞缪尔·亨廷顿．文明的冲突与世界秩序的重建［M］．林萍，译．北京：新华出版社，1999.

［50］［美］斯蒂格利茨．政府为什么干预经济［M］．郑秉文，译．北京：中国物资出版社，1998.

［51］［美］斯坦利·L. 布鲁，兰迪·R. 格兰特．经济思想史［M］．邸晓燕，译．北京：北京大学出版社，2008.

［52］［美］沙伊贝，瓦特，福克纳．近百年美国经济史［M］．彭松建，熊必俊，周维，译．北京：中国社会科学出版社，1983.

［53］［美］史丹利·阿若诺威兹，彼得·布拉提斯．逝去的范式：反思国家理论［M］．李中，译．长春：吉林人民出版社，2008.

［54］［法］圣西门．圣西门选集［M］．何清新，译．北京：商务印书馆，1962.

［55］［英］特里·伊格尔顿．马克思为什么是对的［M］．李杨，任文科，郑义，译．北京：新星出版社，2011.

［56］［德］威廉·洪堡．论国家的作用［M］．林荣远，冯兴元，译．北京：中国社会科学出版社，1998.

［57］［美］伊曼纽尔·沃勒斯坦．现代世界体系［M］．罗荣渠，译．北京：高等教育出版社，1998.

［58］［美］西达·斯考切波．国家与社会革命［M］．何俊志，王学东，译．上海：上海世纪出版集团，2007.

［59］［英］亚当·斯密．国民财富的性质和原因的研究［M］．郭大力，王亚南，译．北京：商务印书馆，1974.

［60］［美］约瑟夫·熊彼特．资本主义、社会主义与民主［M］．吴良健，译．北京：商务印书馆，1999.

［61］［希腊］伊曼纽尔．不平等交换［M］．文贯中，汪尧田，等译．北京：对外经济贸易出版社，1988.

［62］［美］大卫·科茨．目前金融和经济危机：新自由主义的资本主义的体制危机［J］．当代经济研究，2009（8）．

［63］［英］杰克·法莫尔，张志超．国家和资本是对立的吗？［J］．国外理论动态，2013（3）．

［64］［英］杰索普，艾彦．国家理论的新进展——各种探讨、争论点和议程［J］．世界哲学，2002（1）．

［65］［美］马尔希，裘辉．福利国家资本主义制度中的异化［J］．国外社会科学，1983（6）．

［66］［韩］朴炳光．关于国家能力理论的探讨［J］．南京社会科学，1998（7）．

［67］［英］苏珊·斯特兰奇．全球化与国家的销蚀［J］．马克思主义与现实，1998（3）．

英文文献：

［1］Aronowitz S，Bratsis P. Paradigm Lost：State Theory Reconsidered［M］. Minneapolis：University of Minnesota Press，2002.

［2］Barrow C W. Critiacal Theories of the State［M］. London：The University of Wisconsin Press，1933.

[3] Deleuze G, Guattari F. A Thousand Plateaus [M]. Minneapolis: University of Minnesota Press, 1987.

[4] Femia J. Gramscis Political Thought: Hegemony, Consciousness, and the Revolutionary Process [M]. New York: Clarendon Press Oxford, 1981.

[5] Hall P A. Governing the Economy: The Plitics of State Intervention in Britain and France [M]. New York: Oxford University Press, 1986.

[6] Harvey D. The New Imperialism [M]. New York: Oxford University Press, 2003.

[7] Jessop B, Neil B. Martin J, Gordon M. State/space: a Reader [M]. London: Blackwell Publishing Ltd,2003.

[8] Jessop B. State Theory: Putting the Capitalist State in its Place [M]. Cambri dge: Polity Press, 1990.

[9] Jessop B. The Capitalist State: Marxist Theories and Methods [M]. Oxford: Martion Robertson & Company Ltd, 1982.

[10] Jessop B. The Future of Capitalist State [M]. Cambridge: Polity Press, 2002.

[11] Mayr A. Language and Power: An Introduction to Institutional Discourse [M]. London: Continuum International Publishing Group, 2008.

[12] Negri A. Insurgencies: Constituent Power and the Modern State [M]. Minneapolis: Univ ersity of Mlinnesota Press: 1999.

[13] Parekh B. Marxs Theory of Ideology [M]. Great Britain: Croom Helm Ltd, 1982.

[14] Poulantzas N. State, Power, Socialism [M]. London: Verso, 1978.

[15] Stiglitz J E. The Current Economic Crisis and Lessons for Economic Theory [J]. Eastern Economic Journal, 2009 (35) .

[16] Wegner P E. Imaginary Communities: Utopia, the Nation and the Spatial Histories of Modernity [M]. Berkeley: University of California, 2002.

[17] Wetherly P. Marxism and the State: An Analytical Approach [M]. New York: Palgrave Macmillan, 2005.

后 记

在本书即将付梓之际，深感学术研究之不易，也更觉自身积累之不足，还需要在理论、知识、意识、能力、心性等方面不断提升自己。

本书是在2019年结项的国家社会科学基金项目成果的基础上完成的，课题研究历经几年的时间，后几经修改才得以成书。之前，在中国人民大学读博期间，我就选择了马克思主义国家理论研究方向，在此，首先感谢我的导师邱海平教授。邱老师为人正直，治学严谨，豁达开朗，不仅对马克思主义政治经济学有深刻的理解，而且对现实社会经济运行有深入的观察与思考，引导我走上了马克思主义国家理论的学术研究道路，给予了我思想上的极大启发和研究上的悉心指导。感谢邱老师给予的指引、帮助与支持！博士论文的完成也为本书的写作奠定了基础。

对马克思主义国家理论的研究，拓展并深化了我对马克思主义政治经济学的认识，使我了解到马克思主义政治经济学理论体系的博大与精深。通过结合现实的分析，我深刻认识到中西方国家经济基础的不同、社会制度的差异、国家职能的区别，深切体会到中国特色社会主义制度的本质及其优越性。同时，马克思主义政治经济学以其深厚的哲学底蕴、科学的价值观念、宏大的理论体系、崇高的人道主义精神，深深吸引和感染着我，让我在对马克思主义文献的研读中、在讲授《资本论》的教学中、在对马克思主义国家理论的研究中，有所收获，有所提升，获得一种满足感。

感恩今生有幸结缘马克思这样一位伟大学者，感恩能够成为马克思主义经济学的传道授业解惑者，感恩能够从事马克思主义政治经济学方向的研究。在工作中，我以马克思主义基本原理和方法论为基础，结合自己学到的、想到的、了解到的、体会到的、经历过的，用心展开教学与研究工作，一方面与学生倾心交流，吐故纳新，与学生一同学习，一同成长，另一方面通过研读马克思主义文献，与伟人对话，不断充实、提高自己。总之，在马克思主义政治经济学的研习中，我不断积累，取得新知，获得启迪，并汲取动力，提升心性。

在此，也特别感谢我的同事赵秀丽在国家课题研究中给予的帮助，感谢陈玉和、尤绪超、宝文杰等几位老师的鼎力相助，感谢韩鹏、徐博、张建斌等几位领导的全力支持，感谢我的家人给予的充分理解与关爱。

感谢所有支持和帮助我的人！

钢花

2022 年 5 月 23 日